스마트폰 생활백서 - ⑦

입문편

타블렛PC 1인자의
좌충우돌
아이패드 사용기

이진석 지음

SE IN Books
세진북스

타블렛PC 1인자의
좌충우돌 아이패드 사용기

초판 인쇄 : 2010년 11월 16일
초판 발행 : 2010년 11월 22일

      지은이 ▪ 이진석
      펴낸이 ▪ 홍세진
펴낸곳 ▪ 세진북스

주소 ▪ (우)157-030 서울시 강서구 등촌동 685 대지빌딩 305호
전화 ▪ 02-2658-3088
팩스 ▪ 02-2658-3089
홈페이지 ▪ http://www.sejinbooks.kr

출판등록 ▪ 제 315-2008-042호 (2008.12.9)
ISBN ▪ 978-89-93848-89-2   13560

값 ▪ 15,800원

▪ 이 책의 출판권은 도서출판 세진북스가 가지고 있습니다.
▪ 이 책의 일부 또는 전체에 대한 무단 복제와 전제를 금합니다.
▪ 이 책의 설명 자료로 게재된 내용 중 일부는 각 해당 권리자에게 제반 권리가 있습니다.

타블렛PC 1인자의
좌충우돌 **아이패드 사용기**

글을 시작하며

아이폰과 아이패드, 기존의 타블렛PC는 무엇이 같고 무엇이 다를까?
그리고, 이 기기들의 차이점이 어떠한 분야로 활용 방안을 만들어 낼 수 있을까?

아이패드는 아이폰과 타블렛PC의 교집합 관계라고 말 할 수 있다. 하드웨어 구성면에서는 아이폰과 동일하고 활용 분야에 대해서는 타블렛PC와 유사하기 때문이다. 그러나 주변에서 흔히 보아왔던 타블렛PC와는 전혀 다른 형태의 활용법을 구현 할 수 있으며 아이폰에서 기능을 발휘하지 못했던 어플들이 아이패드에서는 제대로 된 솔루션으로 새로운 발견이 될 수 있다.

아이패드를 사용하면서 다음 두가지 경우에 대해서 만큼은 필히 알아야 할 것이고 이에 대한 정의가 아이패드를 제대로 사용할 수 있는 조건이 될수 있다.

첫째, 아이패드는 일반적인 타블렛PC와 동일하지 않다.
둘째, 아이패드는 아이폰과 근본적으로 활용 방안 및 분야가 다르다.

필자도 아이패드를 처음 접해본 일주일 동안은 첫째 조건에 대해 동일한 기기라고 생각하면서 아이패드로의 첫 발을 잘 못 디뎠고, 기존 타블렛PC와의 차이점으로 인해 무수히 많은 시행 착오를 겪었다.

아이폰과 아이패드는 하드웨어 구성면에서 거의 동일하나, 활용 방안 및 분야는 서로 다르다고 말 할 수 있다. 액정이 커진것으로 인해 아이폰에서 묻혀있던 기본 어플들이 아이패드에서는 정말 필요한 도구가 되었고, 앱스토어의 어플들의 기능이 극대화 되고 있기 때문이다.

좌충우돌 아이패드 사용기

아이패드 사용법에는 크게 세가지 파트로 분류가 된다. 아이튠즈와 기본어플 그리고 앱스토어 이다. 이책에서는 아이패드를 사용하기 위한 아이튠즈의 기본 기능과 아이패드의 새로운 발견인 기본 어플의 설명을 다루었다. 기존 아이폰을 사용한 유저라면 기존 어플에 대해선 그다지 중요성을 느끼지 못할 것이며, 앱스토어에 있는 수십만 가지의 어플에 더 비중을 둘 것이다. 필자는 절대 그렇지 않다고 말할 수 있다. 애플에서 아이패드를 위한 기본 어플간의 기능과 연동성이 앱 스토어를 통해 구매 후 사용하는 어플들의 기능에 근간이 되기 때문이다.

분명 아이패드를 처음 접하게되는 대부분의 유저들이 일주일 동안 아이폰에 가까운 PDA인지, PDA에 가까운 타블렛PC 인지에 대해 많은 갈등과 고민을 하게 될 것이며 그로인해 사용 방법과 구매 이유에 대해 혼란을 갖게 될 것이다.

아이폰을 사용하였다고 아이패드를 동일하게 생각하면 여러분은 커다란 실수를 하게 되는 것이다. 아이패드의 실체는 여러분들이 상상하는 것 이상이며, 아이패드 기본 사용법은 앞으로 계속해서 발표될 어플들의 탄탄한 기초가 되기 때문에 필히 숙지하기 바란다.

이 책을 쓰게된 이유는 타블렛PC의 전문가인 필자가 경험한 이러한 류의 시행착오를 겪지 않을것에 대해 도움을 주고자 하는데 이유가 있다.

2010.11 이진석

Contents

Part 1 개요

Chapter 1 아이패드는 과연 타블렛PC일까? 14

타블렛PC의 정의　14
하드웨어 구성　14
소프트웨어 구성　　15

좌충우돌 아이패드 일주일 사용기　　18
USB 연결 표시의 의미　　20
세팅시작　　22
멋진 GUI　　22
화면 전환　　23
또 다른 모색(앱 스토어의 만남)　　25
또 다른 고민(단순 단말기인가 뛰어난 PDA인가?)　　25
Ipod, Iphone과 Ipad 중 무엇을 사용할 것인가?　　27

Part 2 기기설명 및 기본 사용법

Chapter 1	기기 외관 설명	36
Chapter 2	아이튠즈 설치하기	38
	아이튠즈 설치	38
Chapter 3	아이튠즈 메뉴	44
	보관함	44
	스토어	48
	장비	49
	Genius	53
	아이튠즈를 이용한 데이터 전송방법	54
	애플 아이디 생성	66
Chapter 4	아이패드 기본 사용법	70
	홈화면	71
	좌측 화면	72
	우측 화면	73
	아이콘을 삭제하기	73
Chapter 5	아이패드 어플 설정하기	74
	설정	75

Part 3 아이패드 활용 – 기본편

Chapter 1 아이패드 활용 기본 어플편 92
    음악을 들을 때 93
    영화를 볼 때 98
    사진을 볼 때 115
    이메일을 설정할 때 125
    연락처를 이용할 때 134
    메모장을 이용할 때 145
    캘린더를 이용할 때 152
    인터넷을 이용할 때 157
    지도를 이용할 때 167
    아이튠즈 어플을 사용할 때 175
    Youtube 을 이용할 때 181
    앱스토어를 이용할 때 190

Part 4 아이패드 활용 – 응용편

Chapter 1 아이패드와 블루투스 기기 연결 200

Chapter 2 아이패드에 나타난 화면을 파일로 저장 203

Chapter 3 아이패드 업데이트 방법 204

Chapter 4 휴대폰으로 촬영한 동영상을 아이패드에 저장하기 206

Chapter 5 동영상 파일에 타이틀 및 사진을 추가할 때 214

Chapter 6 일반 웹브라우저에서 어플을 다운로드 받을 때 219

Chapter 7 아이패드의 도서관 아이북 어플 224

Chapter 8 오피스용 파일뷰어 GoodReader 231

Part 5 아이패드 추천 어플

Ibook ■ 256

아기돼지 삼형제 ■ 253

Toy Story 3 Read-Along ■ 254

Office2 HD ■ 255

갤러리샵 for iPad ■ 256

야후 꾸러기 ■ 257

Toddler Alphabet for iPad ■ 258

틀린그림찾기 HD ■ 259

HTR HD High Tech Racing ■ 260

PocketMoney ■ 261

Money Free 4.0 ■ 262

Relax Melodies HD ■ 263

iFitness HD ■ 264

Ebanner ■ 265

UNIQLO Caleldar for iPad ■ 266

3D4Medical's Image-iPad edition ■ 267

Meditator ■ 268

Pocket Piano HD ■ 269

ThumDrum ■ 270

Route 3D World Street ■ 271

Gaia GPS ■ 272

한국경제 ■ 273

Pulse ■ 274

Anne Geddes Beginnings HD ■ 275

Adobe Photoshop Express ■ 276

GoodReader for iPad ■ 277

한컴 오피스 뷰어 아이폰 에디션 ■ 278

Part 1
개 요

Chapter 1 » 아이패드는 과연 타블렛PC일까?

필자는 업무 특성상 노트북 및 타블렛PC 영업직에 있기에 국내에 소개되었던 타블렛PC의 모든 것을 사용해 보았다. 그러는 동안, 타블렛PC에 대해 이러 저러한 기계적 형식과 소프트웨어적인 정의를 자연스럽게 성립하였다.

타블렛PC의 정의

하드웨어 구성

1. 노트북 본체의 액정이 180도 회전되어 액정을 직접 터치하여 입력을 할 수 있는 형식의 기계

2. 노트북 본체와 액정이 일체형으로 액정을 직접 터치하여 입력할 수 있는 형식의 기계

3. 감압식, 전자유도식 또는 정전압식의 터치 입력이 가능한 타블렛 형식의 기계

소프트웨어 구성
1. 필기장과 문자입력판 기능을 제공하는 MS 윈도우즈 기반의 OS 탑재 시스템

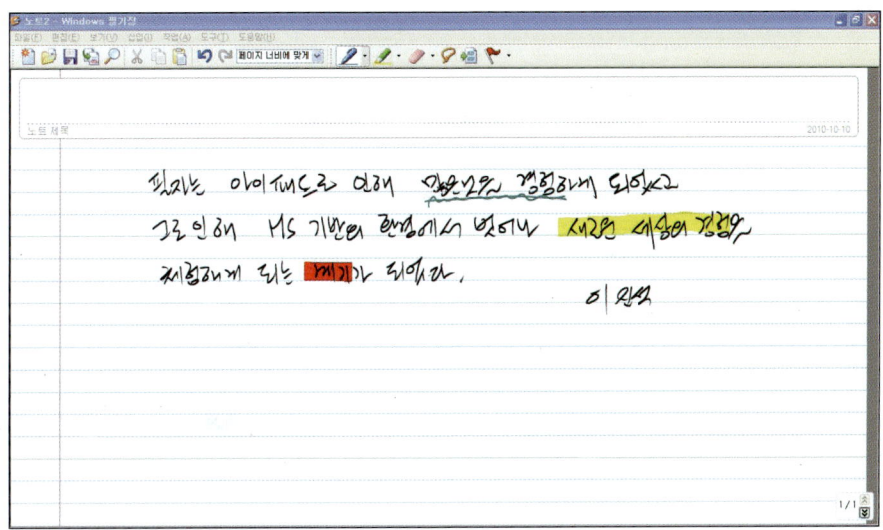
▲ MS 윈도우즈 기반의 필기장 화면

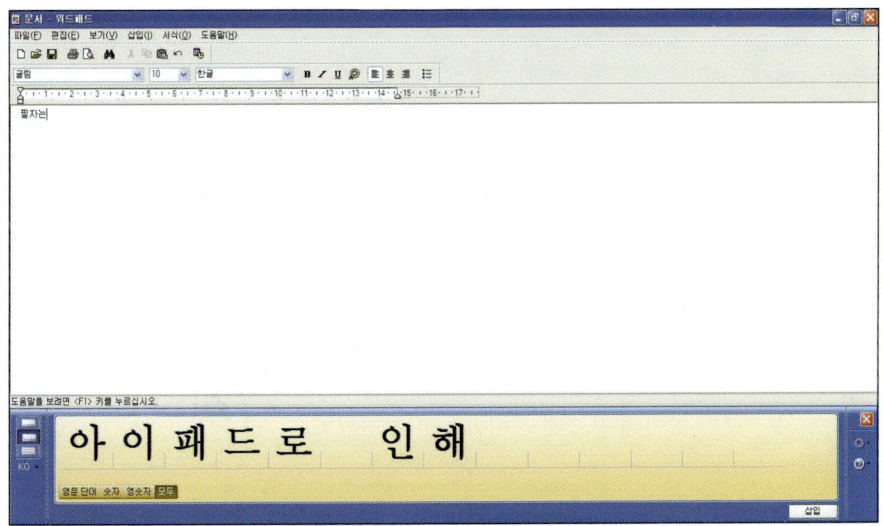
▲ 타블렛 OS에서 지원하는 문자입력판

2. MS 기반의 어플리케이션의 운용 가능 시스템

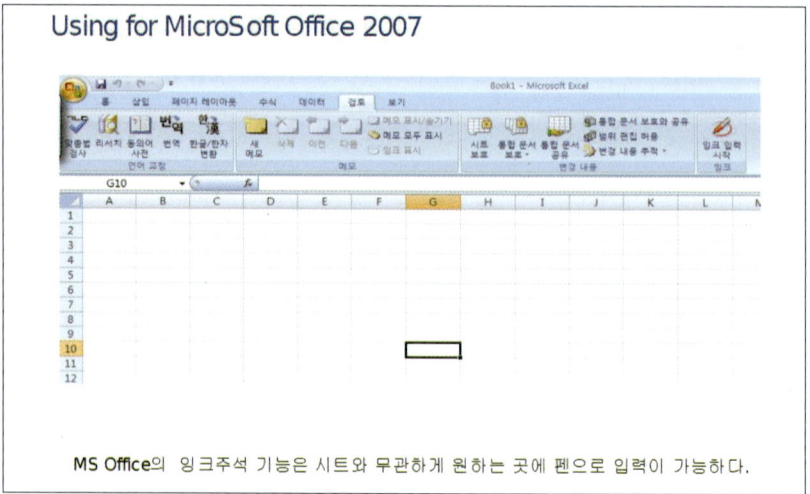

3. 기타 업무용 어플리케이션의 사용 가능 시스템
그 동안 국내에 소개되었던 타블렛PC의 경우 상기 하드웨어, 소프트웨어 조건에 대부분 해당이 되었으며, 타블렛PC의 사용 및 응용 범위는 이 조건을 기반으로 모든 분야에서 사용되었다.

문제는 아이패드이다.
하드웨어 구성은 그간 출시되었던 타블렛PC와 다를바가 없으나, 소프트웨어 구성면에서 너무나도 다른 형식을 보여 주고 있기 때문이다.

그렇다면, 타블렛PC의 정의는 과연 무엇인가? 사전적인 의미는 글씨나 그림을 입력할 수 있는 평판 형태의 입력 시스템이다. 아이패드는 타블렛PC가 맞으며, 사용 범위와 활용도면에서 다를 뿐 일반적인 개념에서는 타블렛PC가 맞는 것이며 또한 언론과 대중 매체에서 아이패드를 타블렛PC라고도 하고 있다. 타블렛PC의 정의와 아이패드가 어떠한 상관 관계가 있기에 강조해서 이야기하는 것일까?

필자는 아이패드를 처음 접할 때부터 그동안 보아 왔던 타블렛PC라고 생각했기에 무수히 많은 시행착오와 활용범위에서 매번 고민하게 된 것이다.

필자가 근 한달동안 사용하면서 내린 결론은 아이패드는 엄청난 기능의 PDA라고 정의하고 싶다. 분명, PDA 라고 하기에는 너무나도 크다. 그 동안 출시되었던 PDA는 손바닥 정도 크기의 휴대가 가능한 기기였기 때문에 컴퓨터의 범주로 간주하는 것이

맞다. 그러나, 이러한 사고가 아이패드를 쓸모 없는 일종의 단말기 형태의 전자기기로 전락하게 되는 주요한 요인이 될 수 있다.

아이패드는 PDA의 모든 기능을 구현하고 컴퓨터의 일부 기능 + a 가 지원되는 단말기로, 타블렛PC 의 형태를 띤 전자기기라고 정의하여야 한다. 그래야만, 아이패드를 처음 접해서 사용하였을때 필자와 같은 시행착오를 겪지 않을 것이기 때문이다.

아이패드는 우리가 생각하는 타블렛PC가 아니다.

앞서 이야기하였지만 아이패드는 우리가 흔히 생각하는 타블렛PC가 아니다. 형태는 타블렛PC의 구조를 가지고 있지만, 여지껏 주위에서 보아 오고 사용되어 왔던 타블렛PC와는 전혀 다른 OS, 어플리케이션을 사용하고 있으며, 기존의 타블렛PC와의 데이터 연동 및 어플리케이션의 혼용이 불가능하다.

어찌보며 그동안 출시되었던 타블렛PC를 기준으로 이에 대한 정의를 내리는 것이 과연 정답일까 하는 반문을 해본다. 앞으로 펼쳐질 타블렛PC의 시장과 구도가 아이패드를 기점으로 유사 형태의 OS와 어플리케이션을 사용하고 확대된다면 오히려 기존의 타블렛PC가 과도기적인 성격을 띤 기기로 분류되고 아이패드가 진정한 타블렛PC라고 명명할 수 있을 것이다.

영화에서 종종 보듯이 투명하고 얇은 플라스틱처럼 생긴 단말기 형태의 타블렛을 손가락 터치방식으로 입력하고 스크롤하는 것을 본 적이 있을 것이다. 물론 미래를 소재로 한 영화에서 나올 듯한 장면이다. 그러나, 가까운 미래에 곧 현실화될 것이라는 것은 의심의 여지가 없을 만큼 빠르게 과학 기술이 진화하고 있는 것은 사실이다. 그렇다면 후에 그러한 기기는 무엇이라 일컫는 것이 맞는 것일까?
언론과 대중매체에서 아이패드를 소프트웨어적인 면에 대해서는 고려치 않고 오직 하드웨어적인 형태로만 기준하여 타블렛PC라고 일컫고 있다. 이는 아이패드를 접하지 않고 기존의 컴퓨터(노트북, 타블렛PC)를 사용해온 유저들에게는 커다란 혼란을 야기할 수 있는 상황을 조장할 수 있고, 그로 인해 아이패드를 구매해서 사용하는 사람들에게 적지 않은 실망감을 초래할 수 있고, 누구나 쉽게 사용할 수 있는 기기처럼 공표되어 있는 대중매체로 인해 사용 방법과 응용 범위의 어려움을 겪고 있는 계층이 발생되어 누구나 쉽게 사용할 수 있는 대열에 합류하지 못하는 이들에게는 상처를 줄 것이 분명하다.

아이패드는 우리가 흔히 생각하는 타블렛PC가 아니다. 새로운 차원의, 새로운 개념의, 새로운 환경으로 진입하기 위한 도구일 뿐이다. 흔히들 컴퓨터를 구매하면서 이런 저런 소프트웨어를 불법으로 설치해 줄것을 요구하는 경우가 대부분이다. 앞으로 아이패드를 사용하면서 소프트웨어의 저작권법 및 무형의 가치에 대한 지적재산권에 대해 생각해 볼 수 있는 새로운 계기를 접할 것이며, 여러분들의 그러한 가치관의 변화에 새로운 시장으로 도약할 수 있는 한 걸음이 될 것이다.

좌충우돌 아이패드 일주일 사용기

첫째날... 포장을 풀면서

2008년 말부터 세계시장 불황으로 인해 시작된 경기 불안 및 환율 상승은 대한민국 경제 및 서민들을 더욱 힘들게 하였다. 이는, 작게는 일반 가정에서 부터 크게는 대기업에 이르기까지 고정비용 및 지출 감소와 소비시장에 까지 여파를 미쳐 그로 인해 컴퓨터 업계와 작은시장 규모의 타블렛PC는 대불황의 상황을 겪게 되었다.

그러나, 2009년 애플사의 아이패드 발표로 인해 벼랑 끝까지 몰렸던 타블렛PC 시장은 다시금 확고한 자리를 차지하게 되었으며, 이제는 세계 각국에서 필요로 하는 수요를 공급하지 못할 만큼 새로운 시장으로 발돋움하게 되었다. 물론 대한민국도 마찬가지지만, 애플사에서는 전세계 6개 언어버전으로 제품을 출시하였고, 대한민국의 출시는 막연한 일이 되어 버리고 말았다.

대한민국 얼리어댑터의 힘인가? 너도 나도 인편으로, 공동구매로, 병행수입으로 수천대가 한국에 유입되었고, 웹사이트 등지에서 너도 나도 블러그와 카페를 만들고 서로간의 경험담을 토대로 정보를 공유하게 되었다.

필자도, 이러한 사전 일들과 경험을 통해 아이패드를 소유하고 싶어하는 욕구는 남과 다를바가 없었고, 그러한 사이 주변 친구가 미국에 다녀오는 일이 있어서 농담삼아 "아이패드 하나 사다줘"란 말이 지금 아이패드를 인계받아 포장을 풀게 되는 일이 벌어진 것이다.

처음으로 여행가방에서 비닐 쇼핑백에 담겨있는 아이패드를 꺼내는 순간 직원들이 너도 나도 만져보고 싶어서 몰려들었다. 정말 남달랐다. 아이팟과 아이폰은 본적이 있었으나, 설마하는 마음에 그래도 타블렛PC인데 기본 무게와 두께는 유지될 수 밖에 없지 않을까라는 생각은 어느새 내 마음에서 지워졌고, 현실에 충실할 수 밖에 없는 지금 상황과 당장 켜서 운용해 보고 싶은 마음이 가슴속에서 활활 타오르는 불꽃처럼 내 머리속을 꽉 채워버렸다.

아이패드를 이리저리 살펴보고, 제품의 연결포트(인터페이스)와 액세서리를 확인한 후 작은 포장지에 담겨있는 설명서를 꺼내 보았다. A4 용지를 반으로 자른 후 다시 반으로 접어서 만든 듯한 크기의 종이에는 별다른 내용은 없었다. 한국사람들의 주요 공통적인 특징은 제품을 구매하면 일단 전원을 넣고 켜 본 후 정상동작을 하지 않으면 그때서야 설명서를 찾아 보는 게 일반적인 일이다. 그러나 아이패드를 받아본 필자는 그래도 타블렛PC에 대해서 만큼은 누구보다 자신 있어하는 나인데도 불구하고 설명서가 절대적으로 필요하다고 생각할 수밖에 없는 상황이 되었다.

제품의 구성품은 정말 간단했다.
- 아이패드 본체 - 약식 설명서

- USB 전원 어댑터와 USB 케이블

혹시나 하는 생각에 비닐 쇼핑백을 다시 한번 살펴 보았다. 그러나, 역시 였다. "음..."

내 입에선 작은 신음소리에 가까운 안타까운 탄성이 흘러 나왔다. "이게 뭐야?" 아이패드 본체의 디자인과 제품의 크기, 그리고 복잡하지 않은 최고의 단순함(Unique)을 표명하는 유일한 버튼인 전원 버튼은 기존 노트북과 타블렛PC를 영업해 온 필자에게 많은 고민 거리를 주기에 충분했다. 오히려 이에 대한 지식 기반이 없는 것이 제품을 쉽게 받아들일 수 있는 오픈 마인드가 되지 않았을까 하는 안타까움이 들기 까지 했다.

문득 대학다닐 때 읽었던 "내가 알아야 할 모든 것은 유치원에서 배웠다" 라는 책이 생각났다. 고도화된 지식 기반과 과학 문명, 상식의 발전은 창의성을 키우지 못하게 하는 반대 급부 요인으로 작용하여 보여지는 그대로 보지 않고, 생각되어진 그대로 생각하지 못하게 하는 복잡한 선입견과 그로 인해 단정지어진 결과론은 아이패드를 있는 그대로 받아들이지 못하게 하는 나만의 문제로 남아 내게는 새로운 벽이 되고 만 것이다.

정말 쉽게 사용할 수 있고, 편리하게 이용될 수 있는 아이패드가, 필자와 같이 생각하고 고민하여서 오히려 그로인해 정말 복잡하고 사용하기 어려운 기계로 전락해 버리는 상황이 반복되어 지는 유저가 정말 많을 것으로 생각되어 진다.

정답은 하나다. 있는 그대로 받아 들이자. "왜 이렇게 만들어 졌지?" 라는 생각은 애초에 버리고 "그렇지! 그래 이거야!" 라는 생각으로 아이패드를 대하기 바란다.

그래야만 아이패드를 사용할 수 있는 나만의 능력에 한 걸음 내 딛을 수 있기 때문이다.

USB 연결 표시의 의미
노트북을 판매하는 업종에 종사하는 필자는 OS에 대해서 크게 신경쓰지 않았다.

왜냐하면, 대부분의 PC는 OS가 탑재되어 출고되고, 기업용 제품의 경우 Non-Dos 상태로 출고되어 볼륨라이센스 OS를 이용하여 OS를 설치하면 그만이기 때문이다. 이때 대부분의 시스템이 ODD(Optical Disk Drive, CD-ROM)를 통해서 설치하는 것이 일상적이고 애플사의 맥북 또한 같은 방법으로 설치해 본 경험이 있기 때문에 이점에 대해서는 더도 덜도 없는 정말 지극히 단순한 상식선이라고 생각하고 있었다.

그러나 나의 무지인가? 아니면 생각의 폭이 협소한 것인가? 아이패드의 외부 연결 인터페이스는 USB 케이블 연결용 포트가 전부였다. 이곳에 연결할 수 있는 것은 아이패드 전용 USB 케이블이 전부였다. 무척 난감했고 고민이 되었다. "아니, 도대체 이것으로 뭘 하라는 건지..." 아무리 생각해 보아도 답이 없었다. 혹시나 해서 케이블을 자세히 살펴 보았다. 역시나 였다. 일단, 케이블을 아이패드에 연결하고 반대쪽 USB를 사용중인 노트북에 연결하였다. 그리고, 전원 버튼같이 생긴 것을 꾹 눌러 보았다. 제대로된 문제는 지금부터 시작이었다. 아이패드 화면에는 USB 케이블 그림만 나올뿐 더 이상 진행되는 내용이 없었다. 전원을 끄고 켜기를 반복...

일단, "제품이 충전되지 않아서 일까"라는 생각에 30분 정도 충전 후 다시금 전원버튼을 눌렀다. 그러나, 결과는 같았다. 결국 USB 케이블을 분리 후 혹시나 하는 마음에 "분명 내가 놓친 것이 있을거야!"라는 생각을 하며 이리 저리 살펴 보았다. 그리고 전원 버튼을 눌러서 전원을 켜고 크기를 반복하기를 10분. 도무지 답이 없었다. 아니, 답답하였다. 내가 부족한 건지 제품이 이상한 건지, 아니면, 뭔가 액세서리가 부족한 건지 별별 상상을 다 해 보았다. 그러기를 30분. 이제는 나의 인내력에 한계가 왔다. 제품 설명서도 없고, 전문가라고 자칭하는 필자가 봐서도 도무지 모르겠고, 도대체 이러한 제품을 보면서 어떻게 "세상에서 제일 사용이 편리한 기기"라고 이야기를 하는지 의심이 되기 시작하였다.

당시, 스티브잡스 관련 서적을 읽고 있던 터라 스티브잡스의 생각과 제품 개발 컨셉에 대해서 나름 동조하고 이해하며 박수를 보냈던 필자인지라 그의 생각의 결과물인 아이패드에 대해 오히려 너무 독선적인 생각의 결과물이 아니었을까라는 생각을 해 보았다.

결국, 유일하게 있는 사용 설명서 한 장을 살펴보았다. 내용은 단순했다. "아이튠즈라는 소프트웨어를 다운로드 후 아이패드를 연결한다"라는 말뿐, 더 이상 내용은 없었다. 객관성을 벗어난 상식의 혼돈일까? 아니면, 선입견에 입각한

주관적인 아집의 결과물일까?.
결국 나의 컴퓨터 웹브라우저를 이용해 사용설명서에 있는 웹사이트에 접속 후 아이튠즈를 다운받고 설치를 시작하였다. 아이패드 사용의 궁금증에 대한 호기심이 폭발 직전인지라 아이튠즈를 설치하면서 대부분의 항목들을 패스하고 넘어갔다. 일단, 무조건 아이패드를 구동하는 것이 목적이었기에…

여기서, 잠깐.
생각해보니 최초 아이패드를 구매해서 할 수 있는 것은 아무것도 없었다. 아이튠즈라는 소프트웨어가 절대적으로 필요하고, 이를 위해서는 인터넷에 연결이 가능한 컴퓨터가 무조건 있어야 되는 상황이었다.
참내… 문득 매장에서 고객들과 상담하던 상황이 불현듯 떠올랐다.

이런저런 노트북 판매를 위한 상담중에
고객 : "아이패드는 언제쯤 나올까요?"
필자 : "왜요?"
고객 : "아이패드가 나오면 노트북이 필요 없잖아요! 아이패드 하나면 모든 것을 다 할 수 있는 것 같은데, 그때까지 기다렸다가 아이패드를 살까봐요 .!"
분명, 뭔가 잘못 되었다. 아니, 잘못 알고들 있다. 나 또한 그러하다고 생각했으니까. 이러한 시행착오는 분명 있을 것이고 대부분의 구매자들이 자칭 전문가라는 절대적 착각속에 적잖은 혼란을 야기할 것이 분명하였다.

세팅시작

http://www.apple.com/kr/itunes/download/ 사용설명서 제일 첫 줄에 있는 인터넷 주소를 웹브라우저에 입력 후 "아이튠즈"를 다운받기 시작하였다. 32Bit와 64bit 두가지 종류가 있었다. 혹시나 하는 생각에 좀 더 구현이 빠를까 해서 64bit를 다운로드 후 실행 하였다.

"앗, 창피" 괜히 64bit가 아니였다. OS체계가 64bit인 시스템 사용자들을 위해서 존재할 것이라는 생각은 미처 하지 못한 채 무작정 다운받아 실행한 무지의 소치… 당연히 " 64bit 전용 프로그램"이라는 메시지를 뒤로 한 채 다시 32bit 전용을 다운로드 후 실행하였다.

프로그램을 설치하면서 자세한 내용을 읽어보는 것이 정석이겠지만, 일단 아이패드를 구동시키고 싶은 마음이 앞선지라 모든 항목을 기본값으로 하고 실행 버튼을 누르기를 여러 번. 드디어 아이튠즈 설치가 끝났다. 그리고, 아이패드를

USB 전용 케이블을 이용해서 노트북과 연결하였다. 아이패드 전원 버튼을 누르자 노트북과 자동으로 동기화(Sync)를 하기 시작하였다. 잠시 후 아이패드 첫 화면이 나타났고, 스마트폰과 마찬가지로 좌우 슬라이드 터치 방식으로 손가락으로 가볍게 터치하였다. 메인 메뉴가 나타났고, 그동안 쌓였던 스트레스가 한방에 없어지는 기쁨의 순간이었다.

와, 정말 멋진데!

멋진 GUI
어느 책에서 본 내용이었다. 스크롤바 하나를 만드는데 스티븐잡스의 마음에 들기까지 6개월이 걸려서야 완성되었다는 이야기가 문득 생각이 났다. 일반적으로 MS 윈도우 기반의 아이콘들은 세부적인 내용보다 보는 순간 어떠한 기능을 하는지 인지면에서 뛰어난 가독성을 자랑하고 있다. 형태만 보아도 대충 기능이 파악되는 아이콘을 보면서 잠시 생각할 수 있는 여유로움의 미학을 주지는 못한다. MS 윈도우 기반에 익숙해서 일까? 아이패드 아이콘을 보는 순간 이게 뭐하는 기능일까? 라는 궁금증을 자아내는 동시에 다시 한번 생각하게 만드는 절대 학습 능력의 기회를 내게 주었다. 결국, 유저가 무엇을 해야 하는지, 어떻게 하고 있는지에 대한 구현 방식이 습관적이지 않은 학습적인 방법으로 구현할 수밖에 없는 상황을 만들어 주는 것이다.

제일, 먼저 감탄을 자아내게 하는 것이 아이콘을 터치하였을 때, 구현되는 GUI(Graphic User Interface)였다. 정말 멋졌다. 한번에 나타났다 사라지는 프로그램이 정말 부드럽고 편해 보였다. 종종, MS 윈도우 기반의 어플의 창을 닫을 시 잠시 발생되는 DT(Delay Time)로 인한 화면의 상이 겹쳐지는, 어찌보면 시스템이 다운된 것 같은 착각을 일으키게 만드는 그러한 상황과는 정 반대로 어플이 구현되고 있는 것이다. 실크로 된 손수건을 하늘을 향해 던진 후 바람을 타고 떨어지는 손수건을 손으로 받는 느낌이랄까, 내게는 정말 쿨한 감정을 불러일으키기에 충분하리 만큼 신선한 충격이 되었다.

화면 전환

각 어플마다 구현되는 방식이 객체 지향적이라고 할까? 서로 간에 간섭 또는 영향을 주지 않고 오로지 한 개의 프로그램에만 전념하게 만드는 구성 방식. 어찌보면 다중 윈도우를 띄어 놓고 여러 개의 작업을 동시에 해야 하는 상황과는 반대로 오직 한 개의 프로그램만 구동되는 것처럼 보이도록 만드는 개발자의 의도는 오히려 시스템 속도의 향상에 지대한 도움을 주는 것처럼 생각되었다. 편리한 건지 그렇지 않은 건지...

빨리, 빨리... 한국사람들의 특징이자 단점을 보여주는 이 표현은 어찌보면 아이패드를 구동시키면서 감탄을 자아내게 하는 시스템 속도가 우리들의 마음을 너무 잘 알고 있는 듯 춤을 추듯이 구현되고 있다.

그날, 난 어린아이 처럼 마냥 즐거운 마음으로 이리 저리 살펴보고, 만져보며 일과를 마감했다.

둘째날, 어! 이게 전부야?

TV와 인터넷을 통한 간접 경험은 이에 대한 기대치를 최고조에 이르게 하였다. 그러나, 실제로 접해본 것은 더도 아니고 덜도 아닌 그것이 전부였다.

화려한 GUI와 엄청난 속도의 어플들은 더 이상 흠을 잡을 수 없음에 손색이 없었다. 그러나 문제는 지금부터 였다.

TV와 인터넷을 통한 간접 경험은 아이패드를 구매해서 사용하고픈 욕망을 끊임없이 부추켜 왔다. 그리고, 그간 보아왔던 동영상은 많은 응용 범위를 내포한 것처럼 보여 왔었다. 그러나 그렇지 않았다. 아니, 이것이 전부 였다. 그저, 단지, 필자가 10년전에 사용했었던 팜 파일럿의 PDA처럼, 정말 기초적인 기능이 전부인 것이다.

연락처   메모장   사진뷰어   미디어플레이어   웹브라우저

우리가 주위에서 흔히 사용하는 PDA폰과 다를바가 없었다. 어찌보면 요즘 출시되는 전자 수첩과 동일한 기능의 크기만 더 커진, 단지 디자인만 뛰어난 제품에 지나지 않았다.

난, 다시금 생각해 보았다. 애초에 무엇 때문에 이 제품에 반했던 것일까? 주위에서 사용하는 유저들을 보았는가? 아니면, 이 제품의 뛰어난 기능이 있었다고 생각해서 일까? 이 제품을 가지고 무엇이든지 할 수 있다고 생각했던 것은 아닐까?…

처음부터 그에 대한 정답은 없었다. 최초 4년전이었을까? 전세계 MP3 플레이어 시장의 역사를 새로이 쓴 아이팟과 그 뒤를 이은 아이폰의 성공적인 출시는 아이패드의 출시 전부터 성공이 약속되어 온 상황이었다. 세계 일부 국가에 출시된 아이패드는 그야 말로 성공작이 될 수밖에 없었고, 사용자의 구매 특성 및 사용 형태는 일체 무시된채 무조건 소유해야 한다는 당위성만 표출되어 인터넷을 통해서, 이런 저런 방법으로 수천대의 아이패드가 한국에 유입되기 시작한 것이다. 필자 또한 그러했다. 아이패드가 마치 애니메이션에 등장한 주인공의 요술지팡이처럼, 마치 모든 것을 하고 이룰 수 있는 것인양, 우리들의 머리속과 가슴속에 깊숙이 자리잡고 있었던 것이다.

또 다른 모색(앱 스토어의 만남)

일반적인 MS 기반의 제품들과 애플의 맥북은 기본 OS에 어플리케이션을 설치해 사용할 수 있다. 그렇다면 이 아이패드 또한 동일한 방법으로 무언가를 설치해서 사용할 수 있는 기능이 있지는 않을까? 그런데, 주변기기를 연결할 수 있는 포트라는 것이 오직 USB 컨넥터뿐이고, 이도 본체에 USB 포트가 있는 것이 아니라 컨넥터 케이블 반대편이 USB 형식이어서 결국 USB 주변장치의 연결이 아닌 아이패드가 주변장치가 되어서 시스템에 연결되어야 한다는 어쩔 수 없는 상황만 남아 있는 것이다.

아이패드의 아이콘을 이것저것 실행해 보다가 앱스토어라는 아이콘을 실행하였다. 그랬더니 네트웍이 연결되지 않아서 실행이 불가하다는 메시지 뿐이었다. 그래서 설정아이콘에 무선네트웍(Wi-Fi) 항목으로 이동 후 주변에 있는 무선공유기에 연결하였다. 그 후 다시 앱스토어를 구동시켜보니 웹브라우저와 같은 형태로 구동되면서 아이폰, 아이패드용 어플들이 무수히 산재해 있었다.

또 다른 고민(단순 단말기인가 뛰어난 PDA인가?)
이래저래 앱스토어에 정말 많은 어플들이 있는 것이 확인되었다. 그렇다면 이 아이패드란 기기의 정체는 도대체 무엇이란 말인가? 이러한 어플들과 기본으로 내장된 몇 개의 어플리케이션의 사용 목적으로 구성된 중간 매개체 역할의 단순 단말기란 말인가?
그렇다면, 웹이 지원되지 않는 곳에선 단지, 크기가 큰 PDA에 지나지 않는 것인가? 이 원초적인 문제의 고민은 굳이 할 필요가 없지만, Wi-Fi 가 지원되지 않는 곳에서 아이패드의 필요한 어플 들을 설치하는 것은 불가능한 일이며, 이를 기반으로 하는 컨텐츠의 운용 또한 마찬가지이기 때문이다.

10년 전이 었던가? 당시, 노뜨닷컴 사이트를 준비하면서 일본 시장 동향 및 제품의 컨텐츠를 조사하기 위해 일본에 간적이 있었다. 때 마침, 손목시계의 줄이 끊어져서 수리가 절대적으로 필요했으나 핸드폰을 의지해 아무 생각없이 일본으로 갔다. 비행기를 타면서 핸드폰 전원을 끈후, 오사카의 간사이 공항에 도착한 나는 시간을 확인하기 위해 핸드폰의 전원을 켰다. 그런데, 이게 웬일…? 당시 로밍서비스의 개념이 없던 나는 모든 것이 정지한 듯한 생각이 들었다. 알다시피, 핸드폰은 주변기지국의 신호를 수신하여 모든 정보를 보여준다. 그러나, 주파수 대역이 다른 타국에서 핸드폰을 켜 본들 정상 동작을 할 수 없는 것이 당연한 일…

이와 동일한 경우로 아이패드 또한 Wi-Fi를 이용한 컨텐츠 뷰어 및 인터넷을 통한 컨텐츠 업데이트가 유일한 방법인데, 주변에 인터넷망이 없으면 정말 단순한 PDA로의 전락이 기정 사실이기 때문이다. 그러나, 통신모듈을 탑재한 3G 기능이 내장된 제품이라면 당연 문제는 없겠지만.

결국, 애플의 앱스토어를 통한 컨텐츠 업데이트 및 아이튠즈를 통한 방법은 인터넷망이 구성되고 지원되어야만 이 모든 것이 가능한 아킬레스건을 지닐 수 밖에 없다. 아이패드의 기능을 제대로 구현하고 이용하려면 무엇이 절대적으로 필요할 지 이제는 알 것 같다.
이런 저런 고민 거리만 남긴 채 또 하루가 지나갔다.

셋째날, 장비와의 충돌 (무엇을 사용할 것인가)

집과 회사에서 사용중인 PC와 아이패드 중 무엇을 사용할 것인가?

대부분의 유저는 아이패드 전에 각자 PC가 사무실 또는 집에 있을 것이다. 그렇다면 무엇을 사용할 것인가라는 질문전에 아이패드로 어떤 기능을 구현할 것인가라는 질문을 먼저 묻고 싶다. 필자는 아이패드를 이용해 사용하는 기능이 두 아들을 위해 영화를 보여준다던가 음악을 들려주는 정도가 전부이다. 왜 그럴 수밖에 없을까?

먼저, 필자가 사용하는 시스템 및 휴대용 기기는 아래와 같다.

노트북 : IBM ThinkPad X201T TabletPC
데스크탑PC : IBM ThinkCentre M55
핸드폰 : Motorola Motoroi PDA Phone

그리고, 하루일과는 다음과 같다.

```
07:00 : 기상 및 아이들과 놀아주기
08:00 : 식사 및 환복
09:00 : 첫째아들 유치원 등원 및 출근
10:00 : 회사 출근 및 노트북 전원 ON
10:30 : 사내 ERP 로그온 및 이메일 체크, 하루 일정 체크 및 업무~
13:00 : 점심식사
14:00 : 오후 업무 및 외근
20:00 : 퇴근
21:00 : 귀가 및 세안, 환복, 저녁식사
22:00 : TV 시청 및 독서, 기타
24:00 : 취침
```

하루 일과 중에 핸드폰은 항상 지니고 다니며 시간의 구분없이 하루 전부를 사용한다. 그외에 회사 업무 및 인터넷 조회 관련 업무는 노트북을 사용한다. 집에 귀가해서는 잠깐 PC를 사용하지만, 필자는 노트북을 가지고 다니기 때문에 귀가 후 PC를 사용할 일이 생기면 노트북을 사용한다. 필자는 업무를 보면서 아이패드를 가지고 다녀봤다. 그런데, 아이패드를 가방에서 꺼내는 경우는 고객들과 업무 외에 이야기를 나누다가 아이패드에 궁금해 하거나 이에 대한 논쟁이 있는 경우 꺼내서 보여주는 것 외에 이에 대한 필요성에 대해 절대적이지 않다는 것을 알 수 있었다. 오히려, 필요여부에 대해 의심할 상황까지 오게 되었다.

그렇지 않은 경우도 있겠지만, 대부분의 대한민국 직장인이라면, 힘겨운 산업전선에서 이것 저것 할 것 많고 신경쓸 것도 많은 하루의 일과가 필자와 별반 다를 바 없을 것으로 생각된다. 그리고 시스템의 업무 활용 범위도 그다지 넓지 않을 것으로 생각된다.

Ipod, Iphone과 Ipad 중 무엇을 사용할 것인가?

필자는 Ipod과 Iphone은 없다. 그러나 PDA폰인 모토롤라의 모토로이가 있다. 핸드폰은 물론이고 MP3 플레이어와 동영상 재생기, 일정관리, 이메일 체크 등 외근이 많은 필자에게는 절대적으로 필요한 기기가 되었다. 그런데, 아이패드를 가지고 이것 저것 해보니 PDA폰과 다를 바가 없었다. 오히려 부피만 크고 지니기에 불편할 따름이었다. 그렇다면 이 시점에서 고민해 보아야 할 것이다. 아이패드로 무엇을 할 것이며, 다른 기기와 기능이 중복될 시 무엇을 사용하는 것이 가장 효율적일까?

인터넷과 서점에선 종종 아이패드를 기술 및 문화의 혁명에 대한 매개체로 평가하고 있다. 맞는 말이다. 그러나 누가, 어떻게, 어떠한 환경에서 사용하느냐에 따라 생활의 질을 한층 더 높여 줄 수가 있고, 오히려 바쁘고 힘든 하루 일과에 가중되는 스트레스의 한 부분을 차지할 수 있는 원인이 될 수도 있기 때문이다.

결국, 아이패드는 과연 얼마만큼 쓸모있는 기계로 존재할 수 있으며, 그와 반대로 사용할 수 있는 범위와 활용도를 찾을 수는 있을까 하는 의구심만 남긴채 하루가 지나갔다.

넷째날, 과연 필요한 기기인가(활용 범위의 축소)

최초 아이패드를 본 순간 많은 것을 할 수 있을 것이라 생각했다. 아니, 꼭 그래야만 한다는 당위성이 팽배 했었다. 인터넷에서 TV에서 아이패드의 출시 및 예약판매 숫자가 시간단위로 보고될 만큼 상상을 초월했기 때문이다. 그렇게 과열된 아이패드의 인기는 제품을 소유해야만 하는 당위성 그리고 보유한 것만으로의 가치는 마치 각박한 세상과 과열 경쟁체제의 힘난한 상황에서 특정 계층의 대열에 합류한 것 같은 착각을 일으키는 상황으로 몰고 간 것이다. 문제는 이러한 상황이 거대한 기대치 대비 그의 반감으로의 전략을 너무 쉽게 경험하게 되었고, 제품을 소유했다는 우월감은 사용범위의 한계성으로 인한 상실감으로 변해가고 있었다. 과연, 내게는 필요한 기기였을까? 내 자신에게 되묻고 싶었다. 주위에서 너무나도 아이패드에 대한 절대적 필요성을 넘어서, 이유를 막론한 절대적 소유의 분위기는 활용 방안의 고민 및 파생될 문제점을 앞서 내세우기에는 너무나 막강하였다.

결국, 아이패드의 활용방안 부재는 또 다른 문제점으로 남게 되었고, 필요성에 대해 의심하는 상황으로 전개되고 있었다.

다섯째날, 장난감으로의 전락

하루 중에 그리고 일주일 중에 아이패드를 사용할 수 있는 기회가 얼마나 되나? 나의 일상적인 하루일과 중에서 아이패드를 사용할 수 있는 상황을 체크해 보았다.

```
07:00 : 기상 및 아이들과 놀아주기
08:00 : 식사 및 환복
09:00 : 첫째아들 유치원 등원 및 출근
10:00 : 회사 출근 및 노트북 전원 ON
10:30 : 사내 ERP 로그온 및 이메일 체크, 하루 일정 체크 및 업무~
13:00 : 점심식사
14:00 : 오후 업무 및 외근
20:00 : 퇴근
21:00 : 귀가 및 세안, 환복, 저녁식사
22:00 : TV 시청 및 독서, 기타
24:00 : 취침
```

내근이건 외근이건 하루종일 노트북을 지니고 다니며 영업을 하는 상황이기에 아이패드를 사용할 수 있는 기회는 거의 없었다. 오히려 노트북을 포기하고 아이패드로 모든 업무를 이관하여 처리한다면 가능할 것이다. 그러나, 말처럼 쉽지 않다. 가장 기본적으로 부딪히는 문제는 네트워크가 없다는 것이다. 사내 유선라인을 이용하여 네트워크에 접속해야 하는데 그렇지 않다. 그러면 무선 라우터를 설치하여 사용할 수 있으나, 어디까지나 아이패드를 사용하기 위한 나만의 혜택이라고 볼 수밖에 없다. 보안을 이유로 무선네트워크 사용을 허용하지 않는 기업들도 있기 때문이다.

어플리케이션의 문제이다. 기존 MS 기반의 모든 회사 업무를 하루 아침에 애플 기반으로 바꾸기는 정말 쉽지 않다. 어찌되었건, 이로 발생될 수 있는 문제점과

| Part 1 개요 | Part 2 기기설명 및 기본 사용법 | Part 3 아이패드 활용 – 기본편 | Part 4 아이패드 활용 – 응용편 | Part 5 아이패드 추천 어플 |

불편함을 모두 감수하고 아이패드를 사용하는데 목적을 두었다면 바꿔보자. 한 동안 이로 인한 업무의 문제점 발생 및 손실을 감수한다는 가정에서 이다.

이외에 가정에서 사용할 수 있는 범위를 생각해 보자. 상기 일정 중에 오전 07와 오후10시 경우 사용이 가능 하다. 출근하기 전 아이들과 놀아주면서 아이패드를 이용할 수 있지만, 아이패드를 이용한다는 것은 아이들과의 상호 교류가 아닌 일방적인 컨텐츠 제공으로 밖에 볼 수 없다. 필자가 모토로이 PDA 폰을 사용하면서 발생된 문제는 두 아들이 잠에서 깨어 제일 먼저 하는 일이 필자의 PDA폰을 찾는다는 것이다. 이것 저것 만지면서 가지고 노는 모습이 처음에는 신기하기도 하고 메뉴얼 방식의 사용방식과는 달리 일반적인 개연성을 벗어난 새로운 방식으로의 장난감 형태로 탈바꿈되어지는 모습이 놀랍기도 하였다. 그러나, 시간이 지나면서 반복되는 상황이 걱정스러운 마음으로 변해 가고 있으며, 지금은 퇴근해서 집에 오면 PDA폰을 아이들이 모르는 곳에 숨겨놔야 하는 상황으로까지 전개되었다.

저녁 10시경 식사를 마치고 잠든 두 아들의 얼굴을 잠깐 본 후 아내와 TV 시청을 하면서 이런 저런 이야기를 한다. 여기서 아이패드가 어떻게 활용될 수 있을까? 아내와 필자가 공통적인 주제를 가지고 아이패드를 활용해야 하는데, 대화내용 중에 필요한 그럴만한 컨텐츠가 아직까지는 없다. 그렇다면 영화를 보는 것은 어떨까? 정말 일차원적인 생각이다. 굳이 영화를 보기 위해서 10" 사이즈의 아이패드를 둘이서 머리를 맞대고 보는 상황이....
차리리 IPTV에서 영화를 보는 것이 나을지도 모른다. 그러면, 아내와 무언가를 같이 한다는 것을 포기하면, 혼자서 게임기로 사용하는 것은 어떨까? 이것 또한 작은 상자 크기의 활용범위안에 억지로 상황을 만들어 끼어넣는 것 같은 생각이 든다.

회사에서 집에서 굳이 활용도가 낮은 기기를 일상에 적용하기 위해 불편함을 감수하고 사용한다는 것이 과연 얼만큼의 이득이 있을까? 아이패드라는 기기를 구매하였다는 이유로 그로 인해 발생할 수 있는 장점보다는 단점이 부각되는 상황을 감수하고 무조건 사용한다는 것은 오히려 구매하지 않은만 못한 상황이 되었다. 결국, 100만원짜리 장난감이 생겨버린 것이다.

오늘도, 아이패드는 새로운 활용방안을 제공하지 못하였고, 100만원짜리 미디어 플레이어가 되어버린, 내게는 필요하지 않을 것 같은 기기가 되어버렸다.

여섯째날, 환상에서 깨자

최초 거대 상자에 포장되어 대중들의 소유 욕구를 폭발할 정도로 부풀려, 구매를 해야만 하는 당위성으로 몰고간 매스컴과 인터넷이 어찌보면 한심스러운 존재로 전락하여 이도 저도 아닌 기기의 주인이 되어 버린 필자의 처지가 한심하기만 할 따름이다.

어디서부터 잘못 되었을까? 무엇이 잘못된 것일까? 아이패드를 마법의 지팡이로 생각해서 무엇이든지 할 수 있다고 생각한 필자의 잘못일까?

아이패드는 절대 특별한 기기가 아니다. 아니, 생각해보면 특별한 기기라고 주위에서 말한 이가 없었던 것 같다. 그렇다면, 왜 그렇게 생각하고 있었을까? 제조사가 애플이어서 일까? 애플의 CEO인 스티븐잡스의 뛰어난 지략의 결과물이어서 일까?

원인은 군중심리였다. 여러 매체에서 이러 저러한 내용으로 아이패드의 부각을 극대화 시켰다. 어찌보면 그러한 매체에 노출되어진 필자 또한 무엇인지는 모르지만 당연히 그래야만 한다는 의무감으로 구매를 한 것은 아닌지 모르겠다. 다들 그러했듯이 필자 또한 구매를 하고 그로인해 프로페셔널한 사용자가 되어 주위의 프로급 얼리어댑터의 대열에 서서 IT강국의 선두주자처럼 되어 있을 것이라는 커다란 착각을 불러일으킨 현실과, 그렇지 못하고 단순한 PMP(Portable Media Player)로 전락해 버린 기기의 유저가 되어버린 지금의 문제는 분명 본인만의 이야기는 아닐 것이다.

2000년 초반 국내에서 최초로 일반 시장에 공개되었던 후지쯔의 액정 터치(감압식 방식 : 압력감지 방식으로 초기의 터치스크린 방식)제품의 노트북을 시발점으로 3년 후 HP TC1000이라는 슬레이트 방식(아이패드의 형태와 동일하며 키보드, 본체 분리형)의 타블렛PC가 발표되면서 본격적인 시장의 서막이 오르는 듯 하였다.
그러나 과도한 기대치에 대한 이상이었을까? 타블렛PC 시장은 점점 줄어들었고, 2008년 국내 경기 악화로 인해 그나마 취급하던 도시바, 후지쯔마저 포기하면서 최악의 길로 접어들고 있다. 이는 컨텐츠와 활용방안의 부재 및 높은 구매단가가 원인이었다.

현재 아이패드는 그렇지 않다. 분명, 예전의 타블렛PC에 비해 금액은 반값 정도이다. 그리고 앱스토어를 통하여 수만개의 어플들이 쏟아져 나오고 있다.

문제는 활용방안이다. 그의 예로 PMP의 시장이 그러했다.

휴대용 노트북이 100만원을 호가하던 당시 20~30만원대의 PMP는 인터넷 강의 및 동영상 강의용으로 최대의 호황기를 맞은 적이 있었다. 그러나 40만원대 넷북이 발표되면서, 이제는 더 이상 PMP만의 기능으로는 견 줄 수가 없어졌다. 결국 PMP 시장은 급속도로 침체기로 접어든 것이다. 분명 아이패드는 그렇지 않을 것이다. 문제는 제품 가격과 어플의 존재가 구매를 위한 충분한 조건은 될 수 있으나, 어플로의 활용 범위가 회사 및 가정에서 충분히 발휘되고, 직장과 가정, 기타 모임에서 유대적인 관계의 매개체로 발전하여 아이패드 +∂ 로 우리에게 남는다면 아이패드 탄생의 의미와 성공은 분명 계속해서 지속될 것이다. 그러나, 오직 아이패드로의 존재로 남는다면 구매 후 머지 않아 유저들에게 외면 당할 것이다.

아이패드는 현실이다. 마법의 지팡이도 아니다. 필자인 내게 주어진 것은 오직 칼의 형태를 가지고 있는 쇠 막대기일 뿐이다.
이것이 명검이 될지 그렇지 않을지는 오직 본인에게 달려 있는 것이다. 처음부터 명검이라고 생각하지 말자. 그러면 분명, 나태해질 것이고, 쇠막대기를 연마하고 담금질하여 명검을 만들기보다 자연스럽게 시간이 지나면 명검의 대열에 오를 것이라고 생각할 것이 분명하다. 이것은 쇠막대기이다. 이제부터 명검을 만들기 위해 내 자신을 돌이켜 보고, 무엇이 필요한지, 어떻게 이용할 것인지 다시한번 돌이켜 봐야할 것이 분명 필요하다.

오늘, 난 그동안 뒤돌아 보지 못했던 상황과 오직 아이패드 하나만으로 무언가를 할 수 있으며, 해야만 한다는 당위성에서 벗어날 수 있었다. 처음부터 다시 시작이다. 상황을 억지로 끼어 맞추지 말자. 있는 그대로 받아 들이고 아이패드가 기본으로 제공하는 기본 어플부터 자세히 살펴보자. 그러면 며칠 동안 고민하였던 무언가가 새로운 차원에서 새로이 느껴질 것이다.

일곱째날, 처음부터 다시 시작하자.

아이패드는 오로지 아이패드일 뿐이다. 최초 기대치가 컸던 만큼 그에 대한 실망감도 컸던 것 같다. 이는 오직 필자만의 경우라고 생각하지 않는다. 대다수의 구매자가 본인과 같은 기대를 할 것이고 같은 고민을 하며 같은 결론을 맺을 것이다.

필자는 노트북과 타블렛PC 영업을 하고 있다. 매장에서 내방 고객을 상대로 그리고 기업 고객을 상대로 외부 영업을 병행하고 있다. 매장에서 내방 고객께 처음으로 하는 멘트가 있다. "어떤 용도로 사용하실 겁니까?" 참 많은 의미를 내포하고 있지만 대답은 정말 단순한다. 대부분 열이면 여덟 아홉의 고객의 답은 이러하다.
"개인용으로요." 이 또한 심오하면서도 많은 방법론적인 결론을 유추할 수 있다. 그러나, 정작 답은 하나이다. "개인용".이 이야기를 하면서 필자는 무엇이 잘못 되었는지 이제야 알 수 있었다. 아이패드는 지극히 개인용 이었다.

거대한 산업현장에서 커다란 몫을 담당하는 특별한 기기가 아니었다. PMP와 같은 단순한 기기였다.
기본적으로 내장된 음악, 동영상 플레이어, 웹브라우저, 캘린더, 연락처, 메모장 기타 등등. 지극히 개인적인 용도로 사용할 수 밖에 없는 기기의 형태와 어플들이다. 그런데, 이러한 것을 가지고 어마어마한 기능으로 사용할 것이라고 생각하는 것은 오직 착각이었을 뿐이다.

기초적인 것부터 시작하자. 기본 기능조차 사용하지 않으면서 어떻게 더 큰 것을 할 수 있겠는가? 아이패드에 대한 선입견을 버리자. 누구나 가질 수 있고, 누구나 사용할 수 있고, 그로인해 누구나 특별하지 않은 평범해 질 수 있다고 생각하자. 이것이 스티브잡스가 생각하는 아이패드의 범용성이라고 생각 하자.
더, 이상 바랄게 없다.
예전의 미니 타블렛PC가 그러했고, 앞으로 출시될 여러 제조사의 타블렛PC가 그렇듯이 노트북을 한 손에 쥐고 사용할 수 있는 제품의 장점에 대해 단순하게 생각해 보자. 일반적인 제품은 그렇지 못하다. 우리가 노트북을 사용할 때는 어딘가에 앉아서 두 손을 모두 이용하여서 키 입력을 하든지, 업무를 보아야 한다. 그러나, 한 손에 아이패드를 쥐고서 이동을 하면서 나머지 한 손으로 다른 무언가를 할 수 있다는 것만으로도 커다란 혁신이라고 생각하자. 이제부터 시작이다. 아이패드를 가지고 세상을 다 얻은 것처럼 생각하지 말자. 일상으로 향하는 길목의 첫 걸음을 내 딛는 순간이라고 생각하자.

아이패드를 가지고 일상의 일부분에 어떻게 이용될지 고민하지 말자. 핸드폰을 지니듯이 항상 지니고 있으면 자연스럽게 활용도가 생길 것이고, 그로인한 응용범위도 넓어질 것이다. 여러분은 대단한 기기를 가진 것이 아니다. 정말 단순한 아이패드를 가지고 있는 것이다. 앞으로 어떻게 이용될지는 여러분에게 달려 있다. 머리속에서 생각을 비운만큼 그 공간은 아이패드의 어플이 차지할 것이다.

Part 2
기기설명 및 기본 사용법

Chapter 1 >> 기기 외관 설명

아이패드의 디자인은 정말 뛰어나다. 제품을 처음 보았을 때 각 제조사에서 발표해온 각종 태블릿PC를 그동안 보아왔던 필자에게 신선한 충격을 안겨준 극찬을 해도 모자랄 정도의 느낌이 들었다. 그러나 기기 고장 및 업그레이드를 위한 제품의 분해가 용이하지 않는 것이 다소 아쉬움이 남지만, 오히려 그러한 모든 것을 전제로 완성도가 높은 기기의 제작에 목적을 둔 애플의 의지는 높이 살만하다.

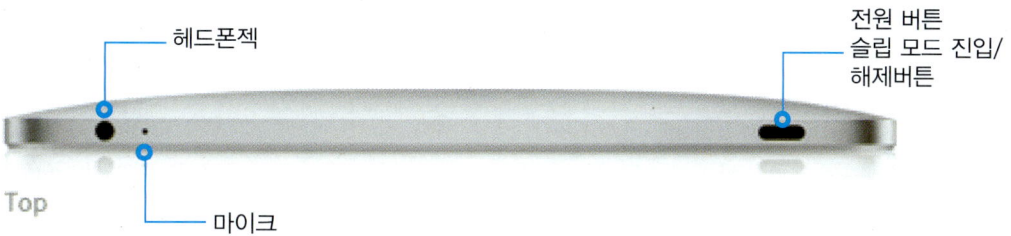

헤드폰젝

전원 버튼
슬립 모드 진입/
해제버튼

Top

마이크

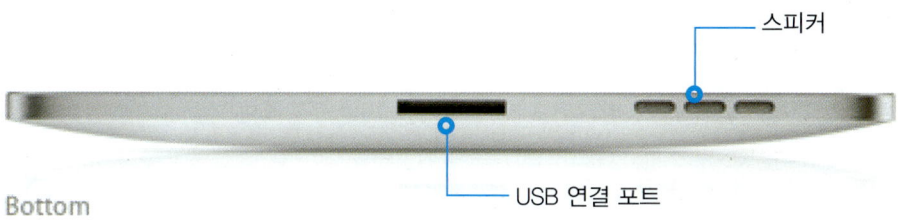

스피커

Bottom

USB 연결 포트

Chapter 2 >> 아이튠즈 설치하기

아이튠즈 설치

아이튠즈 웹은 음악 및 미디어 파일을 구매 또는 이와 수반된 기타 서비스를 받을 수 있는 웹사이트이다. 그리고 애플에서 제작한 아이팟과 같은 미디어 기기에 데이터를 전송하고 직접 플레이할 수 있는 것이 아이튠즈 소프트웨어이다. 또한 아이패드에 저장되어 있는 어플 등과 기타 설정을 백업하고 OS를 업데이트 할 수도 있다.

아이패드를 사용하기 위해서 아이튠즈는 필수다. 이 장에서는 아이패드 사용을 위한 아이튠즈 소프트웨어의 기본적인 내용만 설명할 예정이며, 자세히 다루기에는 너무나도 방대한 양이니 설명이 부족하더라도 틈틈히 기능을 알아두기 바란다.

Step 1 먼저 아이튠즈를 다운로드 받기 위해서 애플사이트로 이동한다. www.apple.com/kr/itunes

Step 2 그림에서 처럼 아이튠즈에 대한 내용을 설명해 주고 있다. 처음 접해본 사용자들은 화면 하단의 아이튠즈의 특징을 꼭 알아두기 바란다. 우측의 다운로드 버튼을 클릭한다.

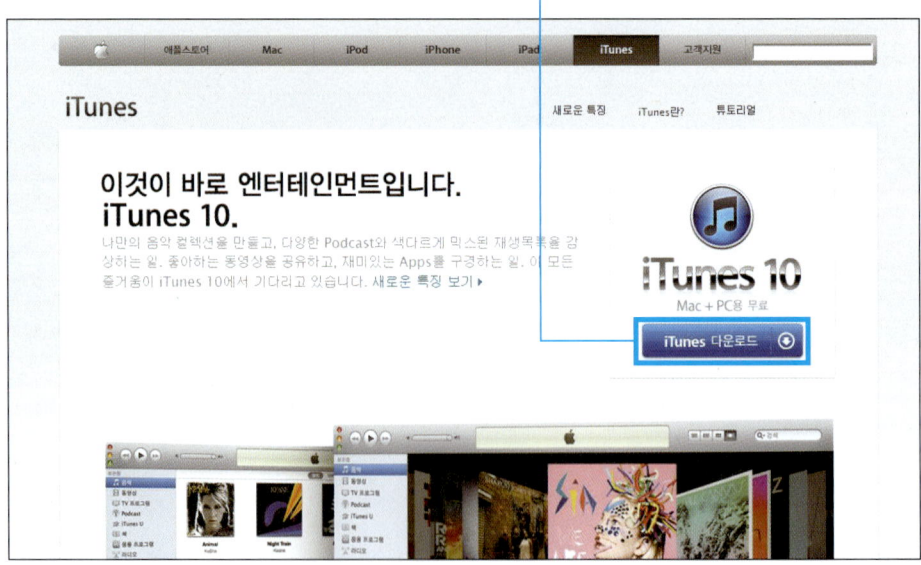

Step 3 ▶ 다음 화면에서 아이튠즈 설치를 위한 컴퓨터의 하드웨어, 소프트웨어 대한 필요 사양을 설명하고 있다. 아이튠즈 소프트웨어는 가볍게 구동되는 프로그램이니 컴퓨터 사양이 낮아서 사용 못하는 경우는 없을 듯 하다. 지금 다운로드 버튼을 클릭한다.

Step 4 ▶ 애플서버에서 바로 실행할 것인지 다운로드해서 저장한 후 실행할 것인지 물어본다. 필자의 경우 대부분의 소프트웨어는 다운로드해서 실행하는 것이 직접 실행할 경우 인터넷이 끊겨서 실행이 되지 않는 경우보다 안전하다고 생각하니 저장을 택하는 것을 권장한다.

Step 5) 저장을 선택하면 다운로드 할 폴더를 지정하는 화면이 나타난다. 폴더는 임의로 지정해도 관계 없지만, 앞으로 아이패드 사용과 관련하여 이런저런 내용을 다운로드 받을 경우가 종종 있으니 되도록이면 특정 폴더를 지정해서 저장하는 것이 좋다.

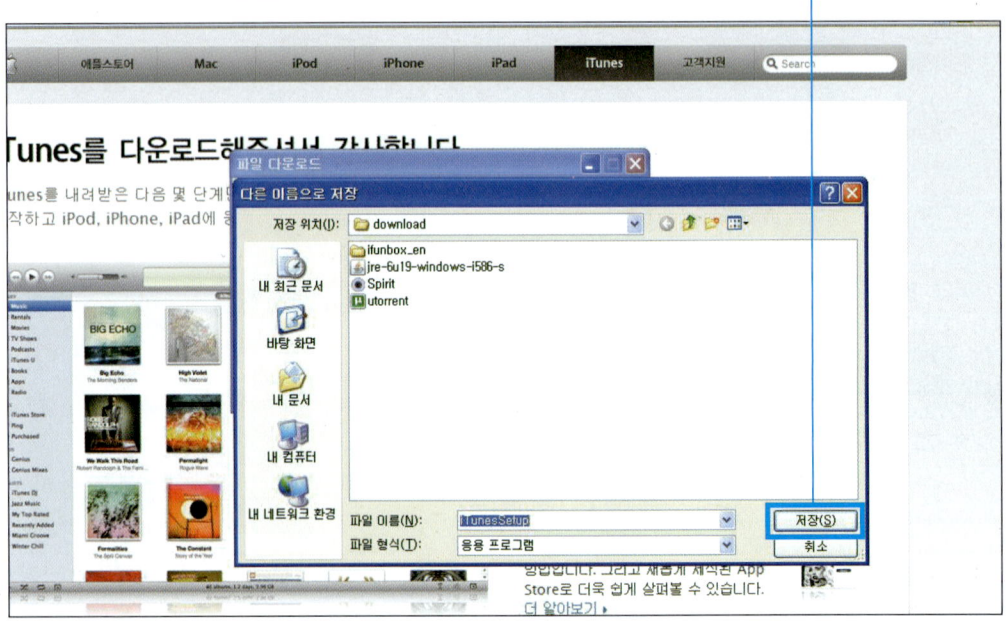

Step 6) 저장을 클릭하면 애플서버에서 지금 사용중인 컴퓨터에 저장한다. 저장이 완료된 후 폴더 열기를 해서 실행을 하면 아이튠즈 설치 화면이 나타난다.

다음을 클릭 한다.

Step 7 아이튠즈 사용권 계약에 대한 내용이오니 '동의합니다'에 체크하고 다음을 클릭한다.

Part 1 개요 　　　Part 3 아이패드 활용 – 기본편　Part 4 아이패드 활용 – 응용편　Part 5 아이패드 추천 어플
Part 2 기기설명 및 기본 사용법

Step 8　설치 옵션 창이 나타나고 바탕화면에 바로가기 생성 옵션과 윈도우 미디어플레이어 같은 기능을 구현하는 아이튠즈 소프트웨어를 오디오 파일 오픈시 기본 프로그램으로 사용할 것인지에 대한 내용이니 일단 모두 체크한 후 설치를 클릭한다.

Step 9　아이튠즈 설치가 진행되고 있다. 여기서 시간이 1~2분정도 소요된다.

Step 10 아이튠즈 소프트웨어가 설치 완료되었다. 아이튠즈 열기에 체크하고 완료를 클릭한다.

Step 11 아이튠즈 소프트웨어를 다운받고 설치를 완료하였다.

최초 아이튠즈에 대한 지식이 전혀 없는 필자는 아이튠즈 소프트웨어를 사용하면서 도무지 이해가 가지 않는 부분이 많았다. 어찌보면 MS 윈도우즈 기반의 어플리케이션 사용에 익숙해 있던 필자는 일상적으로 주변기기를 컴퓨터에 연결 후 탐색기나 기타 어플리케이션을 이용해서 데이터를 저장하곤 하였다.

그러나, 아이튠즈는 아이패드와 같은 기기로 데이터를 직접 전송하는 것이 아닌 보관함이라는 별도의 저장공간을 설정한 후 아이패드에서 구동이 가능하도록 변환하거나, 데이터에 대한 정보를 보관하고 있어서 나중에 재사용될 경우 용이하게 이용될 수 있도록 하는 기능을 제공하고 있다. 대부분의 사용자들이 이 부분에 대해 이해를 하지 못하거나, 납득을 하지 못하는 경우가 있을 것이다. 그러나, 애플에서 아이튠즈 소프트웨어 제작시 분명 이유가 있을 것이며, 여러분들이 사용하면서 미처 깨닫지 못하는 장점을 제공할 것이니 처음엔 불편하더라도 아무런 의심없이 사용하기 바란다.

참고로 아이튠즈와 아이패드 간의 우선 순위에 대해서 설명하겠다. 아이튠즈 보관함에 있는 데이터와 아이패드 데이터 중 일부가 삭제되거나 추가되었을 경우 어떤 것에 우선 순위를 두고 동기화를 진행할까? 다시 설명하자면 아이튠즈에 데이터가 있고 아이패드에서 데이터를 삭제한 후 동기화하면 어떻게 될까? 아이튠즈에 우선순위가 있기 때문에 아이패드에서 삭제된 데이터는 아이튠즈와 비교해서 아이튠즈에 데이터로 복원된다. 반대로 아이튠즈 보관함에 있는 데이터를 삭제후 동기화하면 아이패드에 있는 데이터가 삭제된다. 기존의 팜 파일럿과 같은 PDA를 사용할 경우 상호 비교하여 최근 데이터를 기준으로 동기화를 시켰지만 애플의 아이튠즈는 우선 순위를 무조건 가지고 있다. 이 부분이 이해가 되지 않는다면 다시 한번 읽어 보기 바란다. 그래야만 아이튠즈가 왜 필요하고 어떻게 사용되는지 알 수 있기 때문이다.

* 데이터 삭제의 오용을 막기 위해 자동 동기화를 해제하는 옵션이 있다.

Tip

Chapter 3 » 아이튠즈 메뉴

아이튠즈의 설치가 모두 끝났다. 그럼, 이제부터 아이튠즈 소프트웨어의 메뉴 구성이 어떻게 되어 있는지 알아보도록 하겠다. 필자의 경우 이 메뉴 중에서 정작 필요한 기능은 일부였다. 그러나 사용자의 취향에 따라서 다를 수 있으니 필히 숙지하고 넘어가도록 하자.

먼저 아이튠즈에는 보관함이라는 기능이 있다. 아이패드로 저장하고자 하는 파일의 형식이 맞지 않을 경우 이에 맞도록 자동으로 변환해 주는 기능을 가지고 있고, 아이패드로 직접 저장하기 전에 사전에 게이트 역할을 해서 불필요한 내용을 편집해 주는 기능과 아이패드의 데이터를 백업해 주는 여러가지 기능을 가지고 있다.

아이패드로 데이터를 저장하기 위해 임시 보관하고, 이에 대한 기록을 남기는 부분이니 필히 거쳐가야 하는 항목이다. 실은 MS 기반의 OS 와 어플리케이션에 익숙한 필자가 이에 대한 필요성에 대해 가장 많이 고민했던 부분이었다.

보관함

보관함의 첫번째 항목은 음악 보관함이다. 컴퓨터의 음악파일을 보관함으로 가지고 오면 이를 목록화하여 아이패드로 전송하기 위한 준비를 마친다.

두번째 항목은 동영상 보관함이다. 컴퓨터의 동영상파일(AVI, MPG 외 기타 형식)을 가지고 오면 목록에 추가되지 않는 것을 볼수 있다. 이는 아이패드에서 지원가능한 동영상 파일 형식(MP4)이 아니기 때문이다. 아이패드에서 구동 가능한 형식으로 변환하기 위해선 특정 인코더 프로그램을 사용해야 하는 데 Part 3 활용 - 기본어플에서 자세히 설명하도록 하겠다.

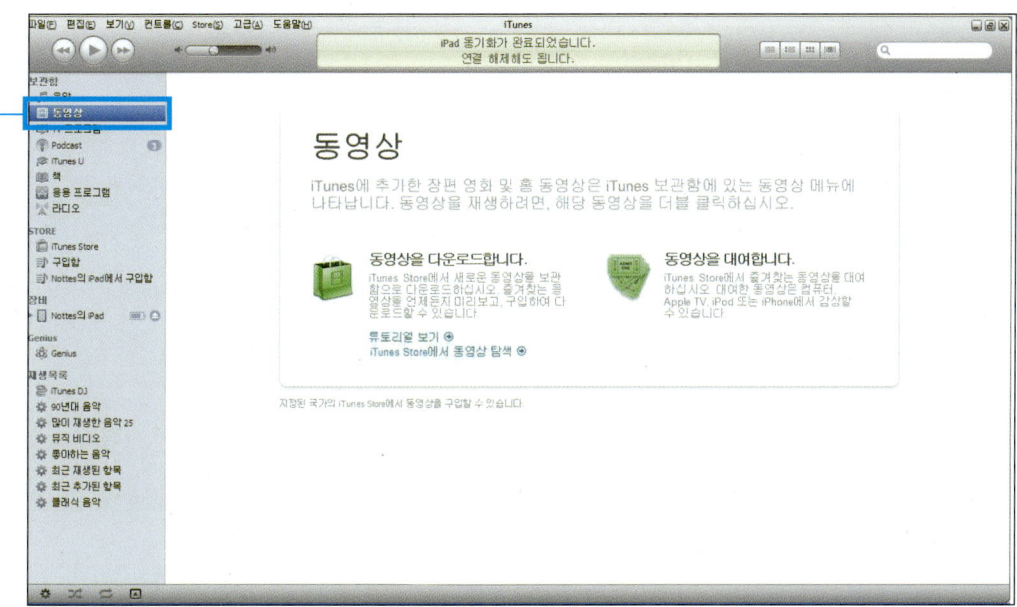

세번째 항목은 TV 프로그램이다. 아이튠스 스토어에서 다운로드 받은 TV 에피소드를 표시해 주는 곳이다.

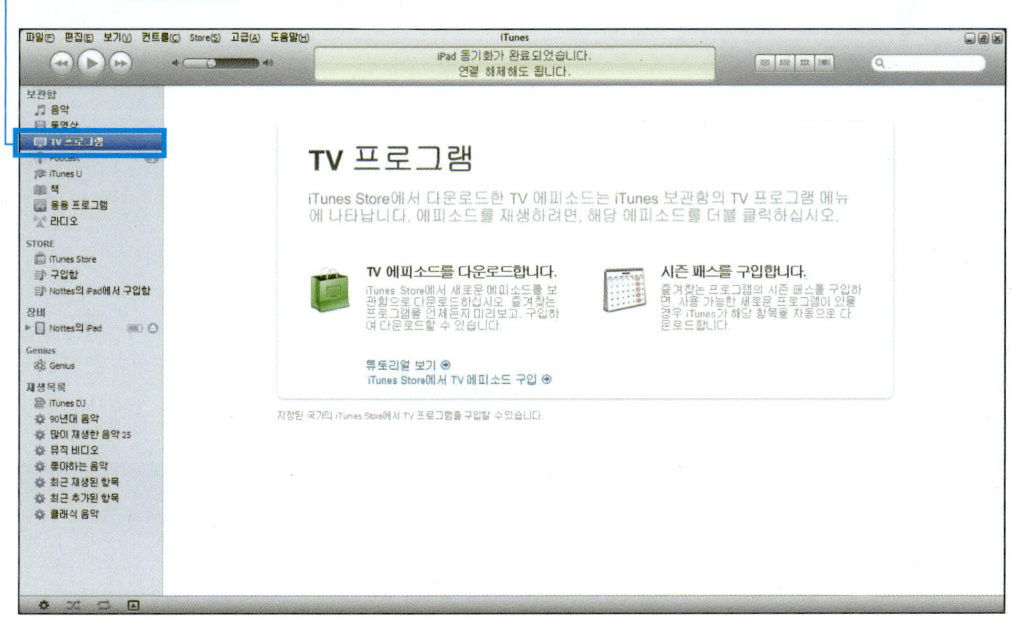

네번째 항목은 Podcast이다. 아이튠즈 스토어에서 다운로드 받은 라디오, TV 형식의 무료 프로그램을 나타내 준다.

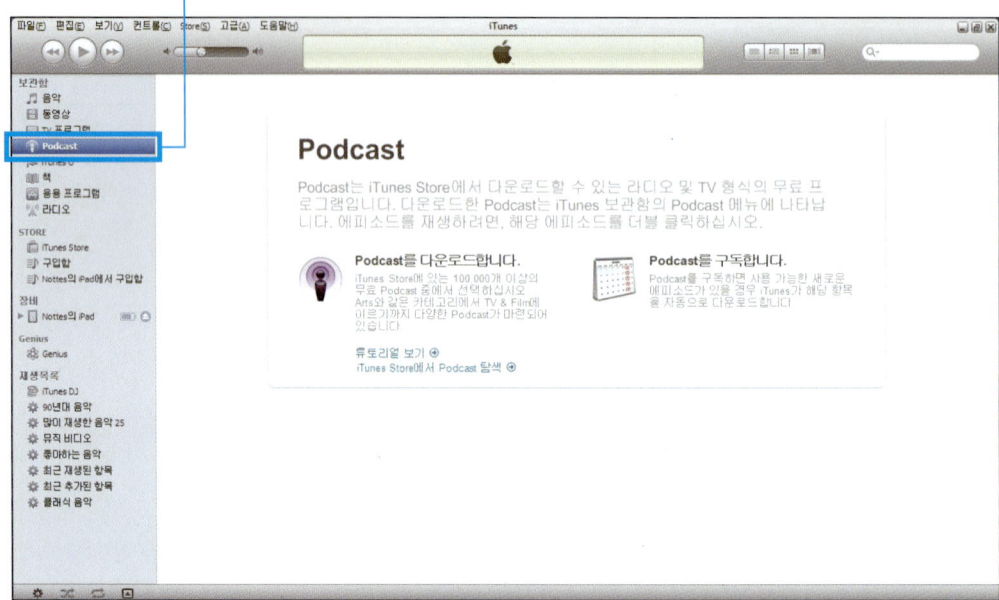

다섯번째는 아이튠즈다. 아이튠즈 스토어에서 무료, 유료로 다운로드 받은 동영상을 나타내 주는 곳이다.

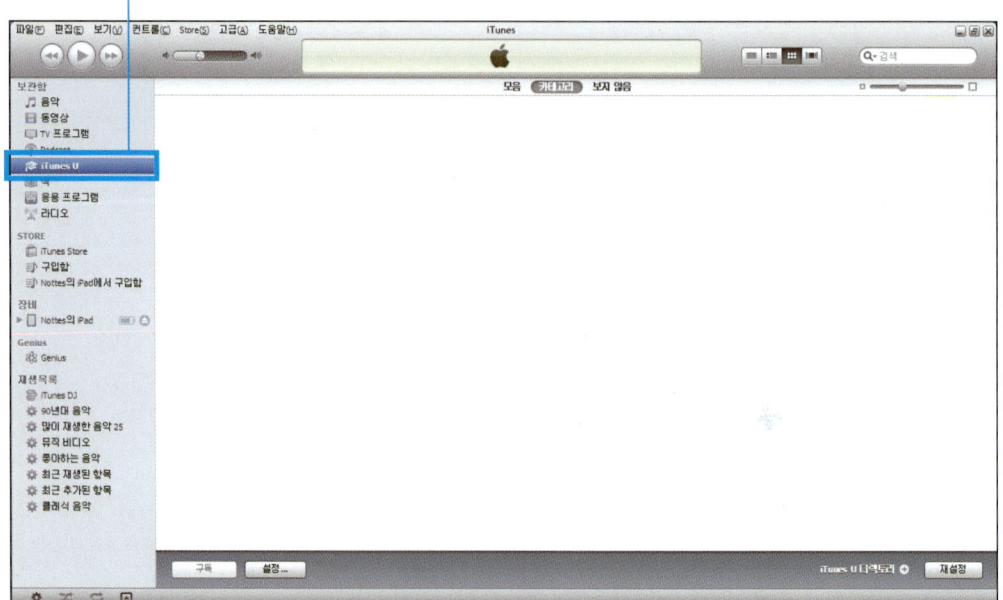

여섯번째는 책 보관함이다. 아이북스와 같은 도서관 어플을 통해서 다운로드 받은 책을 나타내 주는 곳이다.

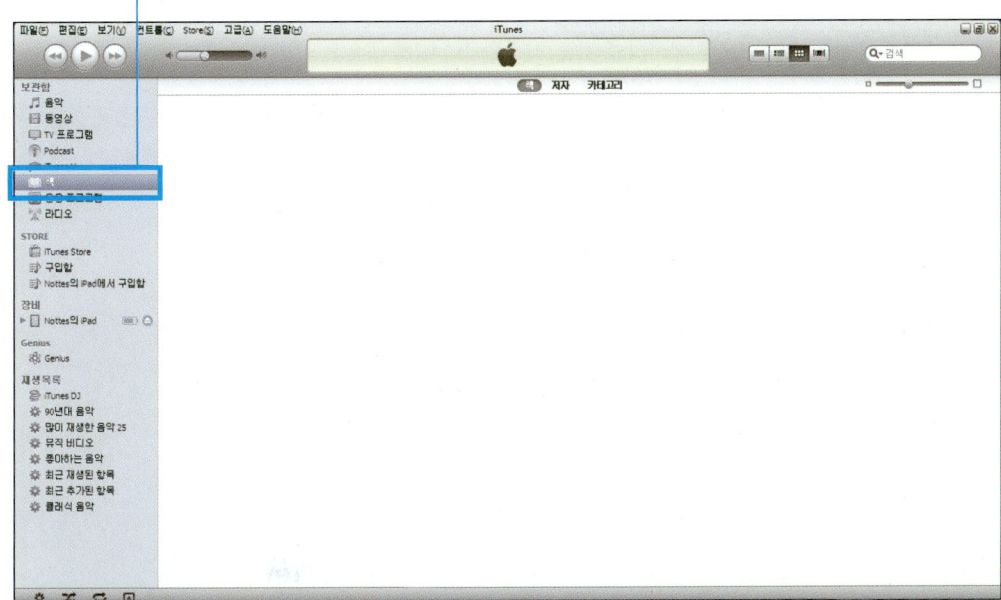

일곱번째는 응용프로그램 항목이다. 앱스토어에서 무료, 유료로 다운로드 받은 다양한 어플리케이션을 나타내준다.

여덟번째는 라디오 항목이다. 장르별로 구성되어 있으며 인터넷을 통해서 스트리밍(실시간) 서비스를 받을 수 있다. 총 8개의 항목으로 구성되어 있는 보관함은 아이패드로 다양한 프로그램을 전송하기 전 편집 및 추가, 삭제하는 부분이며 아이패드의 모든 데이터가 전송되는 곳이니 필히 내용을 이해하기 바란다.

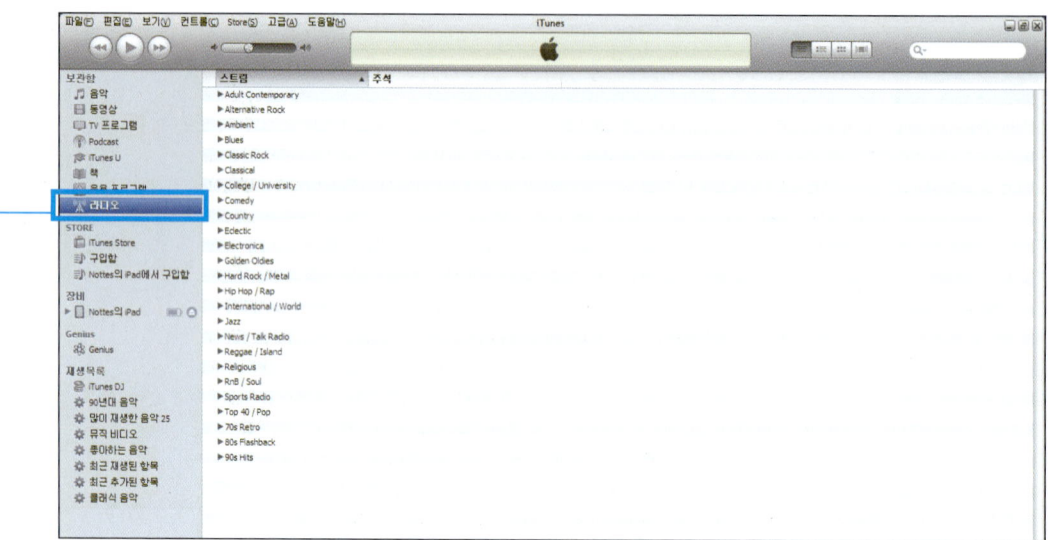

스토어

스토어는 아이튠즈 웹스토어를 말하며, 이 곳에서 다양한 동영상과 어플리케이션을 검색 및 다운로드 받을 수 있다.

장비

다음은 장비 항목이다. 여기서 장비(Device)는 현재 컴퓨터와 연결되어 있는 아이패드의 모든 정보를 보여 주는 곳이다. 보관함과 유사한 내용으로 분류가 되어 있는 것을 확인할 수 있으며, 이 곳에서 각 항목별 동기화(데이터 전송)및 기타 기능이 가능하다.

첫번째 항목은 요약 부분이며 컴퓨터와 연결되어 있는 아이패드의 정보를 보여준다.

두번째 항목은 정보부분이다. 최초 아이폰에서 시작한 내용으로 아이패드도 동일하게 적용된다. 이메일 ,캘린더 등을 동기화 할 수 있다.

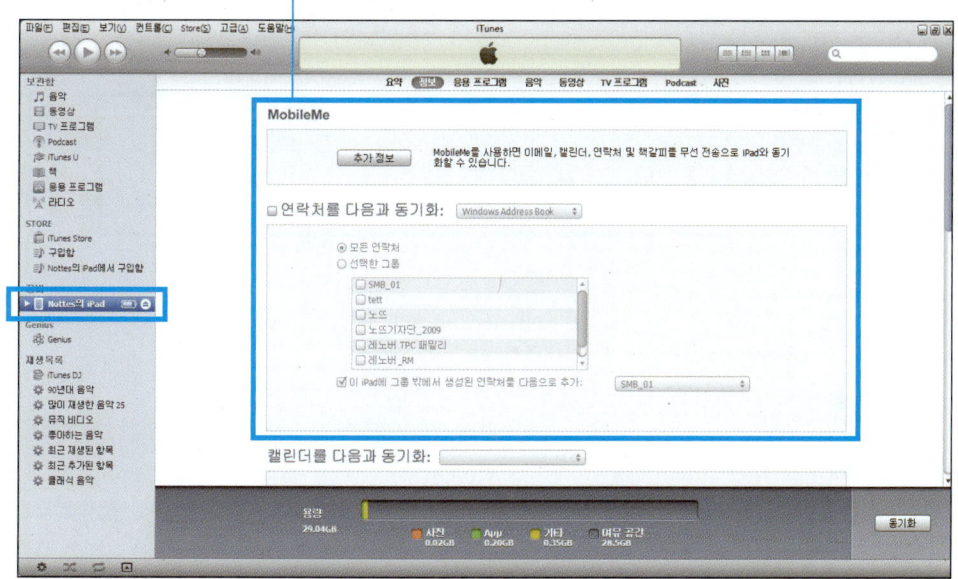

| Part 1 개요 | Part 3 아이패드 활용 - 기본편 | Part 4 아이패드 활용 - 응용편 | Part 5 아이패드 추천 어플 |

Part 2 기기설명 및 기본 사용법

세번째 항목은 응용프로그램이다. 현재 아이패드에 설치되어 있는 어플들을 보여 준다. 우측에 세개의 창이 보이는데 각 창을 클릭하면 중앙 메인화면으로 나타난다. 이때 메인화면에 있는 어플을 끌어다가 우측 창(1, 2, 3)에 갖다 놓으면 화면간에 이동할 수 있다. 단, 좌측 응용 프로그램 동기화에 체크 후 하단 프로그램의 모든 항목에 체크 표시한 후 우측 아래 적용을 클릭해야 삭제되는 어플이 없으니 주의하기 바란다.

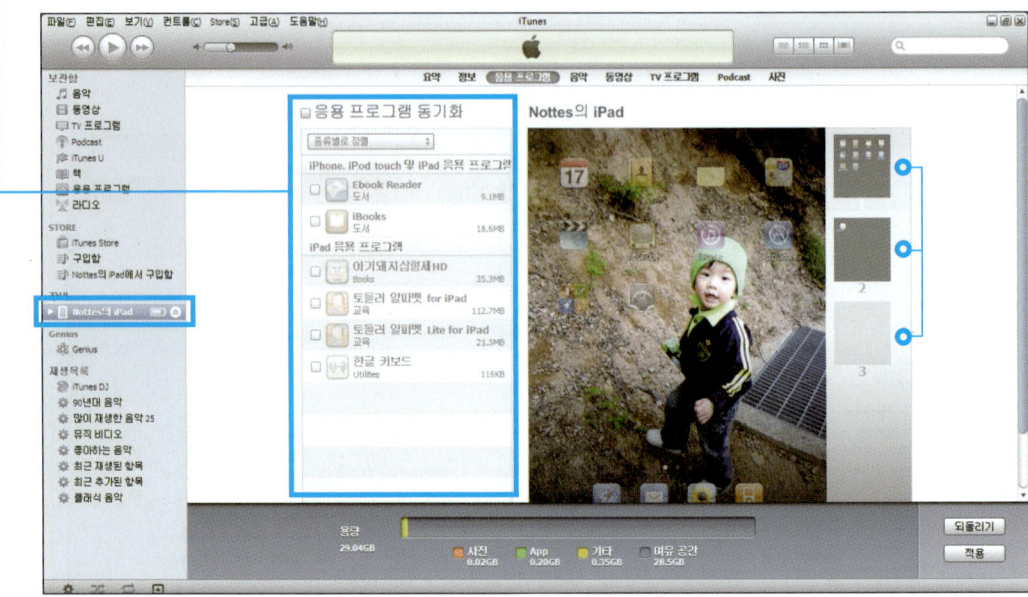

네번째 항목은 음악 동기화이다. 보관함에 저장되어 있는 음악파일과 동기화하는 부분이며 보관함에서 일부 파일을 삭제 후 동기화하면 아이패드에 저장된 음악파일도 동일하게 삭제되니 주의하기 바란다.

다섯째, 동영상 부분이다. 음악 동기화와 마찬가지 기능을 한다.

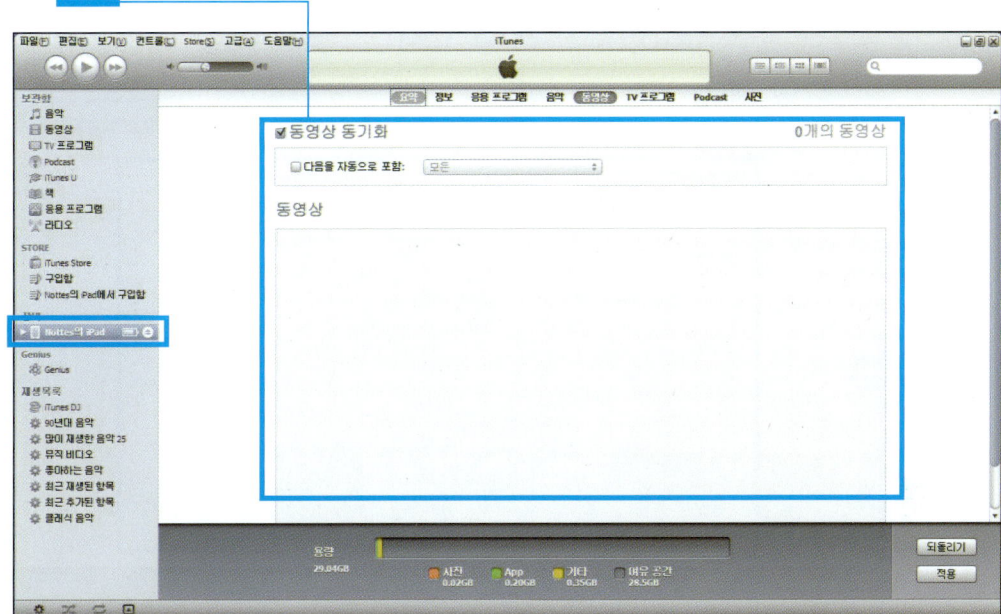

여섯째, TV 프로그램 부분이다. 아이패드에 저장되어 있는 에피소드 내용을 보여주는 항목이다.

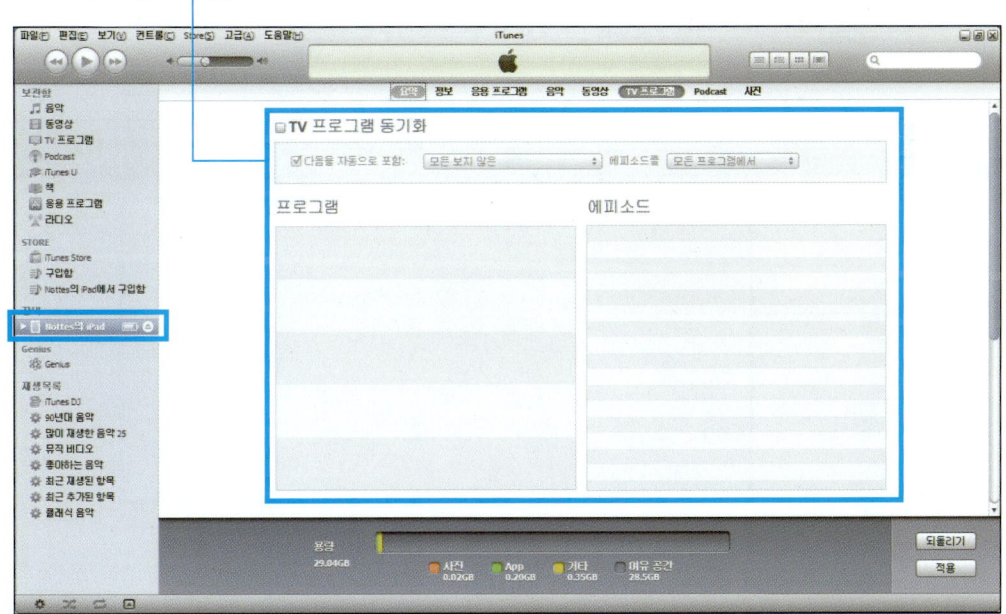

일곱째, Podcast 항목이다. 아이패드에 저장되어 있는 라디오, TV 형식의 프로그램을 나타내며 보관함에 저장되어 있는 프로그램을 동기화 할 수 있다.

마지막으로 사진 부분이다. 아이패드에 저장되어 있는 사진의 구성을 나타내주며, 보관함에는 항목이 없다. 컴퓨터에 저장되어 있는 사진을 아이패드에 저장하는 기능을 한다. 자세한 기능은 Part 3에서 설명하도록 하겠다.

Genius

Genius 항목이다. 이 항목은 보관함에 저장되어 있는 노래를 특정 항목별로 분류해서 재생목록을 만들어 주는 Genius 기능이다. 그리고, Genius의 장점인 동일한 항목 분류 검색 기능은 현재 보관함 또는 아이패드에 저장되어 있는 음악 파일과 어플들을 비교하여 동일한 분류 항목을 검색한 후 나타내주는 기능을 한다.

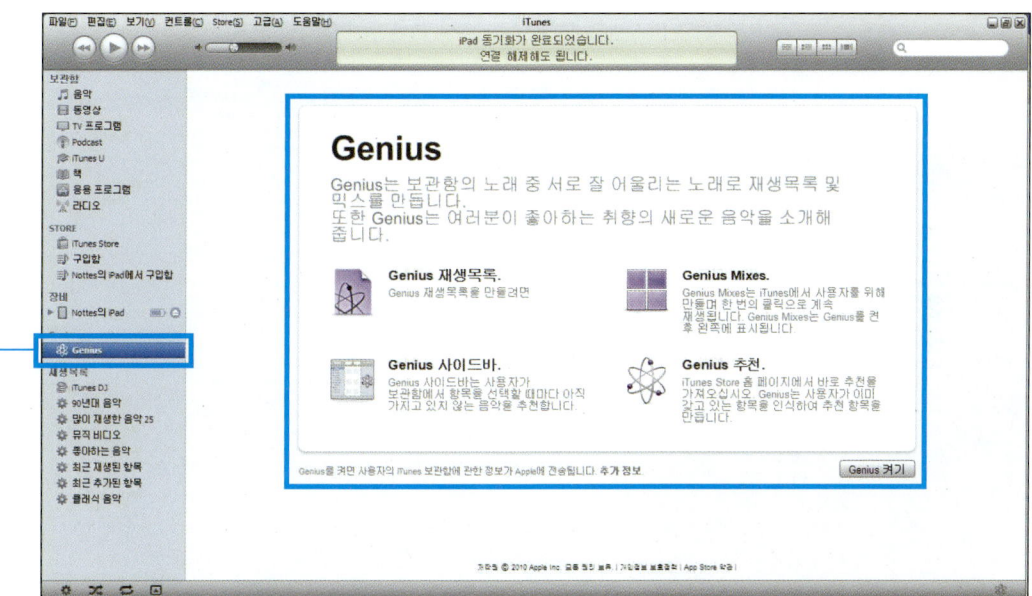

아이튠즈를 이용한 데이터 전송방법

아이패드에 컨텐츠와 미디어 파일을 저장하기 위한 아이튠즈 사용방법에 대해 설명하겠다.
아이튠즈 사용은 아이패드 사용을 위한 필수적인 내용이며 중요한 부분이니 필히 숙지하기 바랍니다.

Step 1 음악파일을 저장해 보자. 아이튠즈 상단 메뉴에서 '파일 - 보관함'에 파일 추가 를 선택한다.

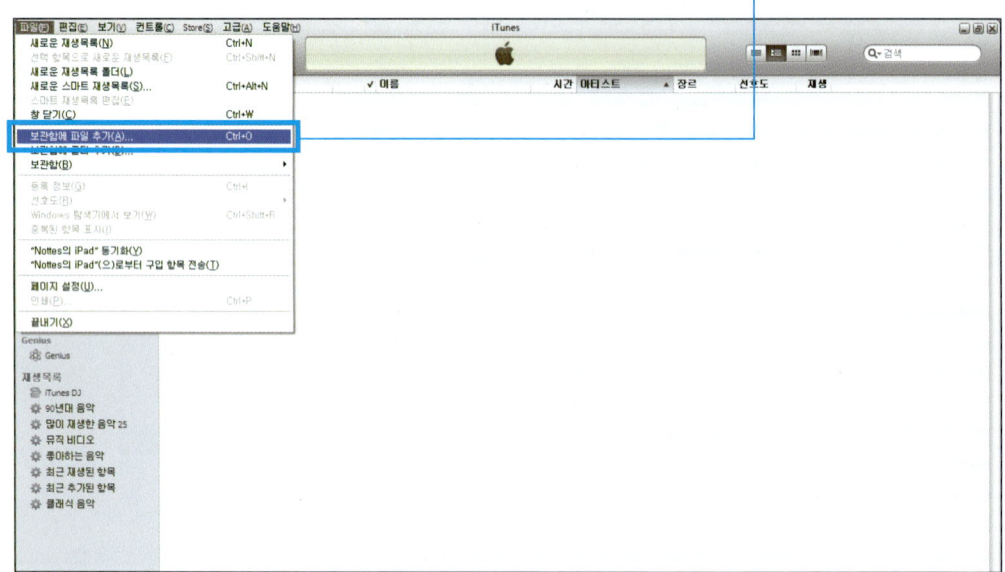

Step 2 보관함에 추가할 음악파일을 선택하는 창이 뜨며, 여기서 원하는 음악을 선택한 후 아래 열기 버튼을 클릭한다.

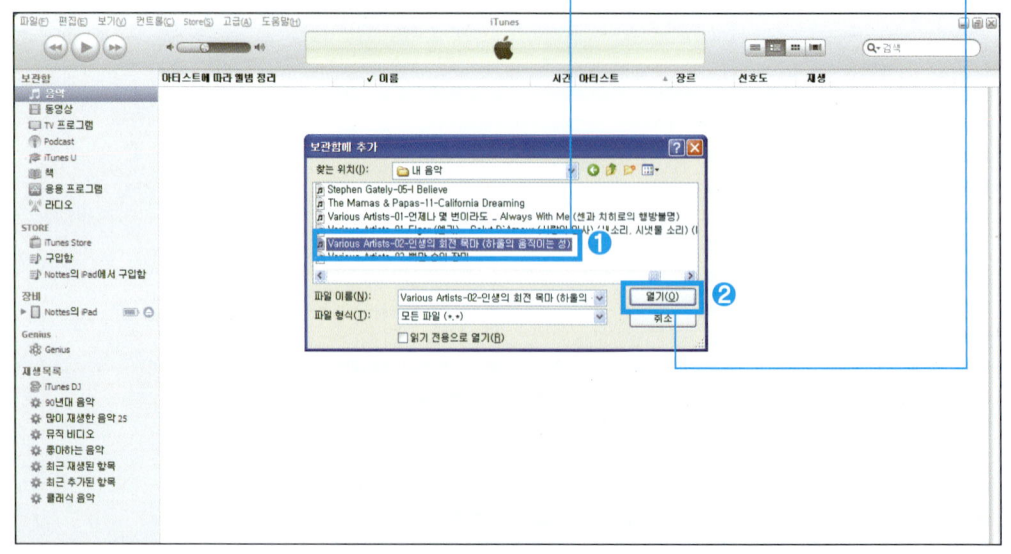

Step 3 보관함에 선택한 음악파일의 목록이 만들어졌으며 모든 준비가 완료되었다.

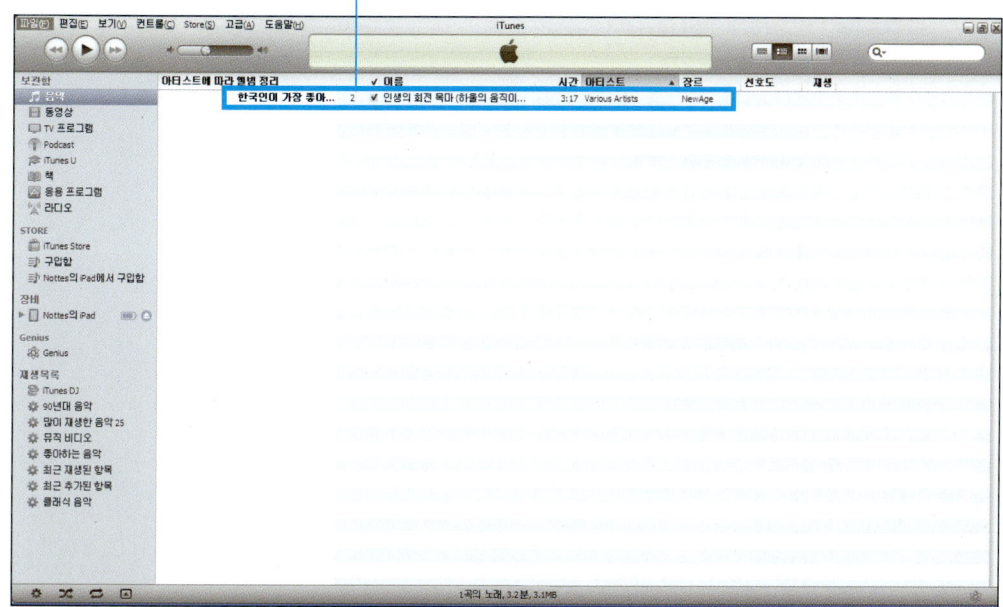

Step 4 그럼, 이제 아이패드로 음악파일을 저장해 보자. 목록에 있는 음악파일을 마우스로 클릭 후 끌어서 좌측 메뉴의 장비(아이패드)로 갖다 놓아 보자. 그러면 장비항목이 파란색으로 바뀌면서 음악파일이 전송된다.

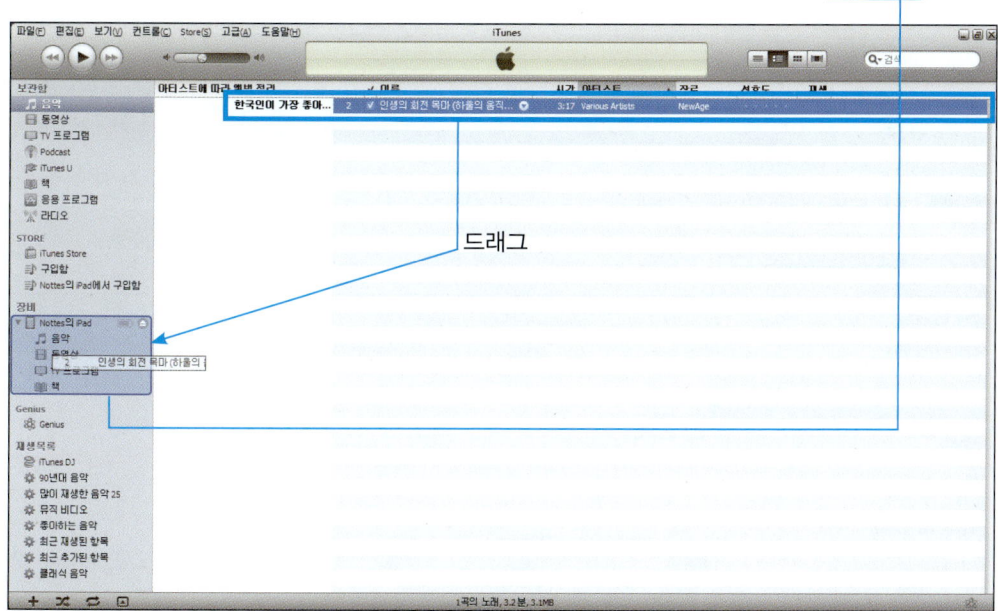

Part 1 개요 | Part 3 아이패드 활용 – 기본편 | Part 4 아이패드 활용 – 응용편 | Part 5 아이패드 추천 어플

Part 2 기기설명 및 기본 사용법

Step 5 이제 아이패드로 가서 홈화면의 iPod 어플을 터치해 보자. 첫번째 항목의 음악부분에 음악파일이 추가된 것을 확인할 수 있다.

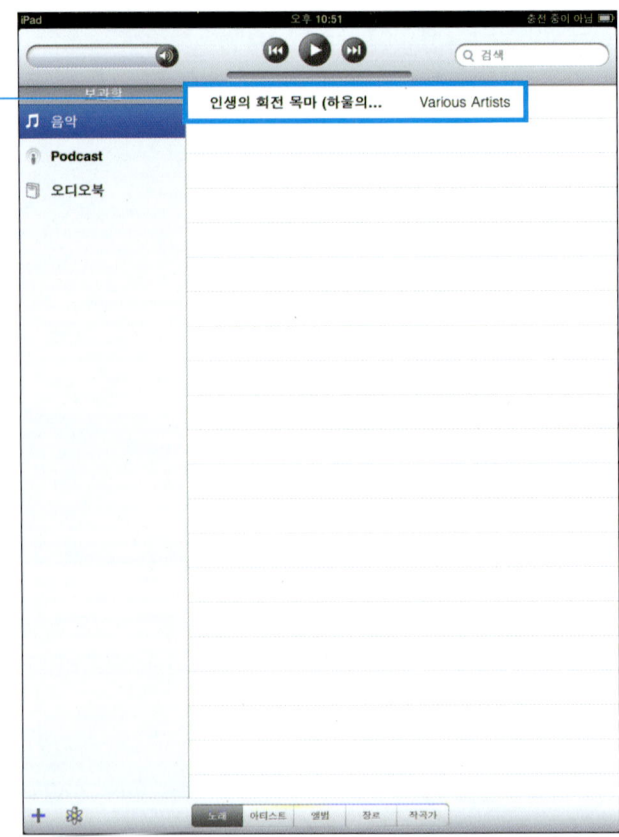

Step 6 그럼, 두번째영화파일을 저장해 보자. 음악파일 전송과 마찬가지로 방법은 동일하다. 상단 메뉴 중 '파일 - 보관함'에 파일추가를 선택한다.

Step 7 보관함에 추가할 동영상 파일을 선택하는 창이 나타나며 저장하기 원하는 파일을 선택한다. 여기서 잠깐, 서두에 이야기 했듯이 아이패드는 MP4파일 형식만 지원하며, 기타 형식은 지원하지 않으니 다른 형식의 파일을 지정할 경우 보관함에 추가되지 않는다. 파일 변환 기능은 Part 3 활용 -기본 어플 - 동영상 어플 편에서 자세히 설명하겠다. 열기를 클릭 한다.

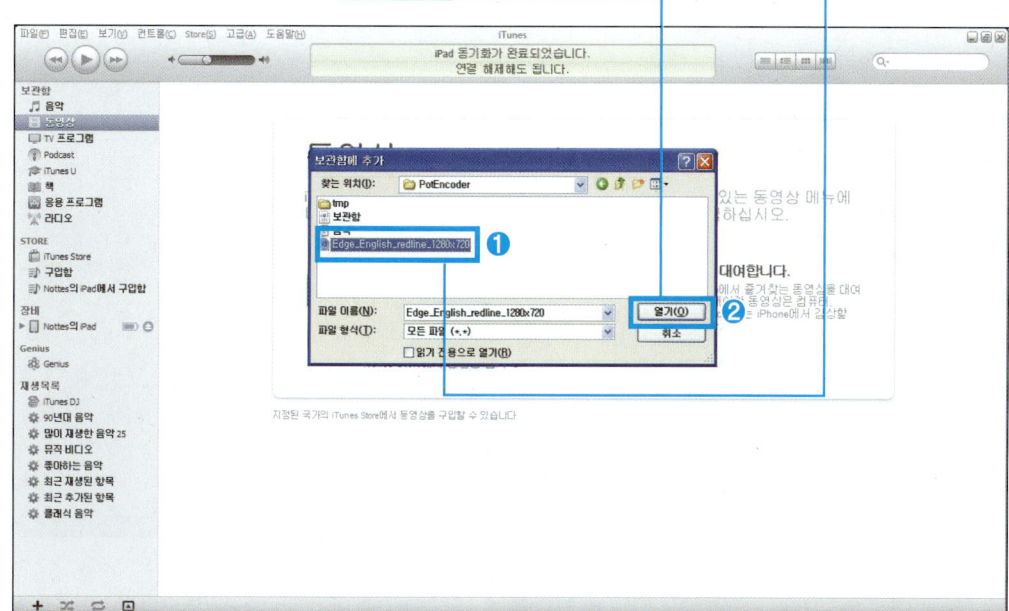

Step 8 보관함에 저장된 동영상 파일 목록이 나타났다.

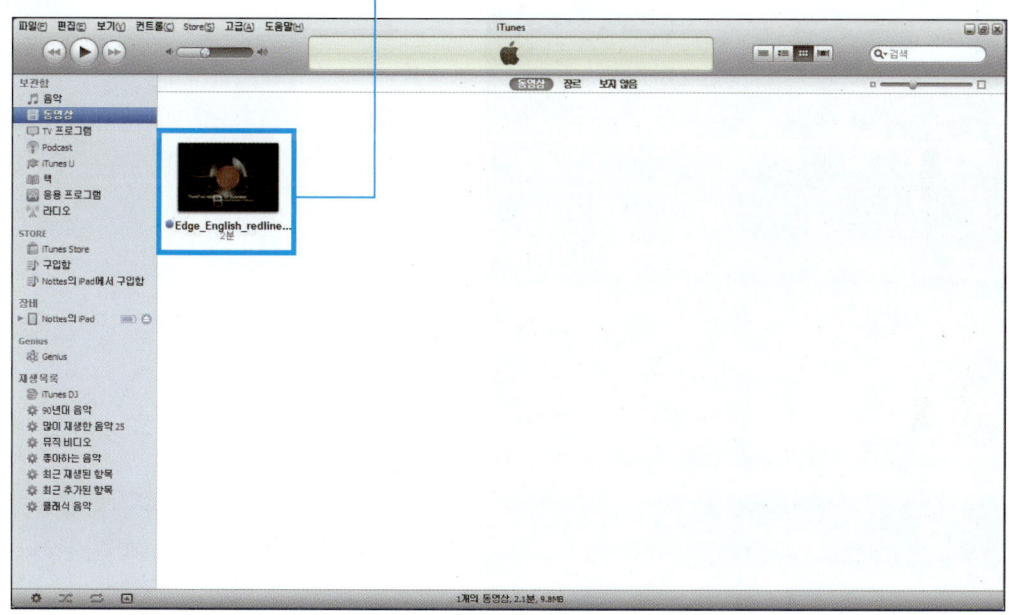

Part 1 개요　　Part 3 아이패드 활용 - 기본편　Part 4 아이패드 활용 - 응용편　Part 5 아이패드 추천 어플
Part 2 기기설명 및 기본 사용법

Step 9 이제, 아이패드로 저장해 보자. 음악파일 저장 방식과 동일하며, 마우스로 클릭 후 끌어서 좌측 메뉴 장비 항목에 놓아 보자. 저장이 완료되었다.

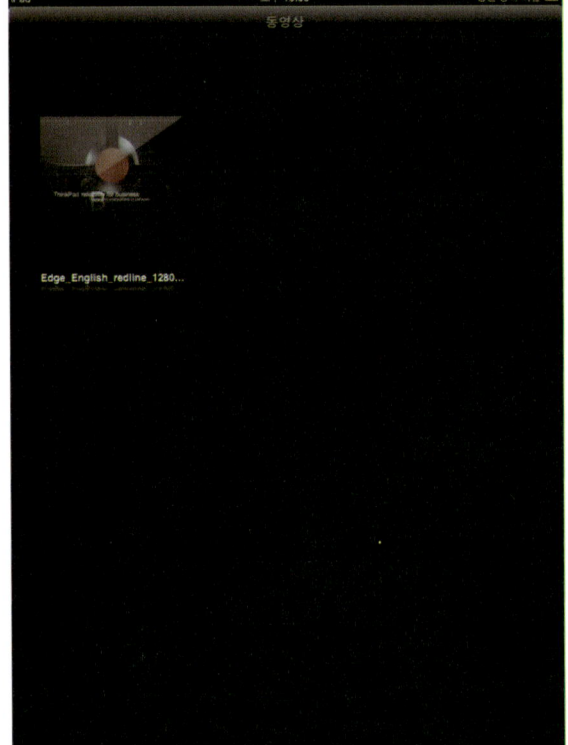

Step 10 아이패드 홈화면의 비디오 어플을 터치해 보자. 저장된 내용을 확인 할 수 있다.

팟케스트 및 아이튠즈

Podcast와 iTunesU, 응용 프로그램은 아이튠즈 좌측 메뉴 아이튠즈 스토어에서 다운로드 후 저장해야 하니 아이튠즈 스토어로 이동한다. 단, 인터넷은 연결되어 있어야 한다. 아이튠즈 메인화면이다. 화면 상단에 앱스토어, 팟케스트, 아이튠즈U 가 있으며 각 메뉴에서 각 항목들을 다운로드 받을 수 있다.

Step 1 팟케스트 항목 중 원하는 항목을 클릭하였다. 그러자 다음과 같은 화면이 나타났다. 컨텐츠 항목 중 <u>무료</u>라는 버튼을 클릭한다.

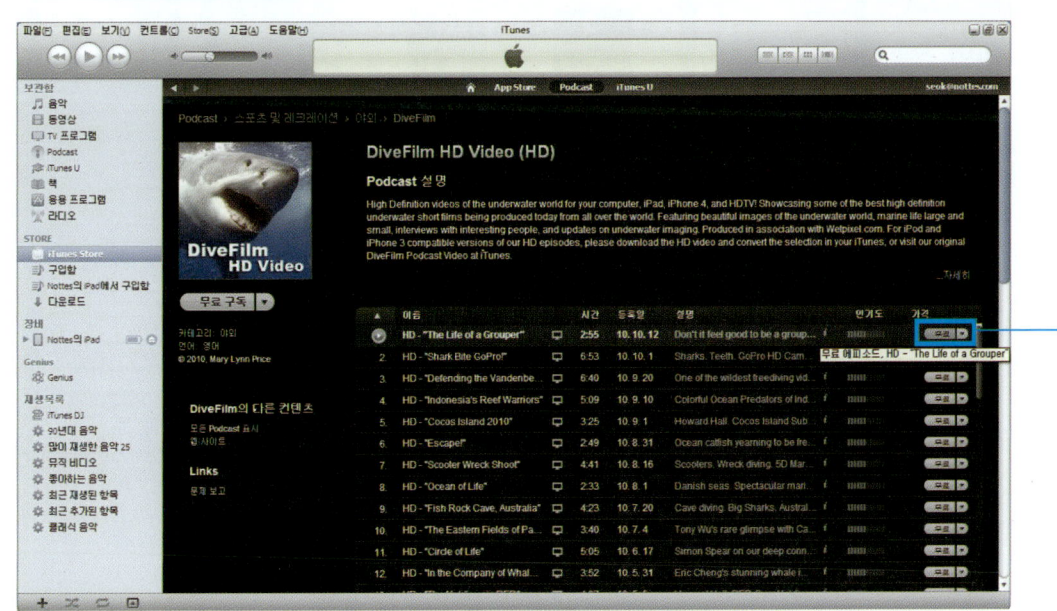

Part 1 개요　　Part 3 아이패드 활용 – 기본편　Part 4 아이패드 활용 – 응용편　Part 5 아이패드 추천 어플
Part 2 기기설명 및 기본 사용법

Step 2 그러자 상단에 1개의 항목 다운로드 중이라는 내용이 나타나는 것을 볼 수 있다.

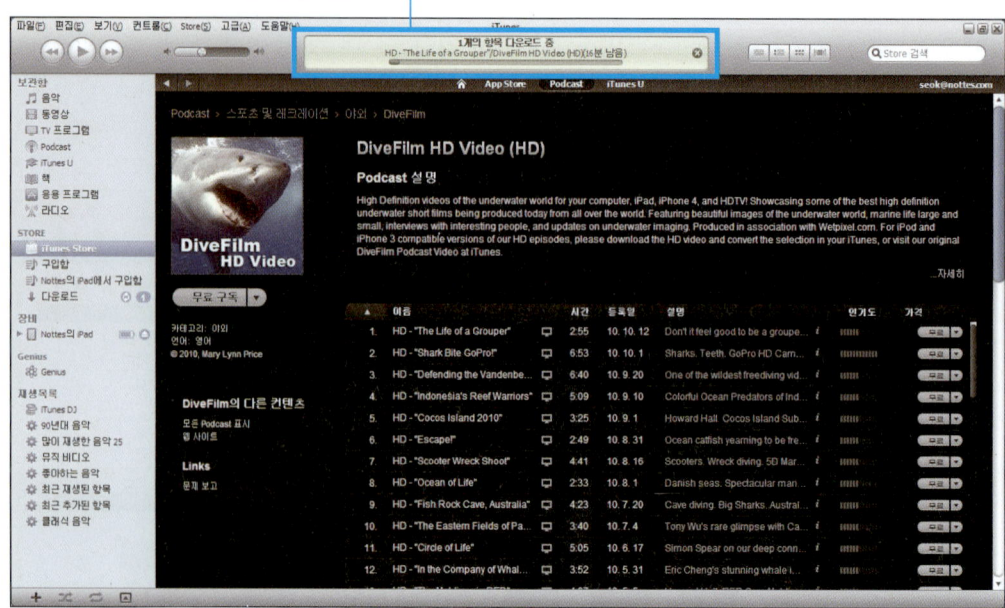

Step 3 다운받는 동안 상단 메뉴의 아이튠즈U로 이동해 보자. 아이튠즈 컨텐츠 중에서 원하는 항목을 클릭한다.

Step 4 그러자 팟케스트와 동일하게 아이튠즈 컨텐츠의 세부 항목이 표시되었다. 컨텐츠 내용 중 우측 무료 버튼을 클릭한다. 그러면 팟케스트와 동일하게 다운로드를 한다.

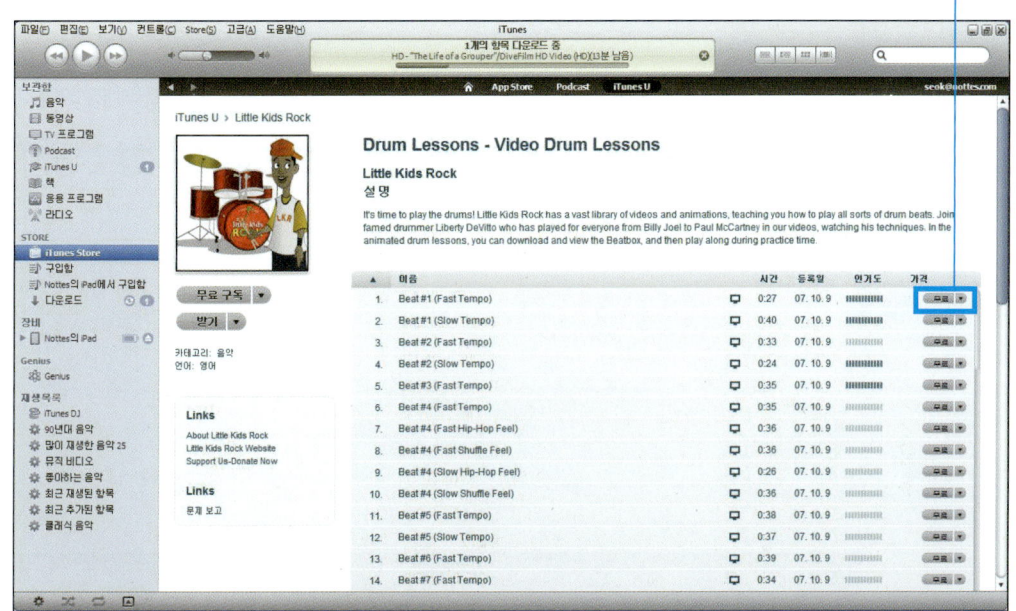

Step 5 이번엔 상단 메뉴중 앱스토어를 클릭해 보자. 그리고 희망하는 어플을 선택한다. 필자는 다음과 같은 어플을 선택하였다. 그리고 무료 App 버튼을 클릭하였다.

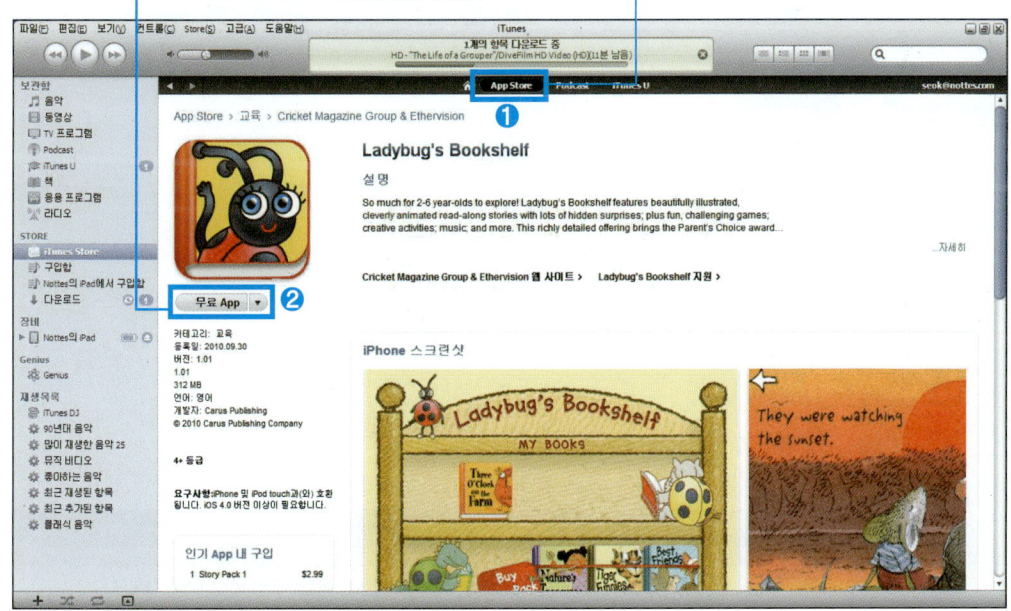

Step 6 아이튠즈 좌측 스토어 메뉴 중 다운로드 항목을 클릭해 보자. 그러면 현재 다운로드 중인 항목과 시간을 확인할 수 있다.

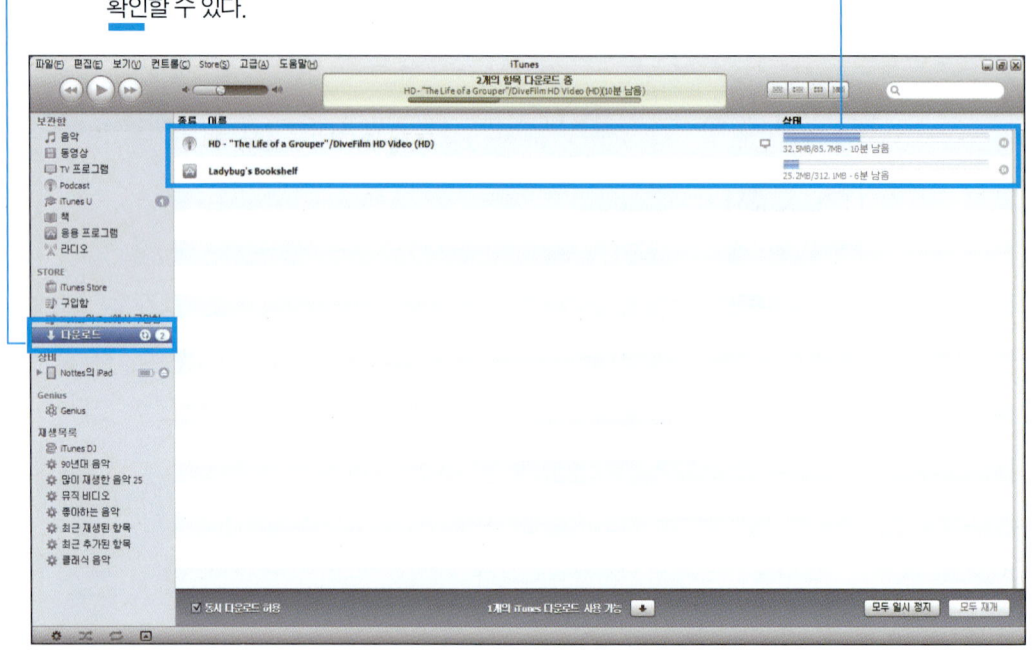

Step 7 다운로드가 끝나면 보관함의 Podcast 항목으로 가보자. 아이튠즈에서 다운로드 받은 항목이 나타났다.

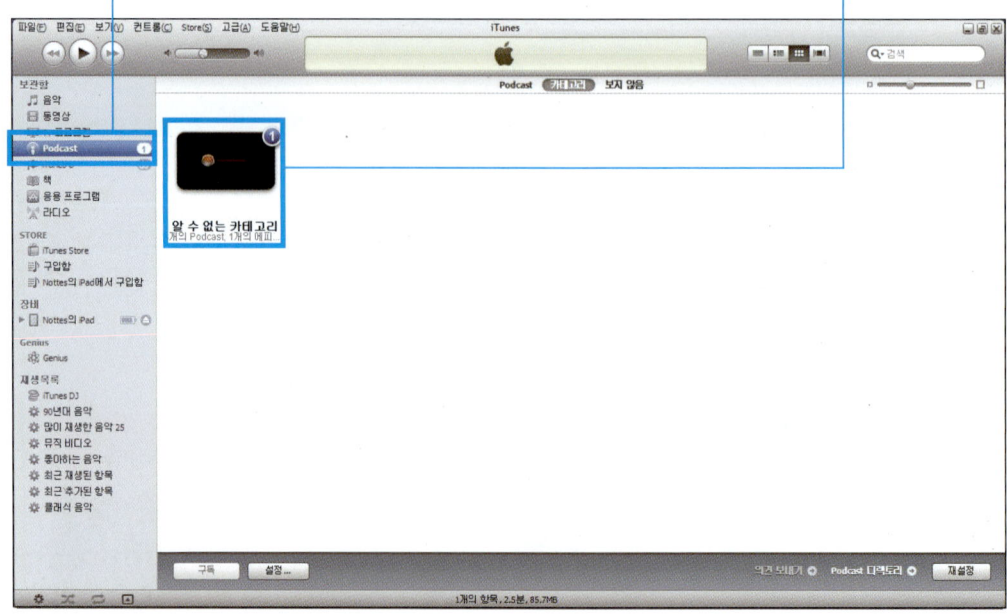

Step 8 ▶ 아이패드로 저장하는 방법은 모두 동일하며 마우스로 끌어서 장비 항목으로 놓는다.

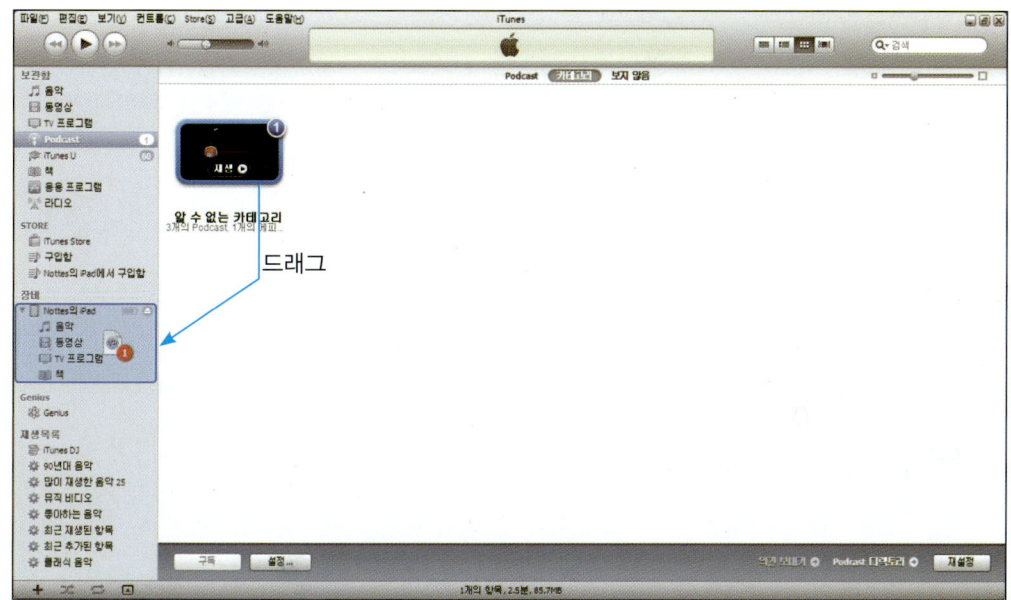

Step 9 ▶ 이번에 보관함의 iTunesU로 가보자. 마찬가지로 다운로드 받은 항목이 표시되어있다. 그리고 마우스로 끌어서 장비에 놓는다.

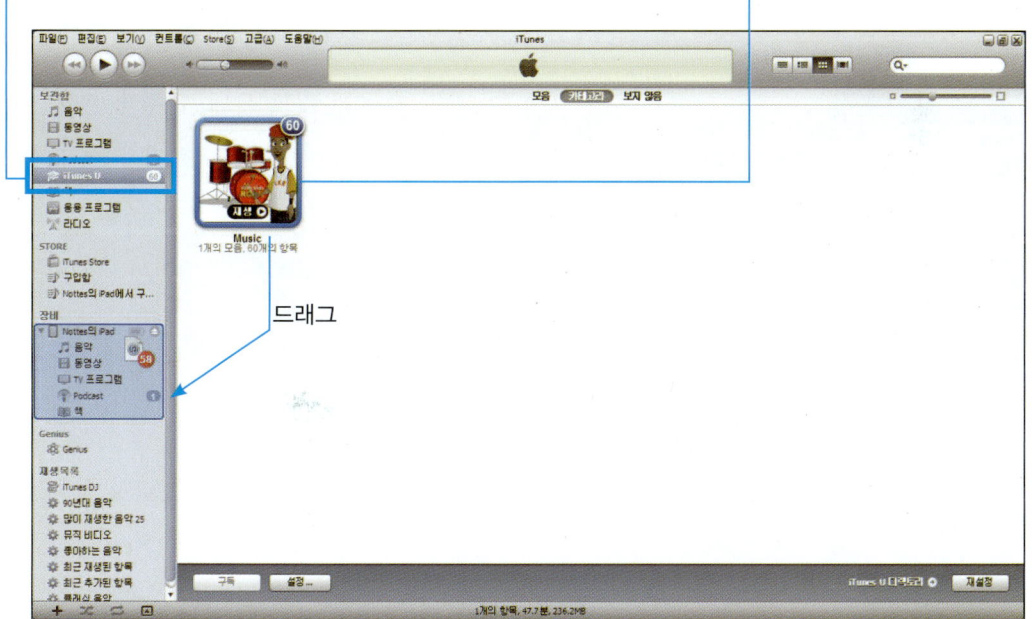

Step 10 마지막으로 보관함의 응용프로그램으로 가보자. 다운로드 받은 어플이 항목에 추가되어 있다. 마찬가지로 마우스로 끌어서 장비에 놓는다.

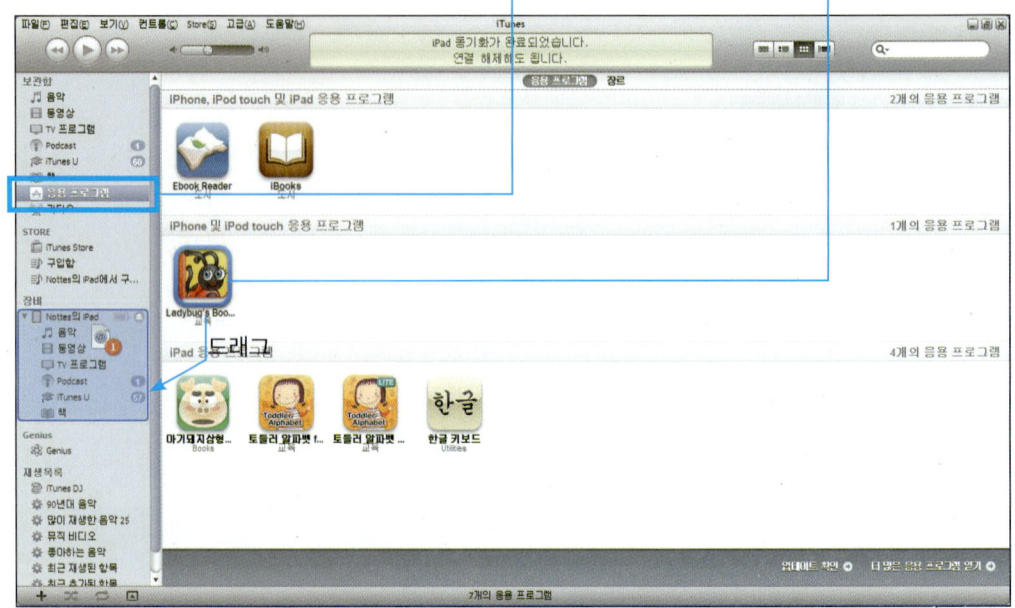

Step 11 모두 아이패드로 저장되었다. 이제 아이패드의 홈화면으로가서 iPod 어플을 터치해 보자. Potcast 항목에 다운로드 받은 내용이 추가되었다.

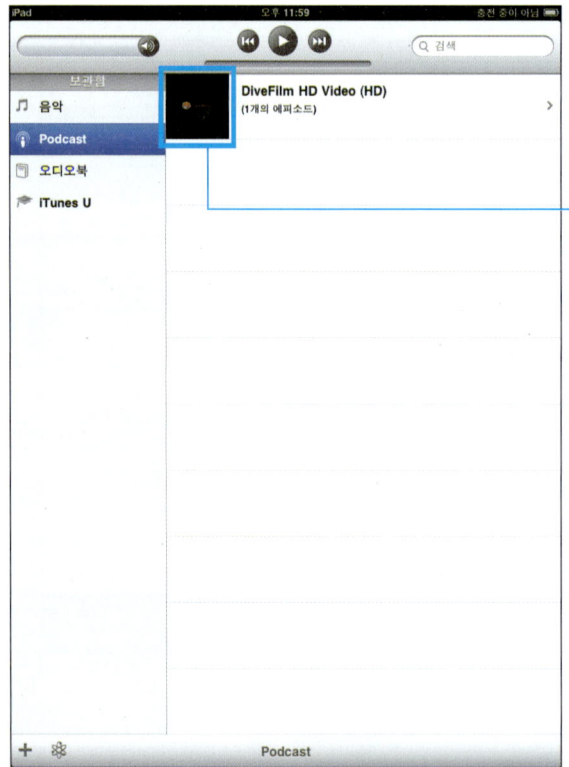

Step 12 그리고, 하단에 iTunesU 항목에도 다운로드 받은 내용이 추가된 것을 알수 있다.

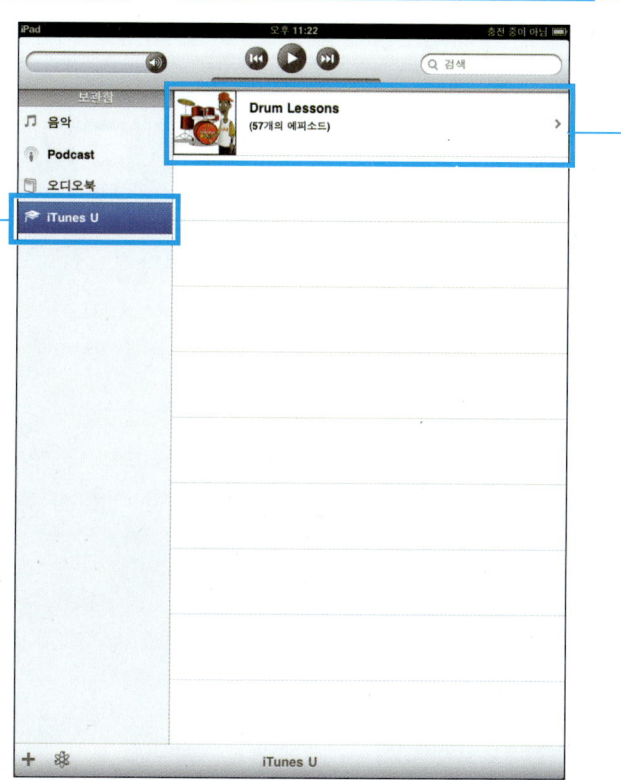

Step 13 팟케스트 동영상과 아이튠즈는 아이팟 어플에서의 구동이 기본으로 설정이 되어 있지만, 기본 어플 중 비디오 어플에서도 구동이 가능하다.

Step 14 ▶ 마지막으로 앱스토어에서 다운로드 받아서 설치한 어플을 확인해 보자. 아이패드의 두번째 창에 어플이 추가된 것을 확인할 수 있다.

이렇게, 아이튠즈 소프트웨어를 이용해서 아이패드로 데이터와 어플 등 컨텐츠를 저장하는 방법을 배워 보았다. 최초 아이튠즈를 접했을 당시 필요성에 대해 의심이 들었지만, 직접 사용해 보니 다소 편리한 점도 있을 것이라는 생각이 들 것이다.

아이튠즈는 미디어 플레이어의 기능이 있으며, 보관함의 음악 파일과 동영상 파일, 팟캐스트와 아이튠즈의 내용을 직접 구동할 수도 있다.

애플 아이디 생성

아이튠즈 설치가 끝났다면 아이패드 사용하기 위한 준비작업의 반이 끝났다. 그러면 이제 애플 아이디 생성이 남았다. 아이패드의 기본 어플 외에 아이튠즈나 앱스토어에서 컨텐츠를 다운로드하기 위해서 애플 아이디는 필수이며, 아이디가 없으면 이를 이용할 수 없으니 필히 가입하기 바란다. 애플 아이디 생성에서 몇가지 알아야 할 사항이 있다.

① **신용카드 준비** : 애플 아이디 생성 과정 중 앱스토어에서 어플 구매 방법을 신용카드로 만들어 놓았다. 그렇다 보니 신용카드가 필수로 필요하니 사전에 꼭 준비하기 바란다. 단, 아이튠즈나 앱스토어를 이용하지 않는다면 애플 아이디 생성을 하지 않아도 된다. 그러나, 사용 중 제약이 있으니 참고하기 바란다.

② **기입 내용은 영문으로** : 애플 아이디 생성 과정 중 이름과 주소 모든 것은 영문으로 입력해야 한다. 그러니 내용 기입 중 내용이 맞지 않더라도 그냥 패스.

③ **아이디는 이메일 주소로** : 애플 아이디는 이메일 주소로 등록되니 실수 없이 입력하기 바라며, 이를 위해서 포털 사이트의 이메일을 하나 정도 만들어 놓는 것도 괜찮다. 필자는 회사 이메일 주소와 Gmail 두 개를 시험삼아 가입하였다. 경험에 의하면 구매 및 대금 결재 관련 청구서가 이메일로 통보되니 아이디는 꼭 하나만 만들어서 사용하기 바란다.

④ 아이튠즈 설치가 끝나고 좌측 메뉴의 아이튠즈 스토어를 클릭하면 다음과 같은 창이 나타난다. 내용에서 보는 것처럼 이메일 주소를 입력토록 되어 있다. 여기서 암호 생성 조건은 내용에서 보는 것과 같다. 영문 대문자 포함, 소문자 포함, 숫자포함, 총 8자 이상.

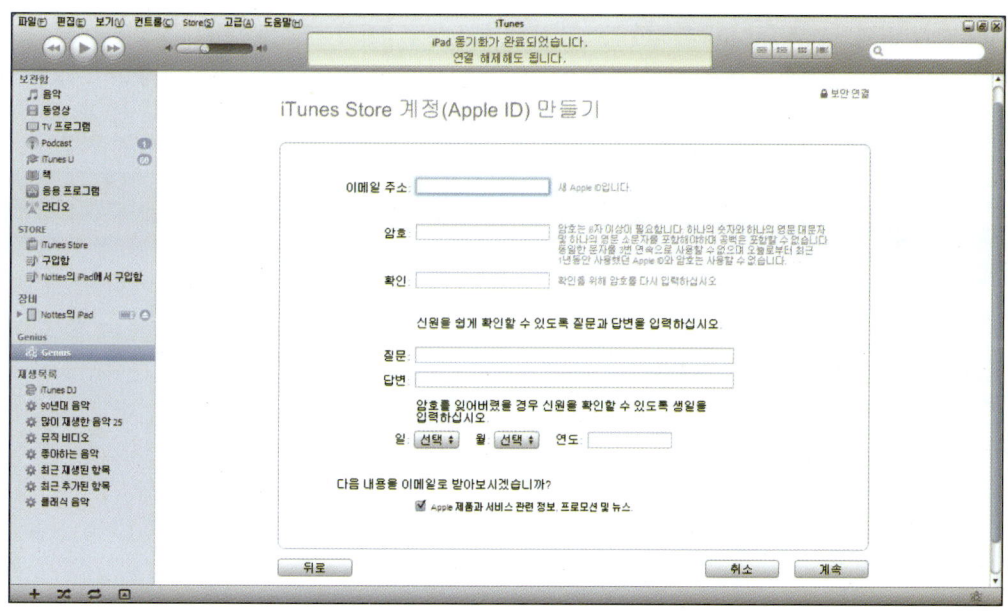

⑤ 그림에서 보는 것처럼 질문과 답변의 내용도 모두 영문으로 기입해야 한다.

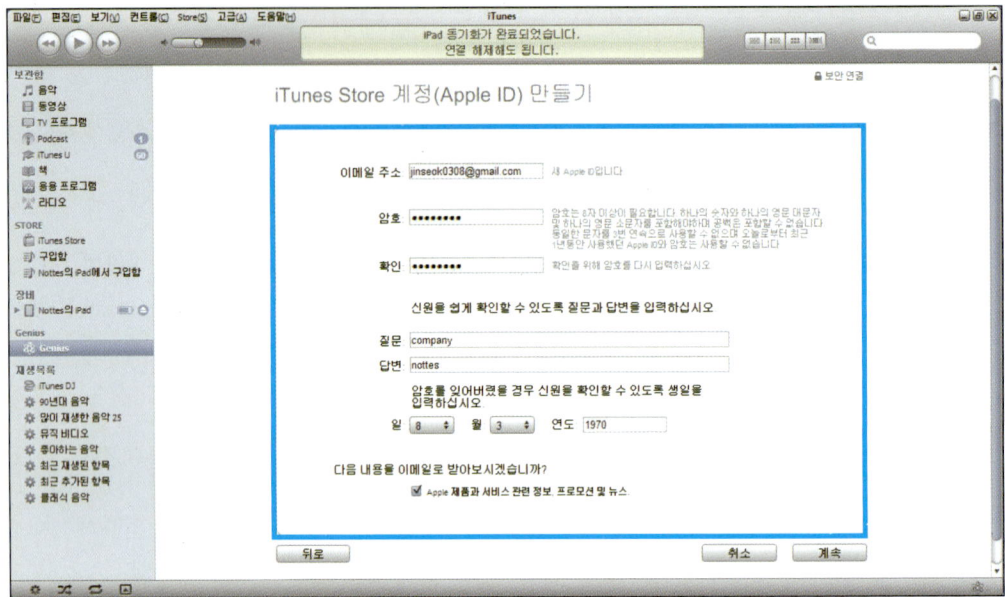

⑥ **지불방식 입력** : 이제부터 중요한 신용카드 정보와 개인 신상 정보가 기입된다.
여기서 중요한 것은 청구지 주소 중 시/도 (택일)를 제외한 모든 입력 내용이 영문이어야 한다는 것이다. 처음 가입할 때 무지 실수했다. 일단 한글로 입력해 보았다.

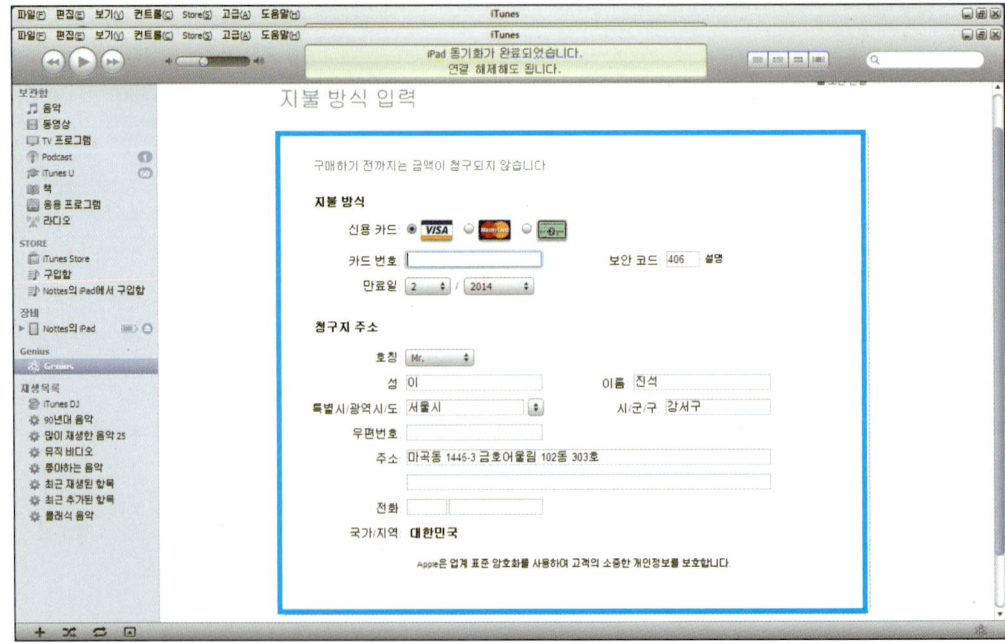

▲ 잘못 입력된 예

⑦ 우편번호의 경우도 숫자 사이에 - 를 입력해야 한다.

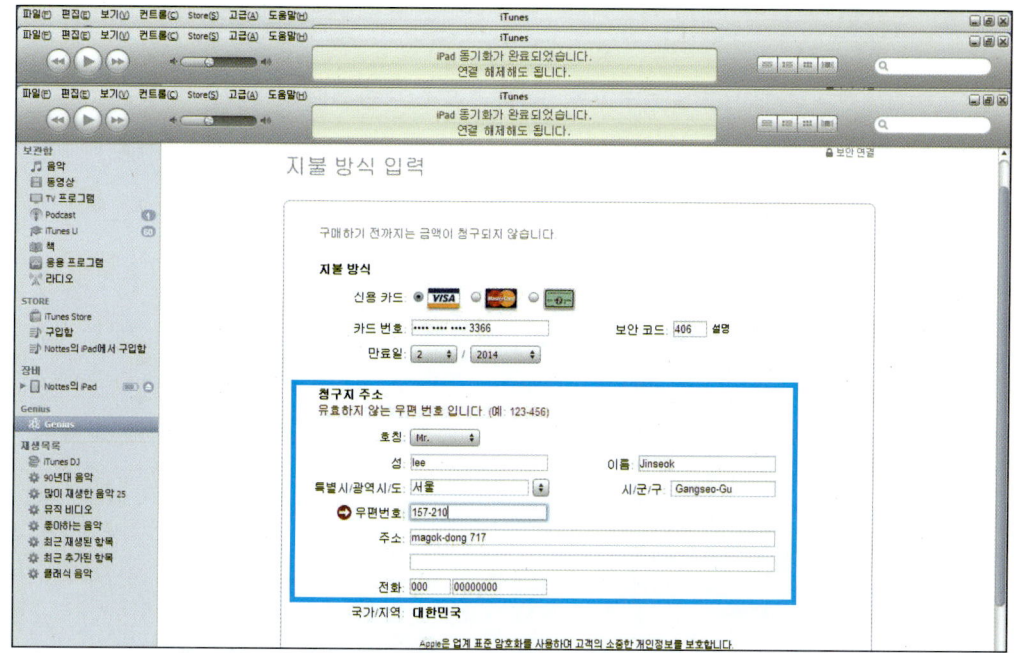

▲ 올바르게 입력된 예

⑧ 모든 입력이 끝났으면 아이튠즈 스토어 이용약관 내용이 나타나며, 이에 동의하면 모든 것이 완료된다. 정말 쉽다. 그러나, 이런 저런 신중해야 할 부분도 있으니 꼼꼼히 살펴보기 바란다.

Chapter 4 >> 아이패드 기본 사용법

슬립모드로 진입해 있는 아이패드를 켤 경우 우측 상단의 슬립 모드 해제 버튼을 누르든지 화면 아래 홈버튼을 누르면 된다. 그러면 다음과 같이 잠금화면이 나타나고 아래에 지시처럼 화살표에 손가락을 터치후 우측 방향으로 밀면 홈화면으로 전환된다.

Tip

화면 아래 우측에 꽃무늬의 작은 아이콘이 있다. 이 버튼은 사진이 아이패드에 저장되었을 경우 자동으로 나타나는 기능 버튼이며, 이 버튼을 터치하면 디지털 액자가 되어 아이패드에 저장되어 있는 사진이 슬라이드 쇼로 보여진다. 후에 Part 3 활용 - 기본어플 - 사진어플에서 자세히 설명하도록 하겠다.

홈화면

화면의 상단과 하단에는 아이패드의 기본 어플들이 있다. 각 아이콘들의 실행 방법은 손가락으로 가볍게 터치하면 된다. 그리고, 하단 어플의 중앙 위쪽에 작은 점 세개가 있다. 이것은 아이패드는 현재 세개의 확장 화면을 사용하고 있으며 현재 중앙 화면(왼쪽에서 두번째)을 보여주고 있는 것이다. 화면 중앙에 손가락을 가볍게 댄 후 좌측 또는 우측으로 밀어보자. 그러면 좌, 우에 두 개의 화면이 있는 것을 확인할 수 있다.

좌측 화면

좌측 화면 창은 검색 기능을 가지고 있다.
키보드를 보이지 않게 하기 위해서는 키보드 우측 하단의 ▣ 버튼을 터치하면 키보드가 사라진다.
다시 나타나게 하기 위해서는 검색란을 가볍게 터치하면 된다.

상단의 검색란에 단어를 입력해 보자. 아이패드에 저장되어 있는 데이터중 입력된 단어가 포함된 모든 내용이 나타난다.

우측 화면

우측 화면 창이다. 홈화면과 마찬가지로 어플이 배열되어있다. 이 창은 아이패드의 어플을 표시하는 방법이 아이콘 형식이기 때문에 화면에 표시할 수 있는 아이콘 수에 한계가 있다. 그러한 이유로 화면을 우측으로 계속해서 만들어 갈 수 있다.

우측 화면을 만들어 가는 방법은 화면의 아이콘(특정 아이콘 관계없음)에 손가락을 잠시 데고 있으면 아이콘들이 추워서 떠는 것처럼 좌우로 흔들린다. 이때, 다른 화면으로 이동하고자 하는 아이콘에 손가락을 갖다 데면 아이콘의 크기가 약간 확장되면서 이동할 준비가 된 것이다. 우측 화면 끝으로 끌어다 놓으면 새로운 화면이 나타나며 이때 아이콘을 우측으로 밀면 이동된 것을 확인할 수 있다.

> **Tip**
> 기본 화면은 세개의 창으로 구성되어 있다. 우측 마지막 창에서 아이콘을 이동하기 위해 우측으로 끌어놓아 보자. 그러면 화면 표시점의 숫자가 늘어난 것을 확인할 수 있다. 계속해서 반복해보면 계속해서 창이 늘어나는 것을 확인할 수 있는데 필자가 12개까지 하다가 중도에 포기하였다. 아무튼 많은 창을 만들 수 있다.

아이콘을 삭제하기

아이콘을 삭제하기 위해선 아이콘 위에 손가락을 덴 후 잠시 기다려 보자. 그러면 아이콘 이동 상태처럼 아이콘이 좌우로 흔들린다. 흔들리는 아이콘 좌측 모서리에 x 표시가 나타나며 이곳을 터치하면 어플은 삭제된다. 그러나, 기본 어플은 삭제가 되지 않으며 x 표시는 나타나지 않는다.

Chapter 5 » 아이패드 어플 설정하기

아이패드의 하드웨어 및 소프트웨어에 관한 기본 설정 내용이다. 사용자의 요구에 따라 언제든지 변경이 가능하며 반드시 알아야 할 부분이다. 이에 관한 지식이 없는 경우 대부분의 사용자들이 어렵게 생각할 수 있는 부분이지만, 아이패드를 제대로 사용하기 위해서 꼭 알아야 할 부분이니 편하게 생각하고 이해하기 바란다.

설정

메인화면에서 설정 아이콘을 터치한다. 다음과 같이 좌측에는 메뉴가 우측에는 서브메뉴가 나타난다.

ⓐ 에어플레인 모드 ★ 홈 → 설정 → 에어플레인모드

항공기에 탑승할 경우 대부분의 전자기기 및 통신장비는 전원을 꺼 놓는다. 이유는 전자기기 사용시 전기장과 자기장이 발생하여 주변의 민감도가 높은 전자기기에 영향을 줄 수 있기 때문에 안전을 위해서 반드시 꺼 놓으며 통신장비의 경우도 사용하지 않을 경우도 주변 기지국과 지속해서 통신을 하고 있기 때문에 이와 동일한 이유로 꺼 놓아야 한다.

이럴 경우 에어플레인 모드가 있어서 항공기에 탑승해서 아이패드를 사용할 경우 모든 통신 채널의 사용을 중지하고 일반적인 게임 등을 할 수 있다.

그러나, 정작 아이패드 사용자는 에어플레인 모드로 놓고 사용한다 하더라도 주변 사람들에게 오해의 소지가 있으니, 항공기 이·착륙시에는 전원을 꺼 놓는 것이 좋을 듯 하다.

▲ 에어플레인 모드 Off

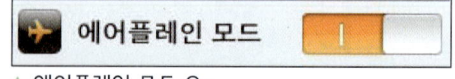
▲ 에어플레인 모드 On

에어플레이 모드를 켜 놓을 경우(On시) 모든 무선 장치의 동작이 중지되니 꼭 명심하도록.

ⓑ Wi-Fi ★ 홈 → 설정 → Wi-Fi

종종, 무선 네트워크에 대해서 혼돈하는 경우가 있다. 흔히 이야기하는 2G, 3G, 4G 등은 핸드폰 주파수 대를 이용한 통신 규격을 이야기하는 경우이고, Wi-Fi는 무선랜 주파수 대를 이용한 통신 규격을 이야기 한다. 다시말해, 기지국을 이용한 통신이 핸드폰통신이고, 지역적 한계성이 있는 무선공유기를 이용한 통신이 Wi-Fi이지만, 각 통신사에서 이에 대한 과열 경쟁 체제로 많은 곳에 Wi-Fi용 시설을 확충하고 있는 중이다. 국내의 통신에 대한 과금 부가 체계는 핸드폰 통신에만 국한되어 있고, Wi-Fi는 무상으로 제공하고 있다. 그래서, Wi-Fi의 서비스 지역의 범위 확대가 사용자에게 중요시 되고 있는 현실이다.

그림에서 보면 Wi-Fi의 상태가 연결되어 있지 않다. 우측의 서브 메뉴 중 검색된 무선라우터를 선택 하면 된다. 만약, 집이나 회사에 설치되어 있는 무선공유기가 검색되지 않는다면 기타 항목에서 수동으로 설정할 수 있다.

ⓒ **밝기 및 배경화면** ★ 홈 → 설정 → 밝기 및 배경화면

아이패드의 바탕화면 및 배경화면의 이미지와 화면 밝기를 설정할때 사용한다.

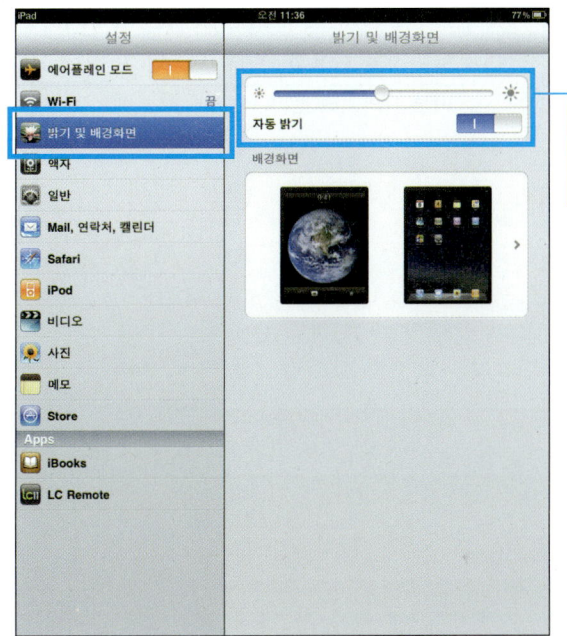

우측 서브메뉴의 밝기 조정 레버를 이용하여 사용하기 편한 상태의 화면 밝기 상태를 설정한다. 아래 버튼은 아이패드에 기본값으로 제공되는 자동밝기 설정 버튼이다.

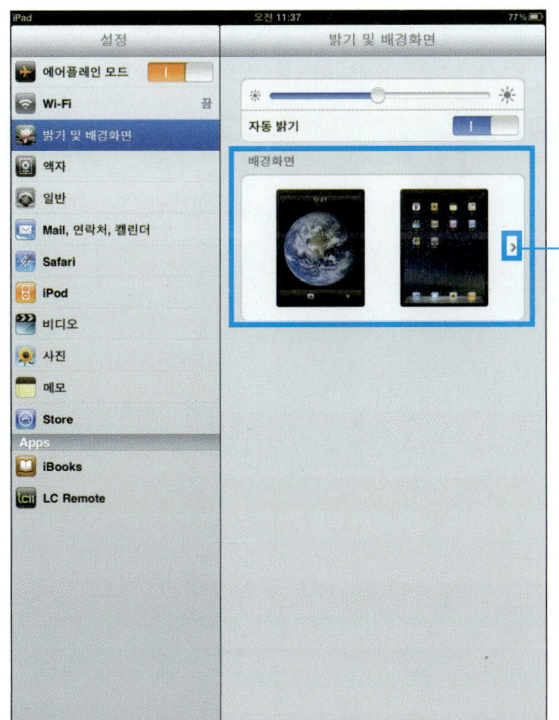

배경화면 변경시 그림의 우측 화살표를 터치한다.

배경화면 버튼은 아이패드에 기본적으로 저장되어 있는 이미지를 사용할 경우이고, 저장된 사진은 스냅샷을 이용하여 저장된 이미지를 사용할 경우이다. 먼저, 배경화면 버튼을 터치해 보자.

다음과 같이 애플에서 제공하는 아이패드에 기본 내장되어 있는 이미지가 나타난다.

이 중 원하는 이미지를 선택하면 전체 크기로 변환이 되고 우측 상단의 버튼을 이용하여 설정하면 된다.

잠금 화면 설정 : 아이패드의 슬립모드에서 홈 버튼 또는 전원버튼을 눌렀을 경우 나타나는 화면의 배경을 변경시 사용한다. (초기값은 지구 모양임)

홈화면 설정 : 잠금 화면 이후 나타나는 아이패드의 바탕화면 변경시 사용한다.

둘다 설정 : 잠금 화면과 홈화면 동일한 이미지로 변경시 사용한다.

ⓓ 액자 ★ 홈 → 설정 →액자

아이패드를 디지털 이미지 액자로 사용할 수 있다. 아이패드에 내장된 이미지를 일정 시간 단위로 효과를 주면서 자동 전환되는 기능이다.

■ 영상 효과

디졸브, 종이접기 : 각 이미지간 화면 전환시 주어지는 효과이다. 직접 사용해 보면 이해가 쉽다.

Show Each Photo For : 각 이미지가 정지 화상으로 보여주는 시간이다.

임의 재생 : 각 이미지가 동일한 순으로 보여주는 지루함을 없애기 위해 무작위 순으로 이미지를 보여주는 기능이다.

모든사진 : 아이패드에 저장된 모든 이미지를 보여준다.

앨범 : 사용자 임의로 앨범을 만들어서 원하는 이미지를 설정하여 보여준다.

액자 기능은 사진 어플에 추가 기능이 있어서 자세한 설명은 추후 하도록 하겠다.

ⓔ **일반** ★ 홈 → 설정 → 일반

아이패드에서 하드웨어적인 설정에 관한 모든 항목이 있는 부분이다. 이에 대한 지식 기반이 없는 경우 이해가 어려운 부분이 있지만, 부담없이 보기 바란다.

ⓕ 정보 ★ 홈 → 설정 → 일반 → 정보

정보

아이패드의 하드웨어 구성 정보 및 저장 공간 및 일반적인 구성을 나타낸다.

그림에서 보는 것처럼 현 아이패드에 저장된 노래와 동영상, 사진, 응용프로그램의 수와 전체용량 중 사용가능한 용량, OS 버전과 기기 일련번호, 무선랜 맥어드레스가 표시되었다.

ⓖ 사운드 ★ 홈 → 설정 → 일반 → 사운드

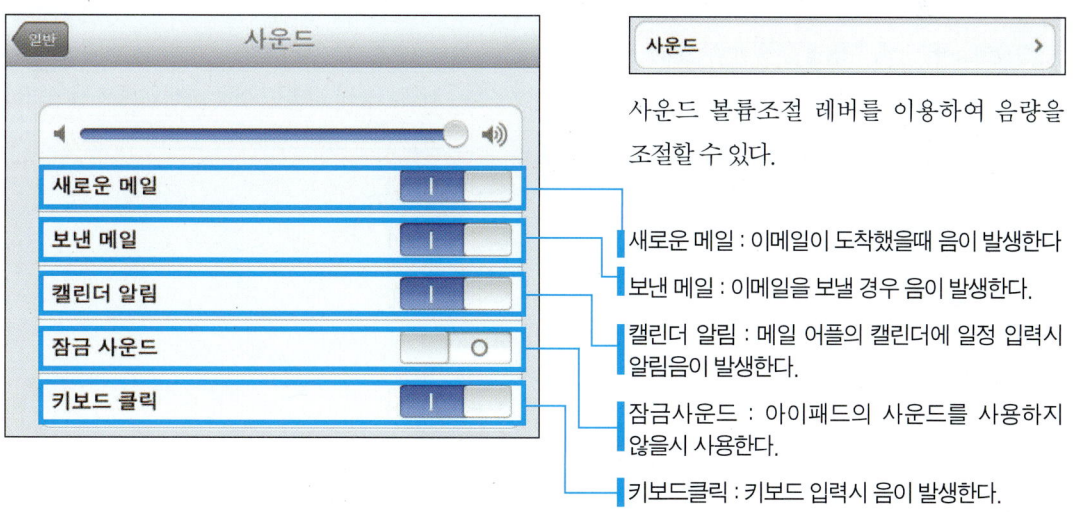

사운드

사운드 볼륨조절 레버를 이용하여 음량을 조절할 수 있다.

새로운 메일 : 이메일이 도착했을때 음이 발생한다

보낸 메일 : 이메일을 보낼 경우 음이 발생한다.

캘린더 알림 : 메일 어플의 캘린더에 일정 입력시 알림음이 발생한다.

잠금사운드 : 아이패드의 사운드를 사용하지 않을시 사용한다.

키보드클릭 : 키보드 입력시 음이 발생한다.

ⓗ 네트워크 ★ 홈 → 설정 → 일반 → 네트워크

설정 → Wi-Fi 기능과 동일하며 VPN(Virtual Private Network) 접속의 경우 이에 대한 설정을 할 수 있다.

ⓘ Bluetooth ★ 홈 → 설정 → 일반 → Bluetooth

블루투스 네트워크의 사용을 위한 On, Off 버튼이다.

ⓙ 위치서비스 ★ 홈 → 설정 → 일반 → 위치서비스

각 아이패드 실시간 사용자 정보를 확인할 수 있는 기능이다.

ⓚ Spotlight ★ 홈 → 설정 → 일반 → Spotlight

검색기능의 강화를 위해 아이패드에 설치되어 있는 어플 데이터의 범주를 정의한다.

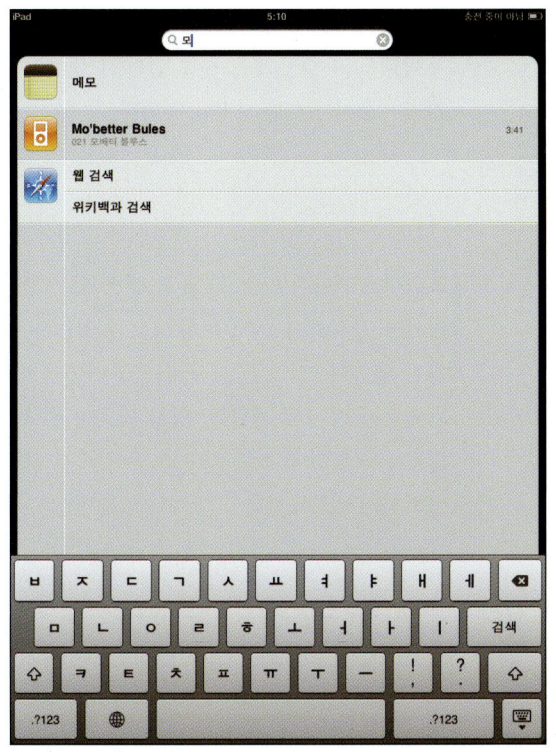

예로 키입력 창으로 가서 임의로 특정값을 입력해 보자. 필자는 입력창에 "모"를 입력해 보았다. 그러자 앞서 정의된 어플의 데이터 중에서 검색을 하여 아래와 같이 표시되었다.

① **자동잠금** ★ 홈 → 설정 → 일반 → 자동잠금

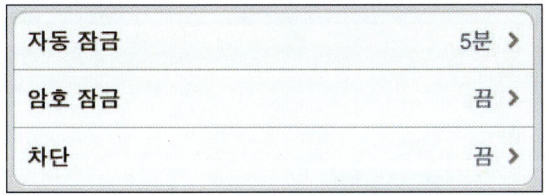

자동잠금 버튼은 아이패드를 일정 기간 사용하지 않을 시 슬립모드로 전환되는 시간을 정할 수 있다. 배터리 보존 및 액정 보호 차원에서 반드시 필요하다. 특정화면이 변화되는 내용 없이 장시간 정지화상으로 보여주게 되면, LCD의 수명에 영향을 준다.

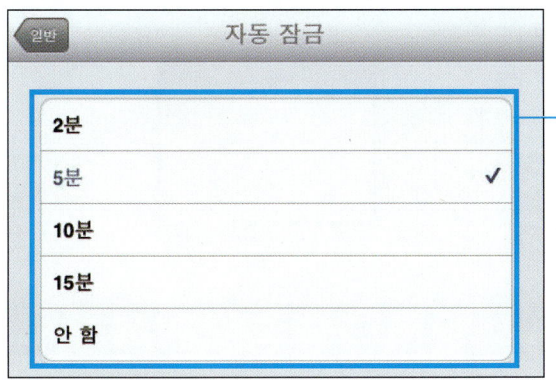

그림에서 보는 것처럼 정해진 값으로 시간을 조절할 수 있으며, 이 기능이 필요 없을 경우 안함으로 설정하면 된다.

Part 1 개요　　Part 3 아이패드 활용 – 기본편 | Part 4 아이패드 활용 – 응용편 | Part 5 아이패드 추천 어플
Part 2 기기설명 및 기본 사용법

ⓜ 암호잠금 ★ 홈 → 설정 → 일반 → 암호잠금

아이패드의 슬립모드에서 전환시 및 액자 기능 사용시 암호를 설정할 수 있다.

그림에서 간단한 암호를 On 한 상태에서 암호 켜기를 클릭하면 4자리수의 암호를 입력하는 창이 열린다. 암호를 모두 입력하면 동일한 입력창이 다시 표시된다. 항상 암호는 두 번 입력해서 오타에 의한 실수를 줄이는 것이니 필히 따라하도록 한다.

▲ 간단한 암호 기능이 활성화되어 암호 입력창이 열린 상태

▲ 간단한 암호 기능이 비활성화되어 암호 입력창이 열린 상태

ⓝ 차단 ★ 홈 → 설정 → 일반 → 차단

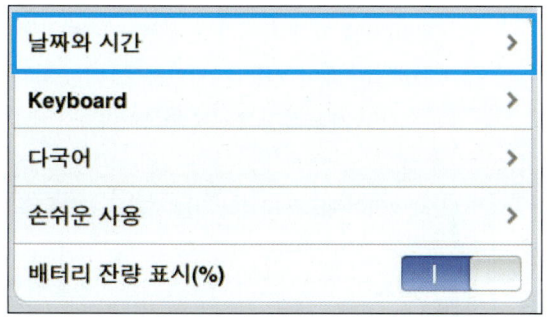

어플 및 기타 컨테츠 사용 여부에 대한 권한 설정시 사용한다. 아이패드를 분실시 개인정보 유출 및 심각한 상황이 발생될 수 있으니 반드시 암호를 입력하여야 한다.

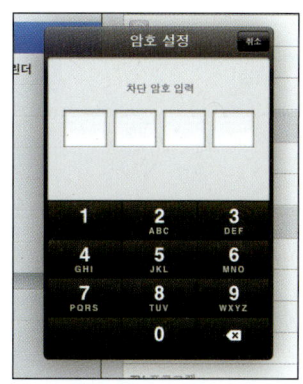

ⓞ 날짜와 시간 ★ 홈 → 설정 → 일반 → 날짜와 시간

아이패드에 표시되는 시간의 형태를 12 /24 시간 형식으로 바꿔주는 기능과 날짜와 시간의 변경시 사용된다. 간단한 기능이니 부담없이 해보도록.

ⓟ **Keyboard** ★ 홈 → 설정 → 일반 → Keyboard

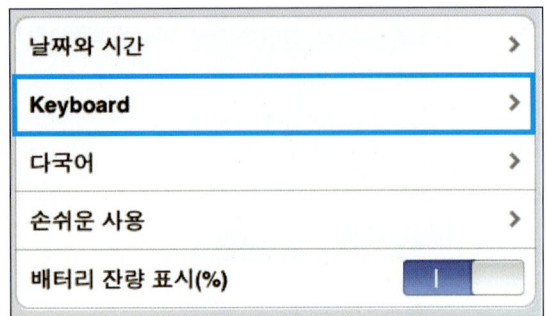

키보드 입력시 오타 정정 및 철자 확인, 대문자 사용에 관한 내용이다. 아이패드 사용에 중요한 부분은 아니지만 이러한 기능은 이 부분에서 설정하는 것 만은 기억하기 바란다.

ⓠ **다국어** ★ 홈 → 설정 → 일반 → 다국어

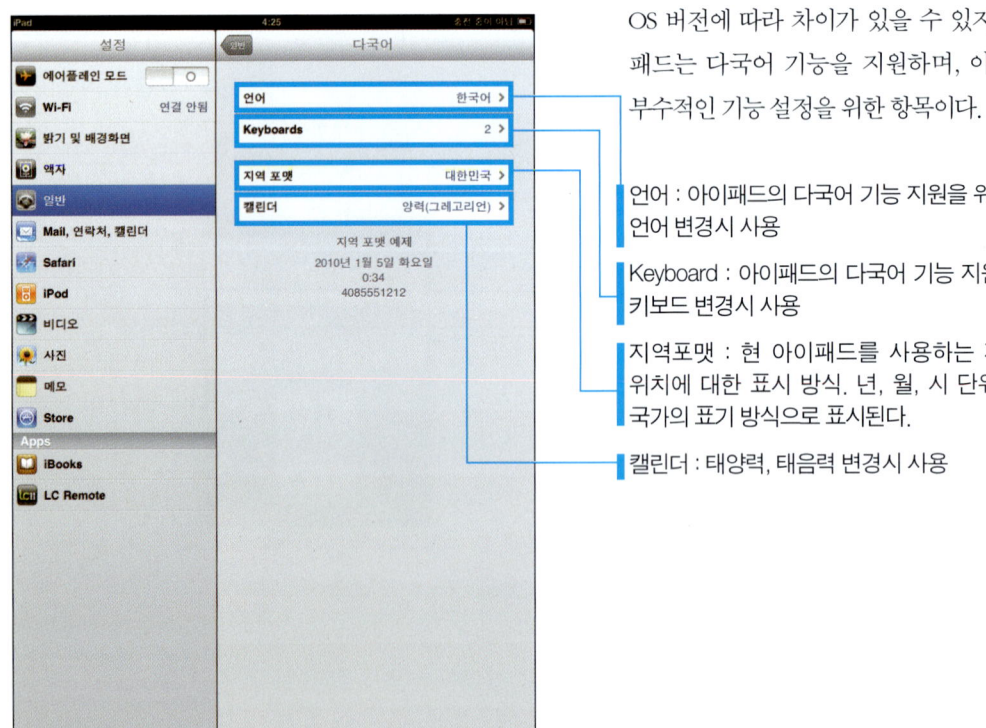

OS 버전에 따라 차이가 있을 수 있지만 아이패드는 다국어 기능을 지원하며, 이에 대한 부수적인 기능 설정을 위한 항목이다.

언어 : 아이패드의 다국어 기능 지원을 위한 OS의 언어 변경시 사용

Keyboard : 아이패드의 다국어 기능 지원을 위한 키보드 변경시 사용

지역포맷 : 현 아이패드를 사용하는 지리학적 위치에 대한 표시 방식. 년, 월, 시 단위가 설정 국가의 표기 방식으로 표시된다.

캘린더 : 태양력, 태음력 변경시 사용

ⓡ **손쉬운 사용** ★ 홈 → 설정 → 일반 → 손쉬운 사용

이 기능은 아이패드 사용시 일반적인 구성 기능 외에 특정한 이들을 위해 설정하기 위한 애플 개발자들의 배려가 돋보이는 항목이다.

VoiceOver : 스크린을 볼수 없는 시각장애인을 위한 기능이다. 모든 명령 구성 및 체계가 음성으로 지원되나 기계음으로 재생되어 알아 듣기는 쉽지 않다.

확대축소 : 화면상의 보여지는 부분의 Zoom-In, Out 기능이다. 특이할 점은 세개의 손가락을 이용하여 확대, 축소를 조절하는 점이고, 드래그도 가능하다.

큰 텍스트 : 아이패드에서 기본으로 지원하는 입력 텍스트 크기를 조절할때 사용하며, 최대 56pt 까지 가능하다. 단, 연락처, 이메일, 메시지, 메모에서만 적용 된다.

모노오디오 : 음성 출력을 스테레오가 아닌 모노로 원할 때 사용한다.(모노 : 좌우 스피커의 출력 내용이 동일한 상태)

검정색바탕에 흰색 : 아이패드의 화면대비 기본설정은 흰 화면에 검정이다. 그러나, 이를 반대로 설정하기 원할 경우 사용한다. 직접 변경해 보면 쉽게 이해 된다.

자동 텍스트 말하기 : 키보드를 이용한 키 입력시 오타 정정에 의한 자동 수정 및 대문자 변화시 음성으로 변환되는 상태를 말해준다. 키 입력을 하다보면 영문 철자의 대문자로 자동 변환되는 상태가 필요없을 경우가 있는데, 이럴 경우 용이하다.

홈 삼중 클릭 : 홈 버튼을 연속적으로 세 번 눌렀을 경우 실행되는 기능이다. 시각장애인처럼 사용이 어려운 경우와 이와 유사하게 가독성이 떨어지는 사용자를 위해서 VoiceOver나 확대/축소, 화면색 반전기능이 구현된다.

ⓢ **배터리잔량표시(%)** ★ 홈 → 설정 → 일반 → 배터리잔량표시(%)
현 사용중인 배터리의 잔량을 나타내며 % 단위로 표시된다.

ⓣ **재설정** ★ 홈 → 설정 → 일반 → 재설정
아이패드가 사용되어온 이력과 하드웨어적인 설정값을 초기화할 때 사용된다.

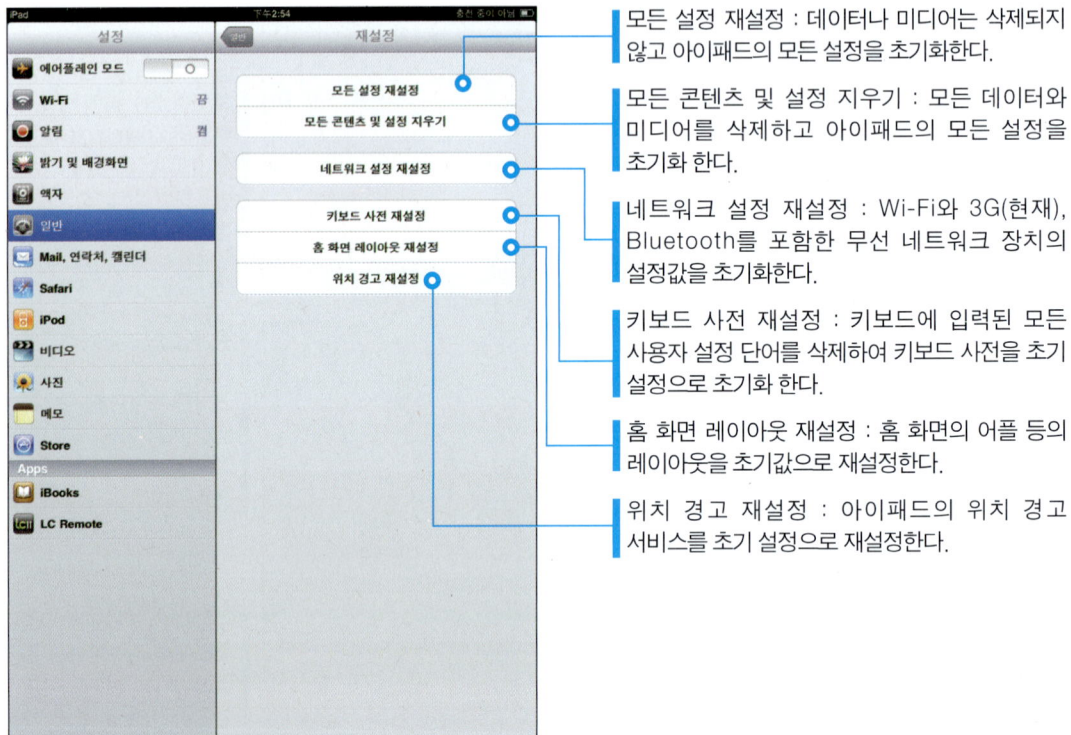

모든 설정 재설정 : 데이터나 미디어는 삭제되지 않고 아이패드의 모든 설정을 초기화한다.

모든 콘텐츠 및 설정 지우기 : 모든 데이터와 미디어를 삭제하고 아이패드의 모든 설정을 초기화 한다.

네트워크 설정 재설정 : Wi-Fi와 3G(현재), Bluetooth를 포함한 무선 네트워크 장치의 설정값을 초기화한다.

키보드 사전 재설정 : 키보드에 입력된 모든 사용자 설정 단어를 삭제하여 키보드 사전을 초기 설정으로 초기화 한다.

홈 화면 레이아웃 재설정 : 홈 화면의 어플 등의 레이아웃을 초기값으로 재설정한다.

위치 경고 재설정 : 아이패드의 위치 경고 서비스를 초기 설정으로 재설정한다.

하드웨어적인 구성 및 설정에 대한 설명이 끝났다. 나머지 기능은 Part 3 아이패드 활용 -기본편에서 설명을 하도록 하겠다.

좌충우돌 **아이패드 사용기**

Part 3
아이패드 활용 - 기본편

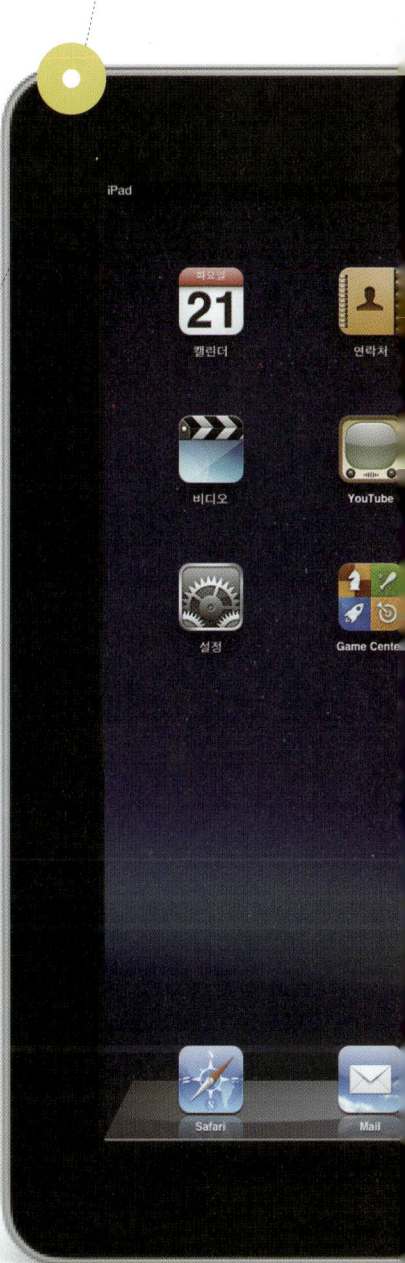

Chapter 1 » 아이패드 활용 기본 어플편

필자의 아이패드는 한국에서 정식으로 발표된 제품이 아니다. 미국에서 인편을 통해서 들여온 제품이다. 그렇다 보니 OS도 영문이고 버전도 기능도 제한적이었다. 그래서 인터넷을 통해서 한글 OS 4.2 베타 버전을 설치한 후 이것 저것 기본 어플의 모든 것을 구동하며 체험해 보았다. 기본 어플을 하나씩 체험해 가는 동안, 처음 접했던 몇일 간의 실망감은 점점 희열로 바뀌기 시작했으며, 그러는 사이 아이패드 어플의 바다에 뛰어들어서 전 세계 개발자들의 생각과 상상의 결과물을 맘껏 즐기고 싶은 욕망이 내 마음속에서 일고 있었다.

필자는 아이패드를 접하면서 정말 많은 시행착오를 겪었으며, 그렇기 때문에 애플 시스템에 대해 사전 지식 없이 이러한 글을 써야 하는 필요성을 가지게 되었다. 필자는 아이팟과 아이폰을 사용한 적이 없다. 그렇다 보니 아이패드를 사용하기에는 무척 어려움이 많았으며 필자와 같은 경우의 유저가 많을 것으로 생각한다.

아이패드 활용 기본편은 아이패드를 구매하면 제공되는 기본 어플들이다. 이 기본 어플 등에 대한 상세 기능을 숙지하지 않고 넘어간다면 분명 큰 실수를 하는 것이다. 필히 알아야 할 기능이고 아이패드가 어떤 방식으로 어플들을 구현하는지 알게되면서 그로 인한 엄청난 희열을 여러분들도 느낄 수 있기 때문이다. 참고로, OS 4.2 베타버전을 기준으로 글을 만든 것이며, 후에 한국에서 정식 발표된 제품의 기능과 약간의 차이는 있을 수 있다. 그러나, 어디까지나 기본적인 구성면과 사용법은 동일하며 OS 버전업은 지속해서 이루어질 것이니, 후에 제품을 구매해서 사용했을 때 미세한 내용의 차이가 있더라도 양해해 주기 바란다.

아이패드를 구매하기 전에 꼭 봐야할 책이고, 아이패드를 구매해서도 꼭 봐야할 책이다.

아이패드의 기본 어플은 다음과 같다.

	캘린더	일정관리 및 업무 수첩 기능 / 플랭클린플래너와 유사하다.
	연락처	전화, 주소, 기타 인명록
	메모	메모장
	지도	지도, 경로, 네비게이션
	비디오	동영상 플레이어
	유튜브	세계 각지에서 제작된 개인 동영상을 보는 웹 사이트
	아이튠즈	영화, 음악, 강의 등 멀티미디어 정보 조회 및 구매
	앱스토어	아이패드에서 이용할 어플리케이션 조회 및 구매
	게임센터	게임 브라우저
	설정	아이패드의 하드웨어적인 구성 및 기능 변경
	사파리	아이패드의 웹브라우저
	메일	다중 메일
	사진	사진 및 그림 조회, 디지털 액자
	아이팟	음악, 동영상 플레이어

음악을 들을 때

음악을 들을 경우 단순히 MP3 플레이어를 연상하면 된다. 아이패드에서 지원하는 음악파일 플레이어는 애플사의 Ipod를 베이스 모델로 어플을 구성하였으며, 음악파일 검색 및 구동이 상당히 용이하게 구성되었다.
음악파일을 구동하기 위해서는 홈화면 하단 부분에 위치한 Ipod를 터치한다.

필자가 사용중인 컴퓨터에 저장되어 있는 음악파일을 아이튠즈를 이용해서 아이패드로 미리 전송하였다. 아이패드에 내장되어 있는 아이팟의 음악파일 리스트 뷰는 총 5가지로 분류해서 보여 주고 있다.

아이팟 화면 하단 부분에 5개의 버튼이 있고 다음과 같이 분류되어 있다. 단, 음악파일이 아래 구성에 맞는 음원 정보가 없을 경우 표시되지 않을 수 있다.

노래	노래 제목별 구성
아티스트	가수 및 영화 제목 별 구성
앨범	음반의 앨범별 구성
장르	음악의 장르별 구성
작곡가	제작자 및 작곡가별 구성

Part 1 개요 Part 2 기기설명 및 기본 사용법   Part 4 아이패드 활용 - 응용편 Part 5 아이패드 추천 어플

Part 3 아이패드 활용 - 기본편

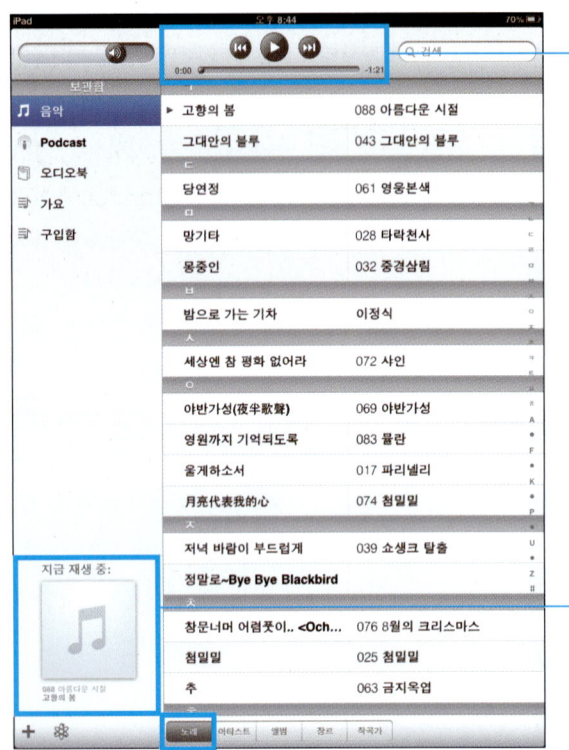

ⓐ **노래를 기준으로 분류된 화면**
원하는 항목을 터치하면 좌측 아래에 선택한 음악이 표시되고 바로 플레이가 된다.
음악플레이에 필요한 볼륨, 일시정지 및 기타 버튼은 상단에 표시되어 있다.

볼륨, 일시정지 및 기타 버튼

ⓑ **아티스트를 기준으로 분류된 화면**
원하는 항목을 터치하면 다음화면으로 전환되면서 터치한 항목의 상세내용이 표시된다.

ⓒ 앨범을 기준으로 분류된 화면

원하는 항목을 터치하면 팝업창이 나타나며 터치한 항목의 상세내용이 표시된다.

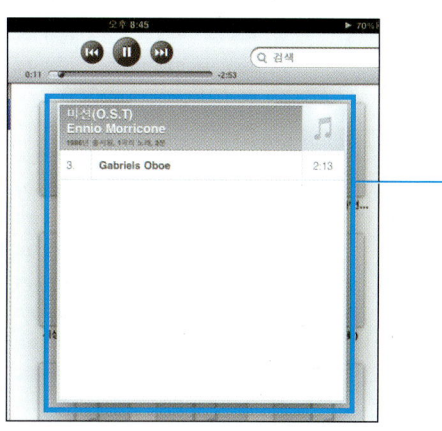

ⓓ 장르를 기준으로 분류된 화면

원하는 항목을 터치하면 팝업창이 나타나며 터치한 항목의 상세내용이 표시된다.

ⓔ **작곡가를 기준으로 분류된 화면**
원하는 항목을 터치하면 다음 화면으로 전환되면서 터치한 항목의 상세내용이 표시된다.

좌측 아래에 표시된 재생중인 아이콘을 터치하면 다음 화면으로 전환되며 애플의 아이팟을 자랑하듯이 음표 표시만 나타난다.
그러나 음악파일의 타이틀 정보가 포함되어 있을 경우는 이미지가 표시된다.

이 화면을 가볍게 터치하면 상단에는 플레이어에 필요한 버튼이 나타나며 아래에는 아이팟 메인 화면으로 되돌아가는 화살표와 현재 구동중인 음악파일의 속성을 볼 수 있는 화면이 표시된다.

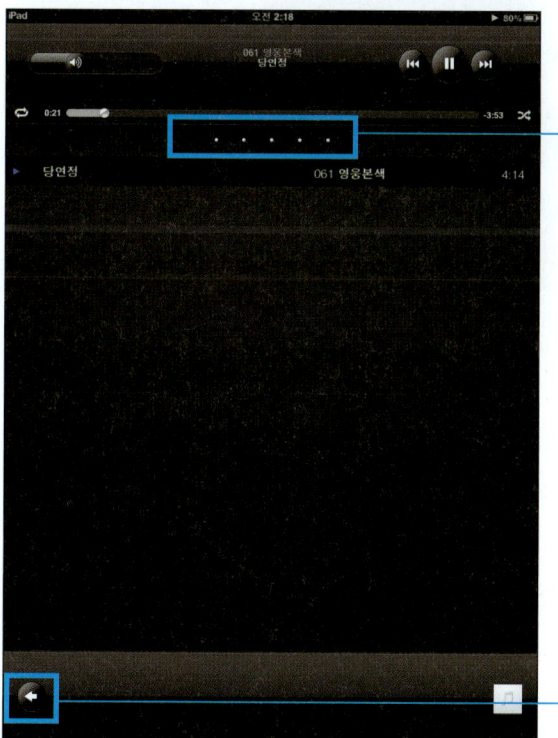

현 플레이 중인 음악파일의 속성이 표시된 화면. 파일 리스트 상단에 5개의 점이 보인다. 이를 터치하면 별모양으로 바뀌며, 이를 이용해 음악 평점을 기록할 수 있다.

전 화면으로 되돌아 갈 때는 하단 좌측에 있는 화살표를 터치하면 된다.

영화를 볼때

아이패드의 비디오 어플의 메뉴 기능은 일반적인 동영상 플레이어와 동일하게 구성되어 있다. 아이패드에 저장하기까지의 과정을 처음 접하는 유저에게는 어렵게 보일 수도 있지만 유저가 원하는 형식과 해상도, 기타 등등을 변환할 수 있으며, 후에 타 기기에서도 구현이 가능하니 필히 알아두어야 한다.

영상파일을 구동하기 위해서는 홈화면 메인 어플중 비디오를 터치한다.

아이패드에는 동영상 파일이 없다. 샘플 파일도 없다. 그래서 필자의 컴퓨터에 있는 동영상 파일을 아이튠즈를 이용해서 아이패드로 저장하려 하였으나, 지원하지 않는 형식의 파일이라며 복사가 되지 않았다. 중요한 무언가가 빠진듯 하였다. 아이패드의 동영상 구동 파일은 MP4 형식으로, 일반적인 WMV, AVI 기타 등등을 MP4 형식으로 변환해 주어야 한다. 그래서 아이패드 비디오를 구동하기 전에 동영상 인코더를 먼저 설명하겠다.

Step 1 컴퓨터로 인터넷에 접속 후 Daum 사이트로 이동한다. 단어 검색창에 "다음 팟인코더" 라고 입력 후 검색 버튼을 누른다.

Step 2 다음 팟인코더 링크 화면이 나타났다.

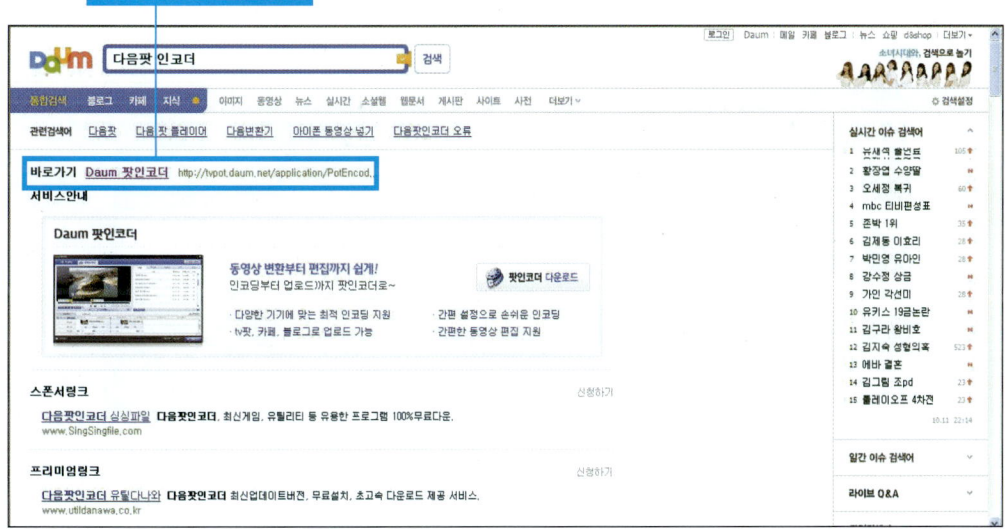

Step 3 ▶ 바로가기 주소를 클릭하여 다음 팟인코더로 이동 후 다운로드 버튼을 클릭한다.

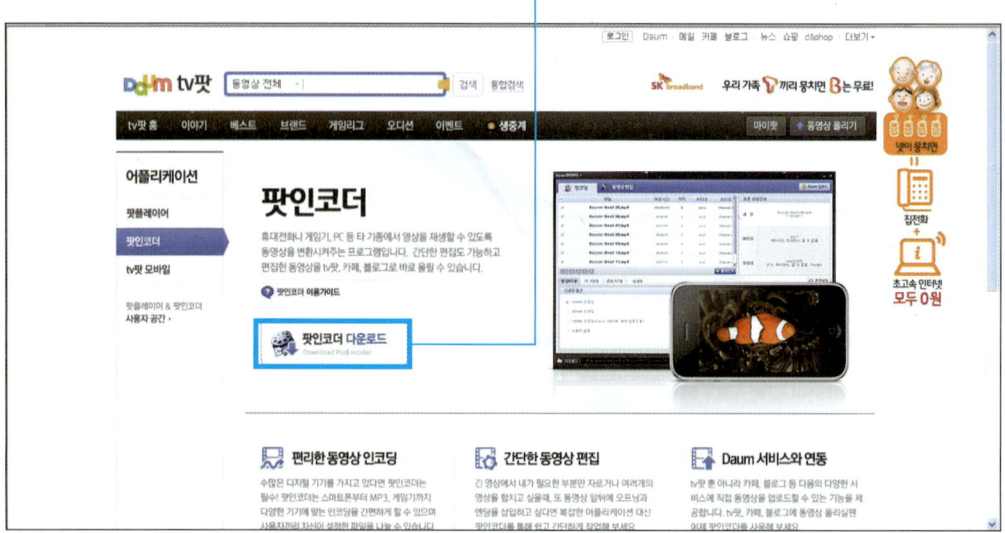

Step 4 ▶ 파일을 실행시킬 것인지 저장할 것인지 선택한다. 필자의 경우 후에 프로그램 재설치 등을 위해서 저장을 선택하였다.

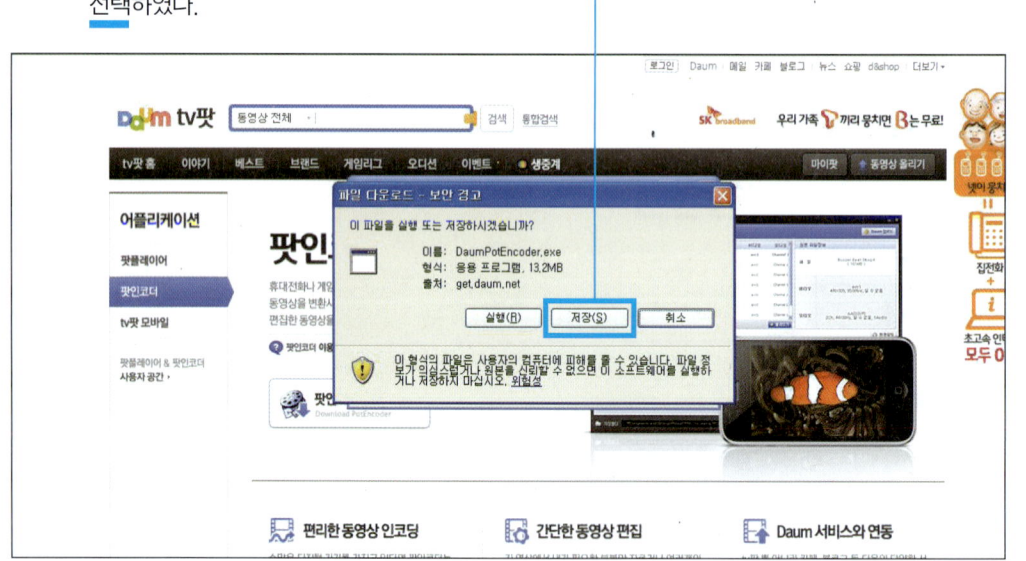

Step 5 저장할 위치를 지정하는 창이 나타났고, 임의로 설정하였다.

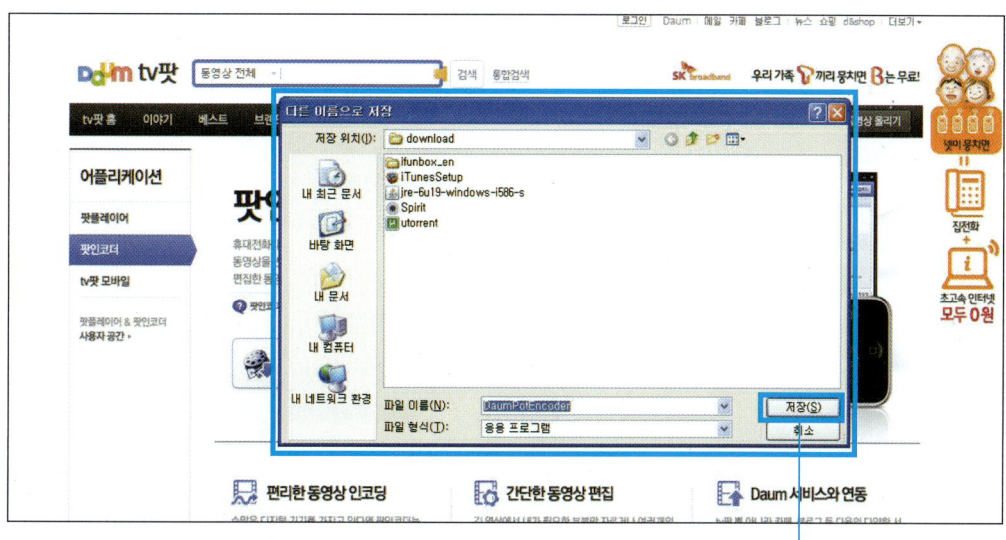

Step 6 위치를 설정하고 저장 버튼을 클릭한다. 다음팟인코더 프로그램이 필자가 원하는 폴더로 저장되고 있다.

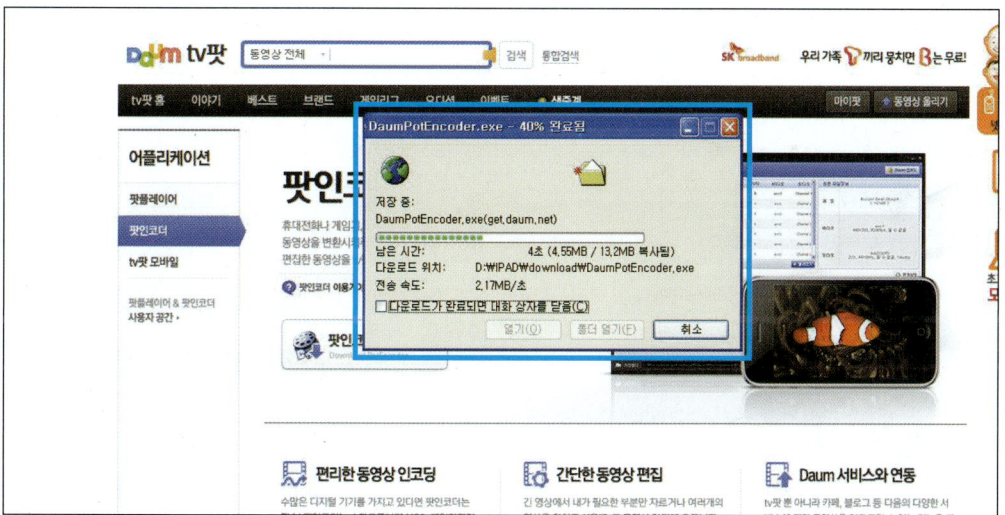

Step 7 저장이 완료되면 다음과 같이 실행, 폴더열기를 선택하는 창이 나타난다. 위치를 확인하기 위해서 폴더열기를 선택한다.

Step 8 필자가 원하는 폴더로 저장된 것을 확인할 수 있다. 그러면, 이제부터 다음 팟인코더를 실행해 보도록 하겠다. 저장된 파일을 더블클릭한다.

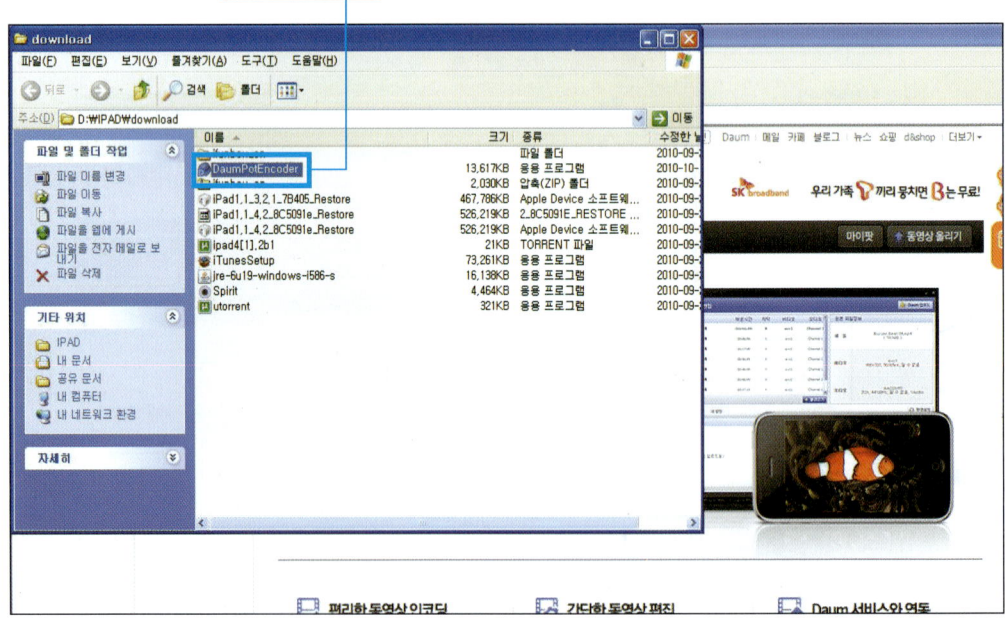

Step 9 실행 여부를 묻는 창이 나타났다. 실행을 클릭한다.

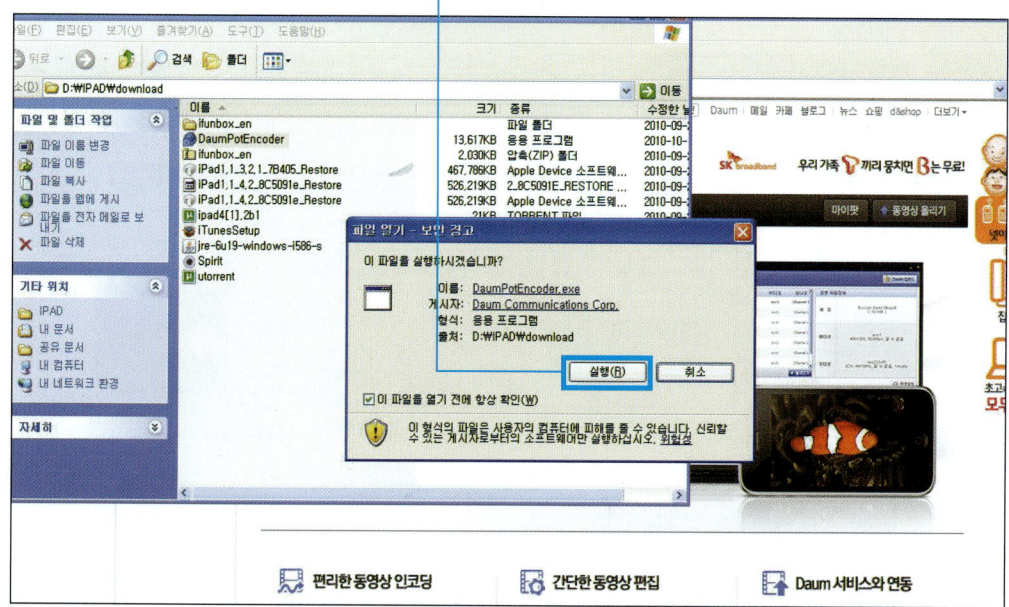

Step 10 다음 팟인코더 설치를 알리는 창이 나타났다.

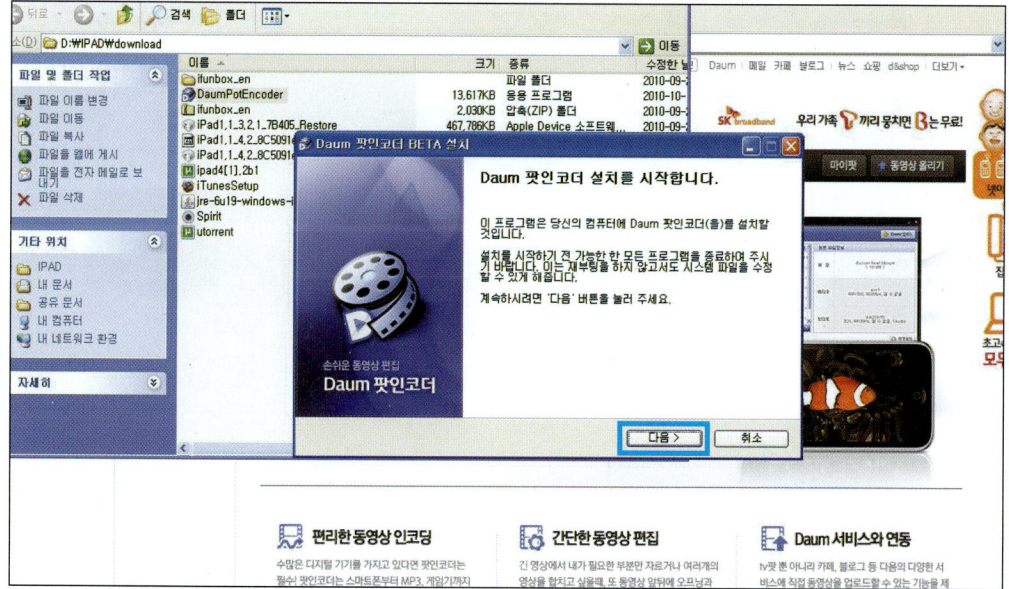

Part 1 개요 | Part 2 기기설명 및 기본 사용법 | Part 4 아이패드 활용 – 응용편 | Part 5 아이패드 추천 어플

Part 3 아이패드 활용 – 기본편

Step 11 사용권 계약 관련 내용이니 꼭 읽어보기 바란다. 계약 내용에 동의하면 동의함을 클릭한다.

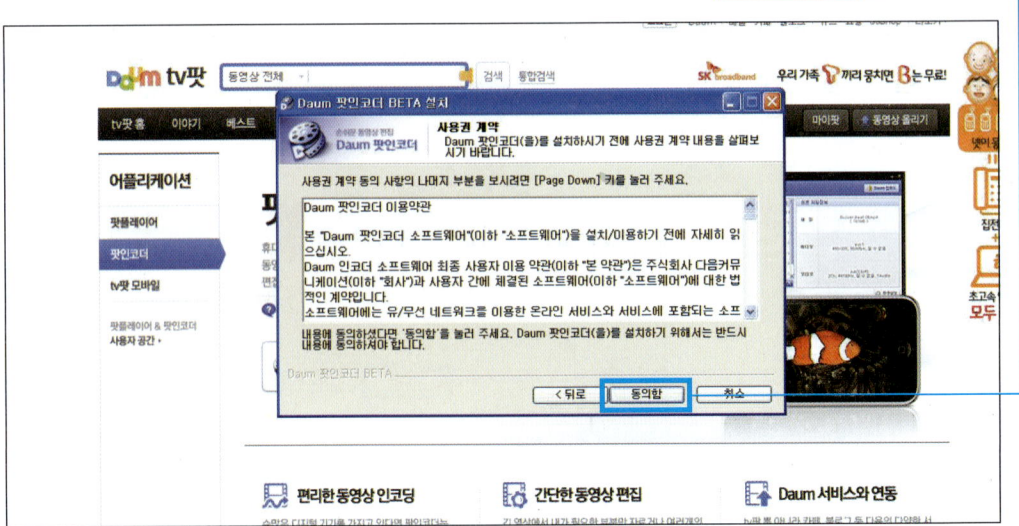

Step 12 구성 요소 선택창이 나타났다. 단축아이콘 생성 내용이 원하는 내용만 체크 표시를 한다.

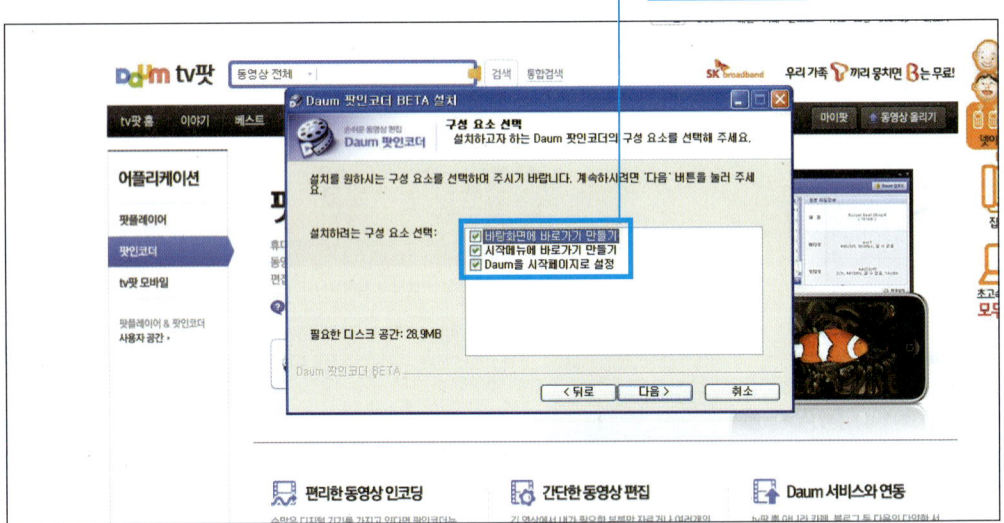

Step 13 다음 팟인코더 프로그램이 설치될 위치를 알리는 창이 나타났다. 설치할 위치를 변경하려면 찾아보기를 클릭하고 기본 위치에 설치하려면 설치 버튼을 클릭한다.

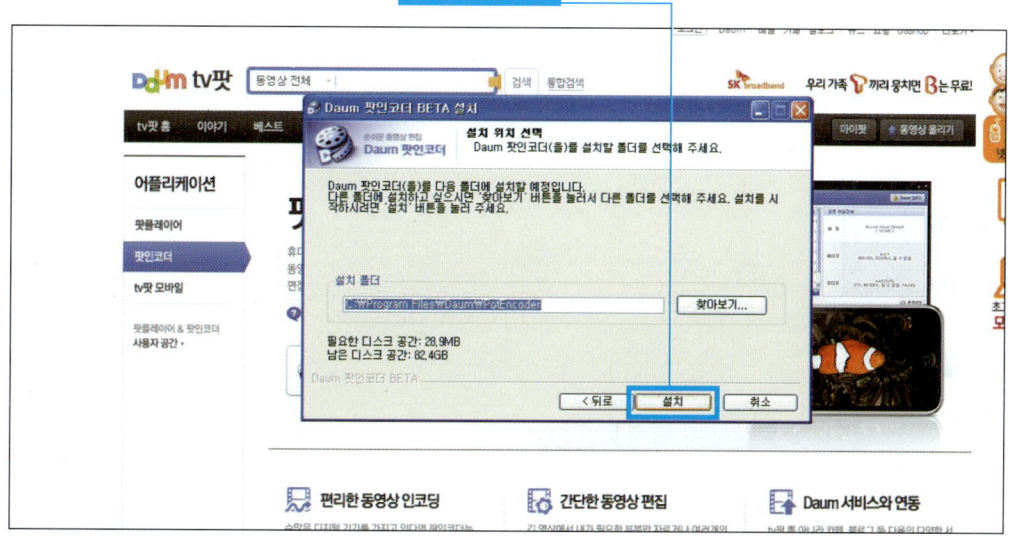

Step 14 설치가 완료되었다. 다음 팟인코더 실행에 체크가 기본 설정이다. 이를 실행하기 위해서 마침을 클릭한다.

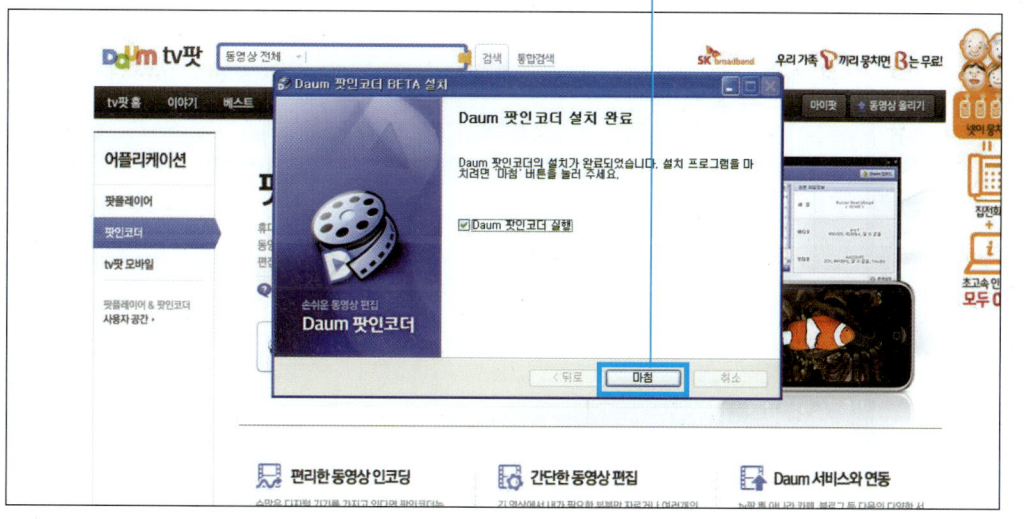

Step 15 다음 팟인코더가 실행되었다. 처음 보는 화면이니 어려울 수도 있다. 그러나, 정말 쉽고 단순한 프로그램이니 계속해서 따라하기 바란다. 화면 중앙의 파란색의 불러오기를 클릭한다.

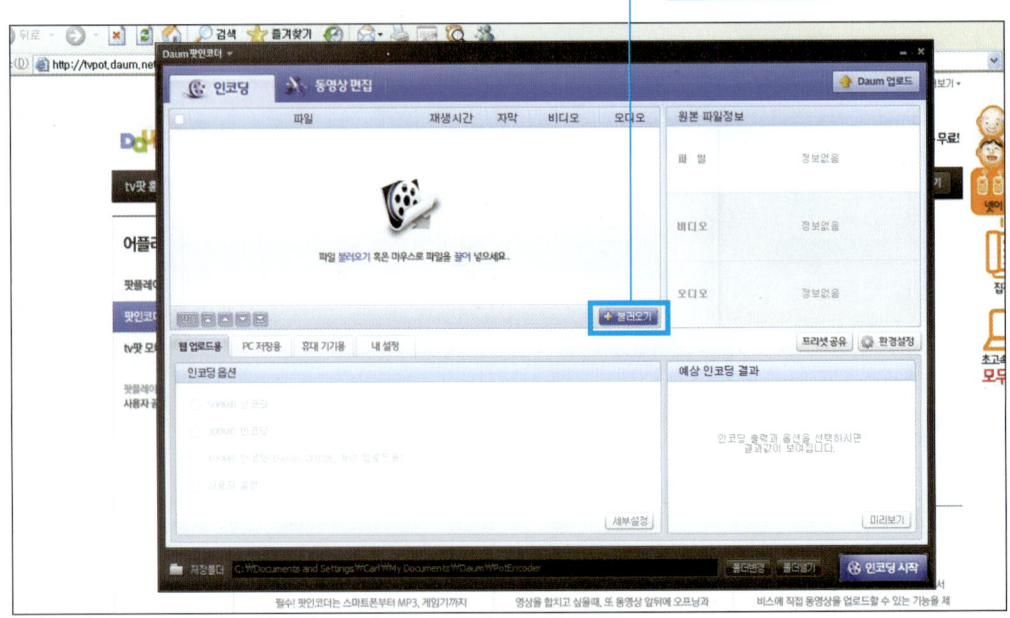

Step 16 동영상 파일이 저장되어 있는 폴더를 찾아가서 아이패드로 저장하기 원하는 파일을 클릭한다.

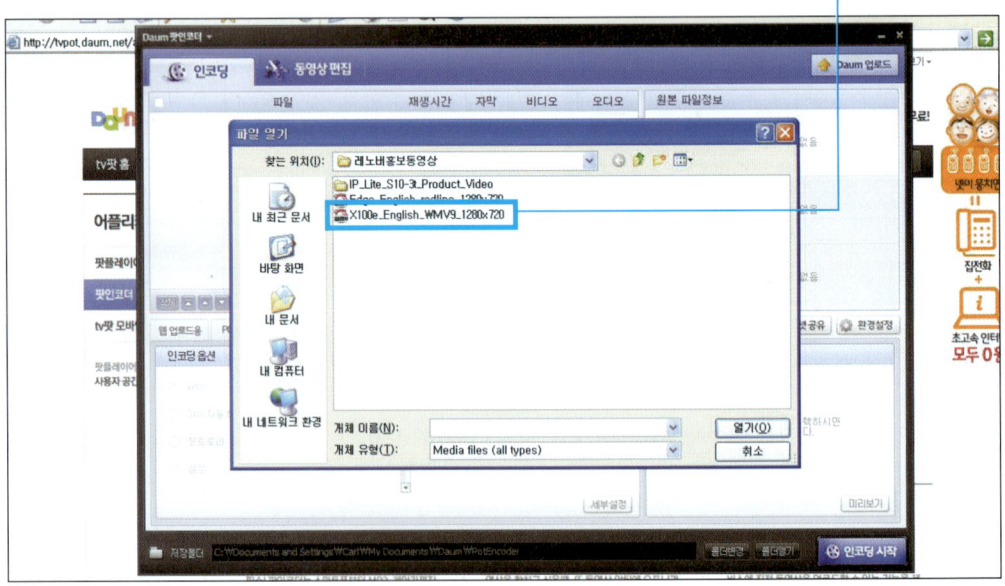

Step 17 그러자 왼쪽 상단창에 지정한 파일 리스트가 나타난다. 아이패드로 저장하기 원하는 파일을 지정하여 다음 팟인코더로 불러왔다. 이제부터 인코더를 해보도록 하겠다.

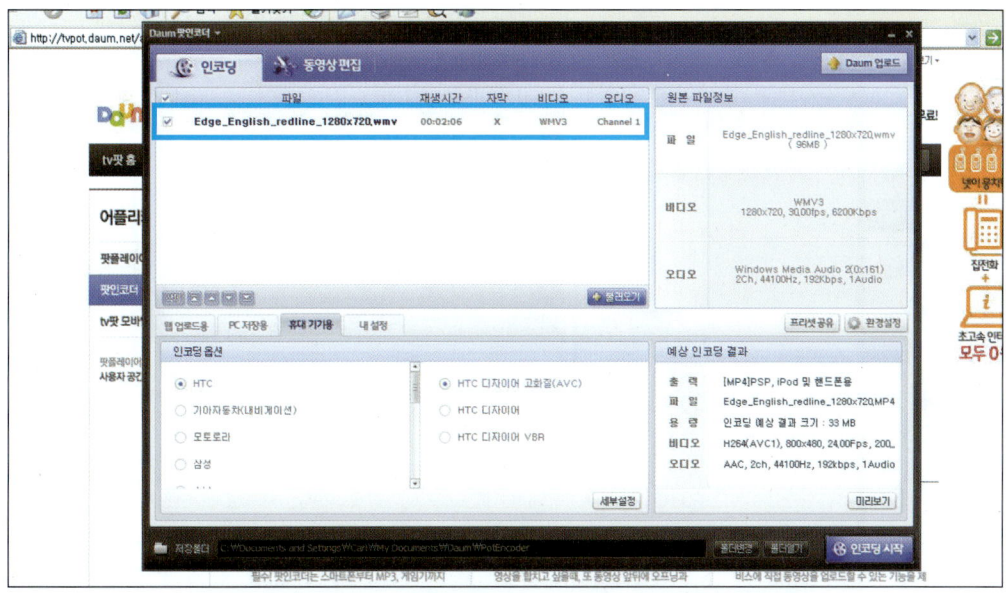

Step 18 하단 좌측 창의 변환을 원하는 기기를 지정한다. 휴대기기 - 애플 - 아이패드로 지정하였다. 여기서 아이패드가 세가지 종류가 있다. 각 선택에 따라 동영상의 해상도가 지정되니 각자 선택해 본 후 우측 하단의 미리보기 버튼을 클릭하여 동영상이 제대로 구동되는지 확인한 후 선택하기를 바란다.

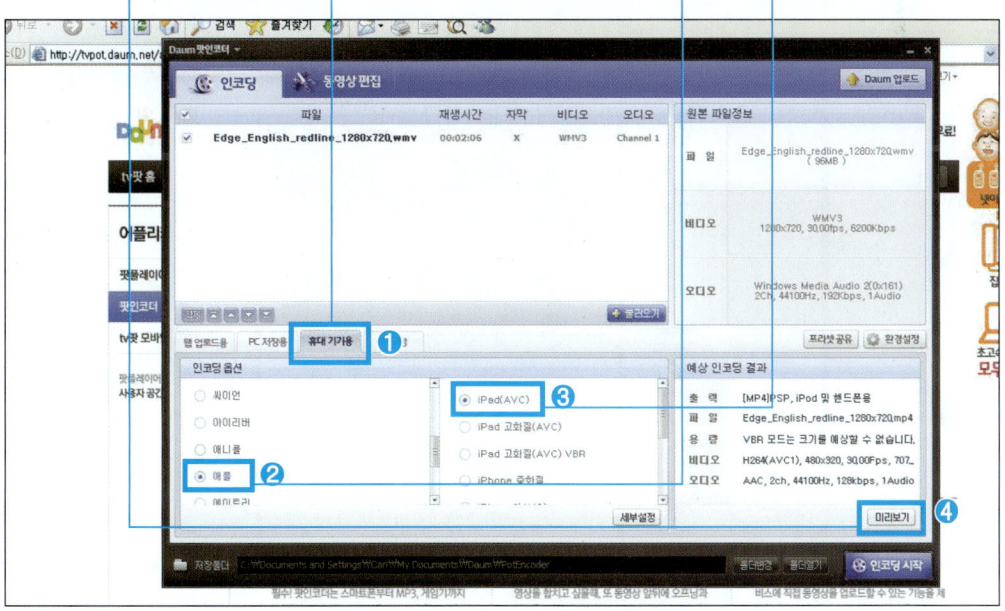

Step 19 필자는 첫번째 항목을 선택 후 미리보기를 실행해 보았다. 그런 후 두번째, 세번째 같은 방법으로 미리보기를 하였으며, 첫번째 항목으로 선택하기로 결정하였다.

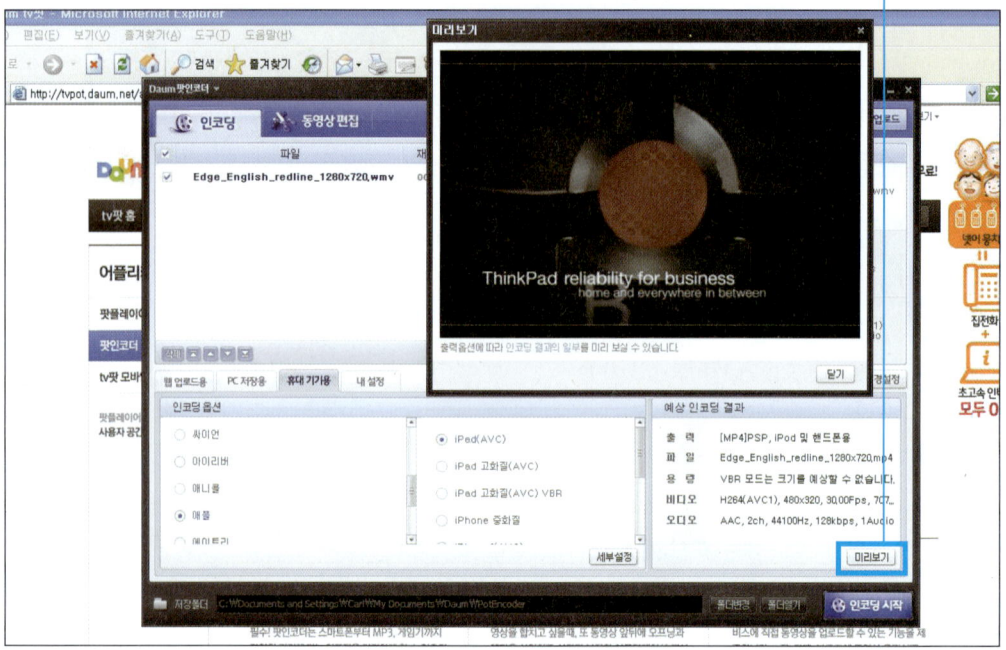

Step 20 기기 설정이 완료되었으면 인코딩 시작 버튼을 클릭하여 인코딩을 하자.

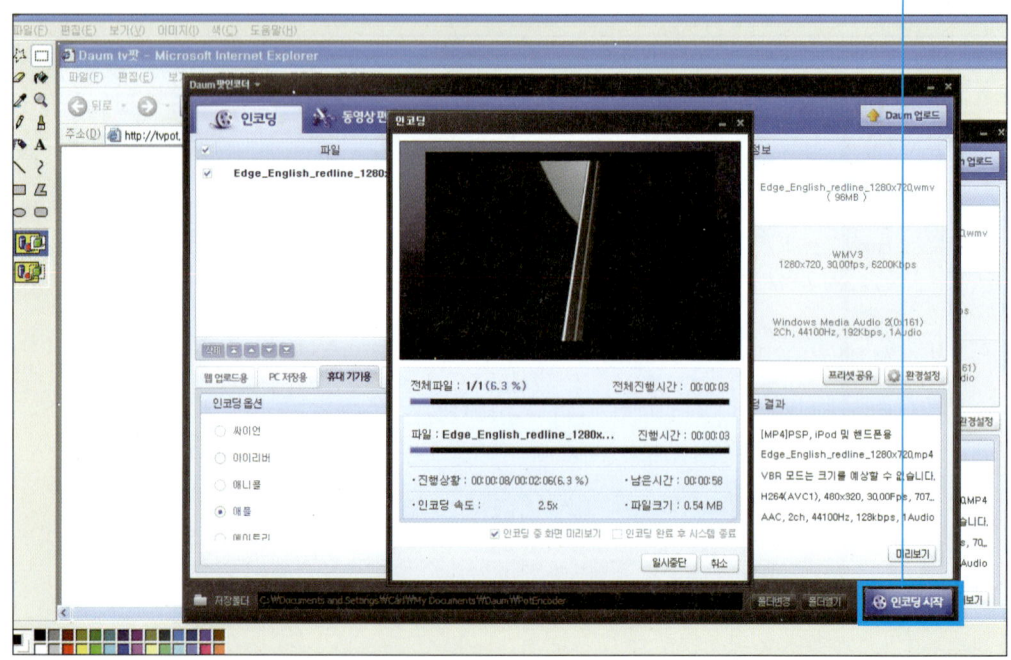

Step 21 인코딩이 완료되면 다음과 같은 창이 나타나며 정상적으로 처리되었음을 알려준다.

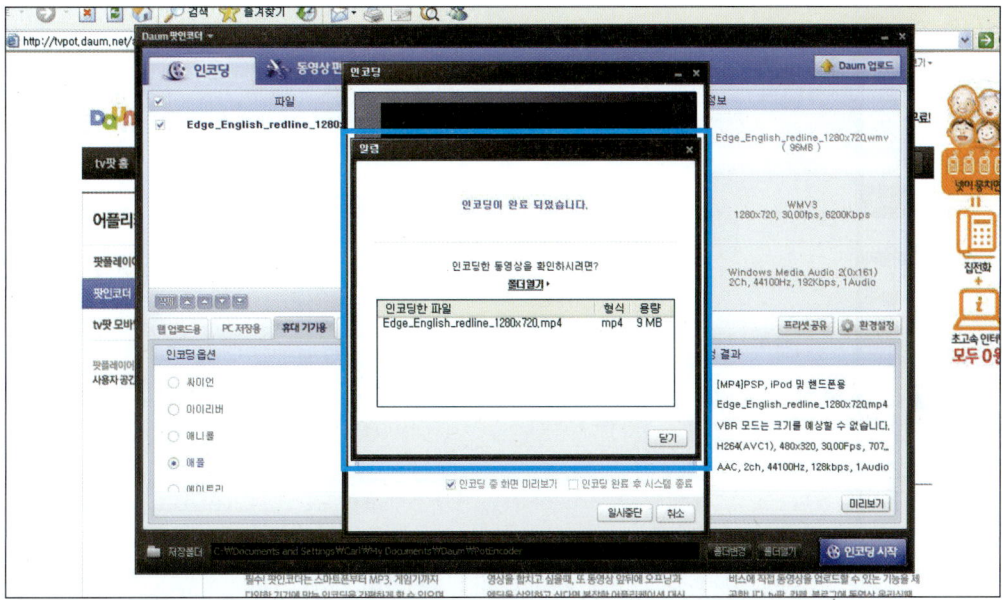

Step 22 그리고 폴더 열기를 클릭하면 변환된 동영상의 위치가 나타난다.

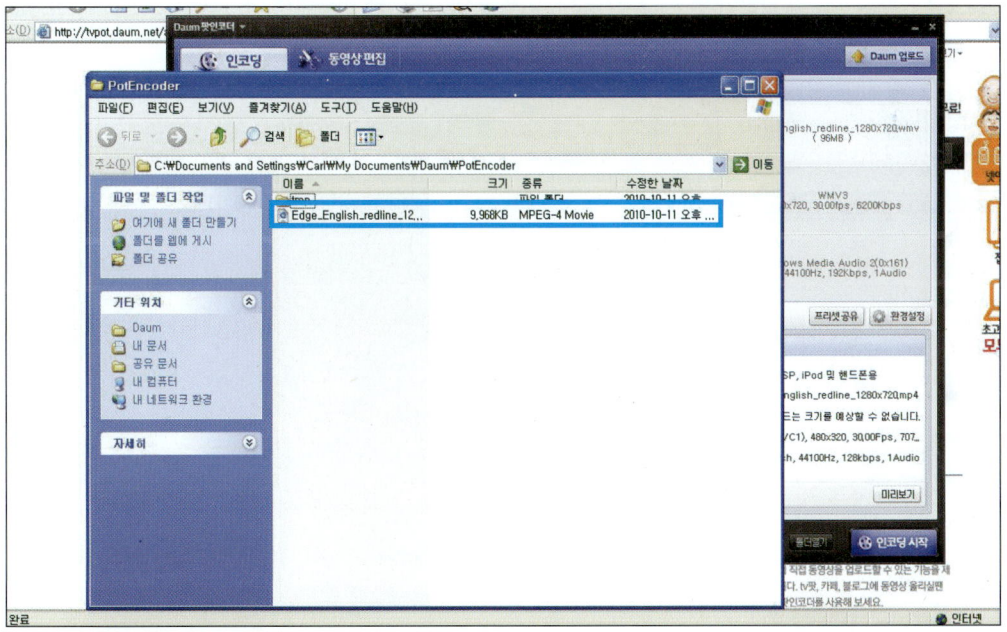

Part 1 개요 | Part 2 기기설명 및 기본 사용법 | Part 4 아이패드 활용 – 응용편 | Part 5 아이패드 추천 어플

Part 3 아이패드 활용 – 기본편

Step 23) 참고로 변환된 파일의 위치를 변경하여 저장하려면 하단의 폴더 변경 버튼을 클릭하여 위치를 지정할 수 있다.

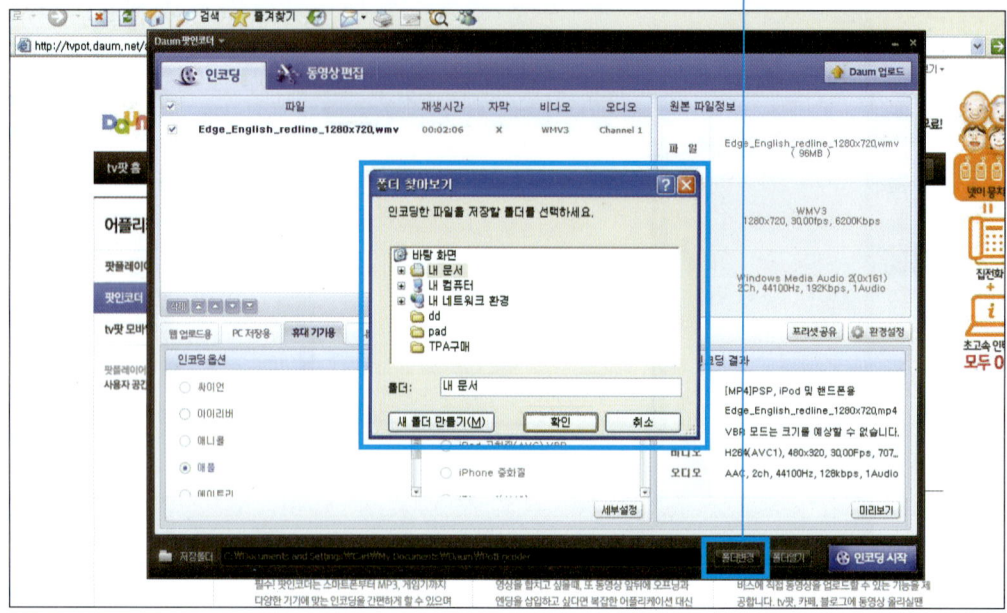

Step 24) 동영상 파일의 변환이 모두 완료되었다. 이제는 아이튠즈를 이용해서 아이패드로 저장하도록 하겠다. 아이튠즈를 오픈 후 상단 메뉴의 파일에서 보관함에 파일 추가를 선택한다.

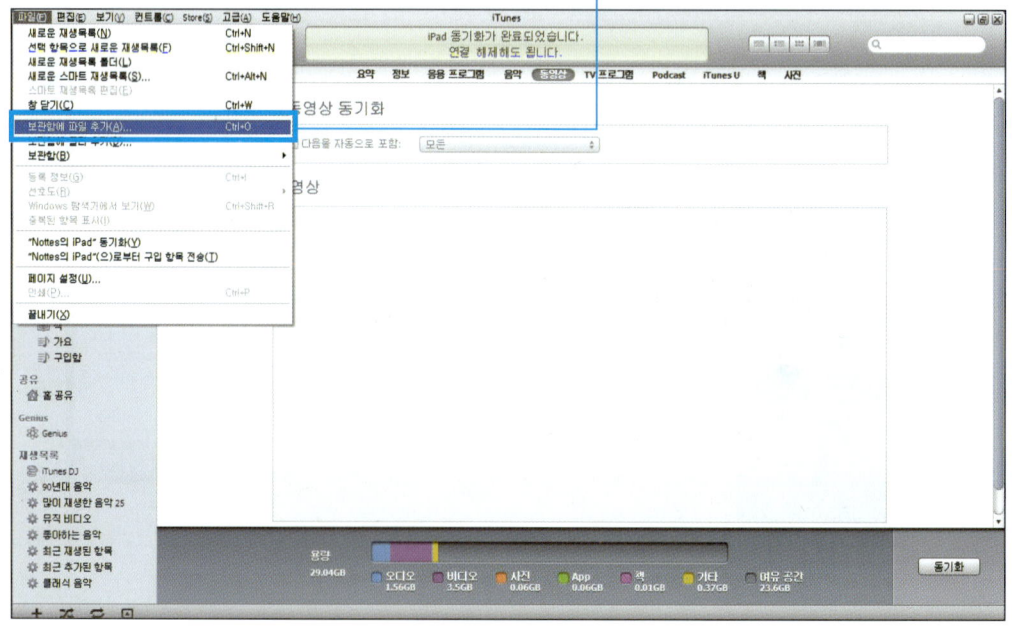

Step 25 변환된 동영상이 있는 폴더로 이동하여 파일을 선택한다.

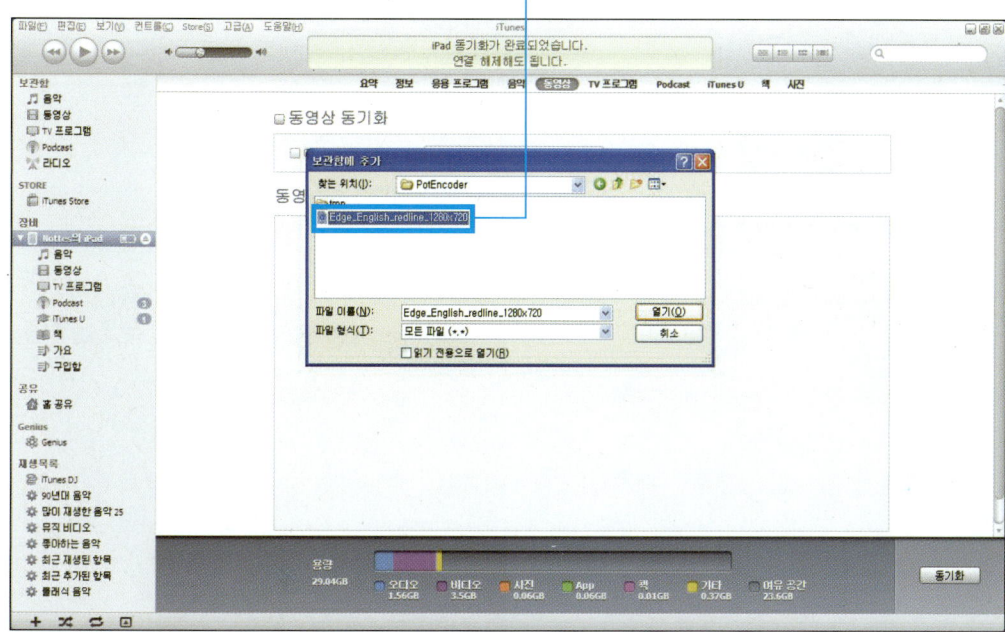

Step 26 다음과 같이 보관함의 동영상에 변환된 파일이 저장된 것을 알 수 있다.

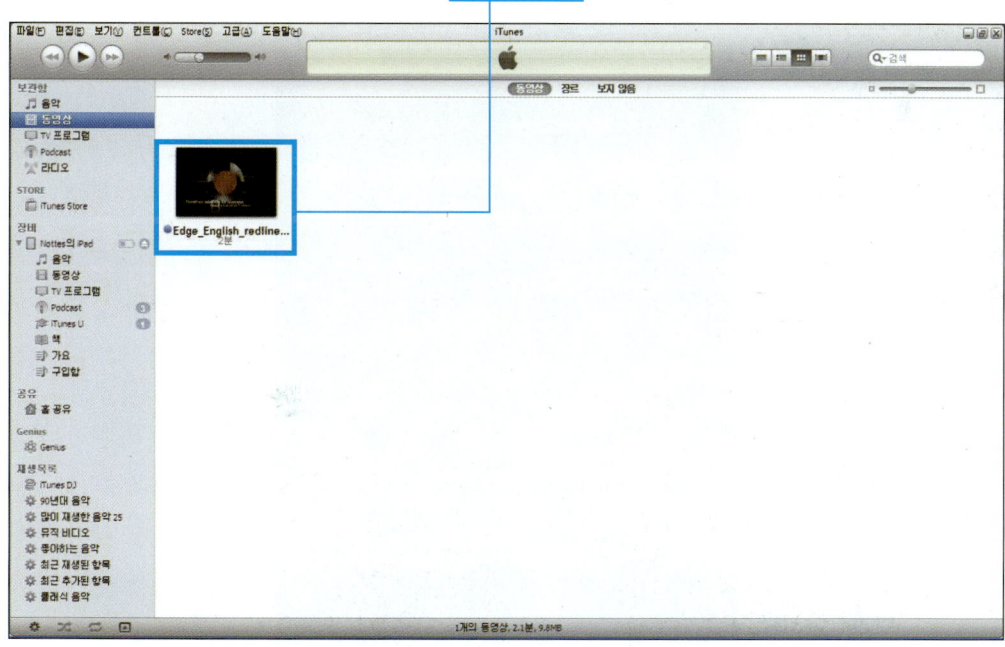

Step 27 보관함에 저장된 동영상 파일을 마우스로 끌어서 아이패드로 전송한다. 모든 것이 완료되었다.

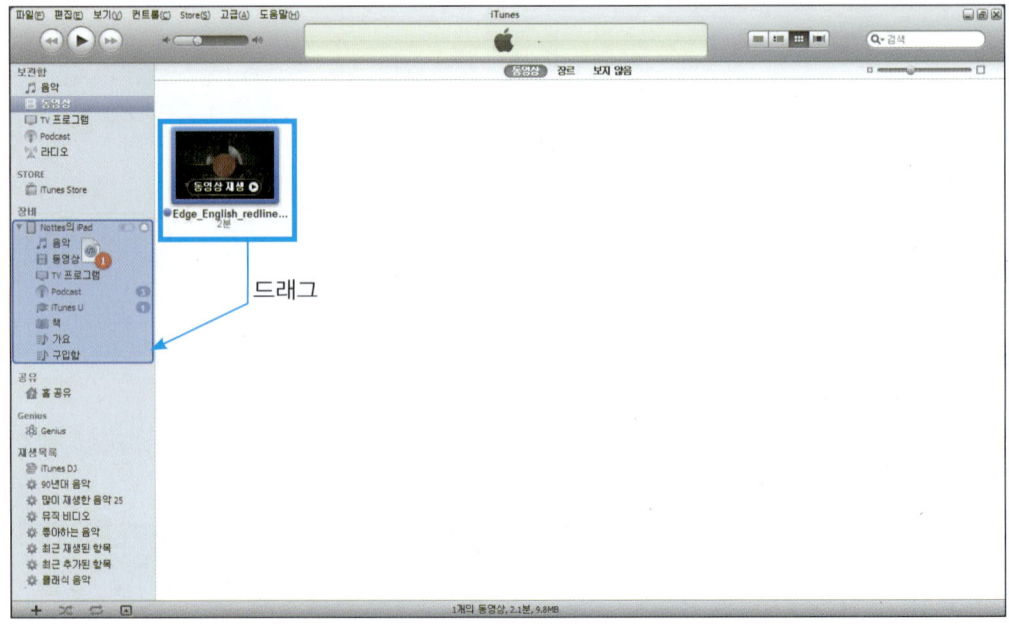

Step 28 이제 아이패드에서 동영상을 실행시켜 보자. 비디오 어플을 터치하면 다음과 같이 동영상 파일의 리스트가 나타난다.

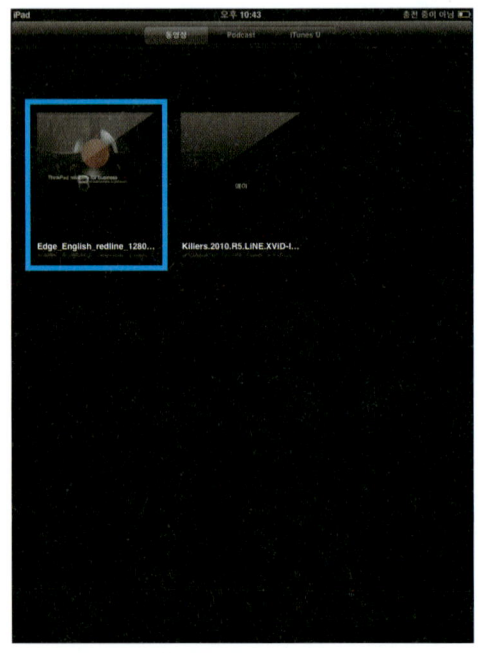

Step 29 원하는 동영상을 터치하면 파일 크기와 총 상영 시간 등 상세 사양이 표시된다. 우측 상단의 플레이 화살표를 터치하면 동영상이 구동된다.

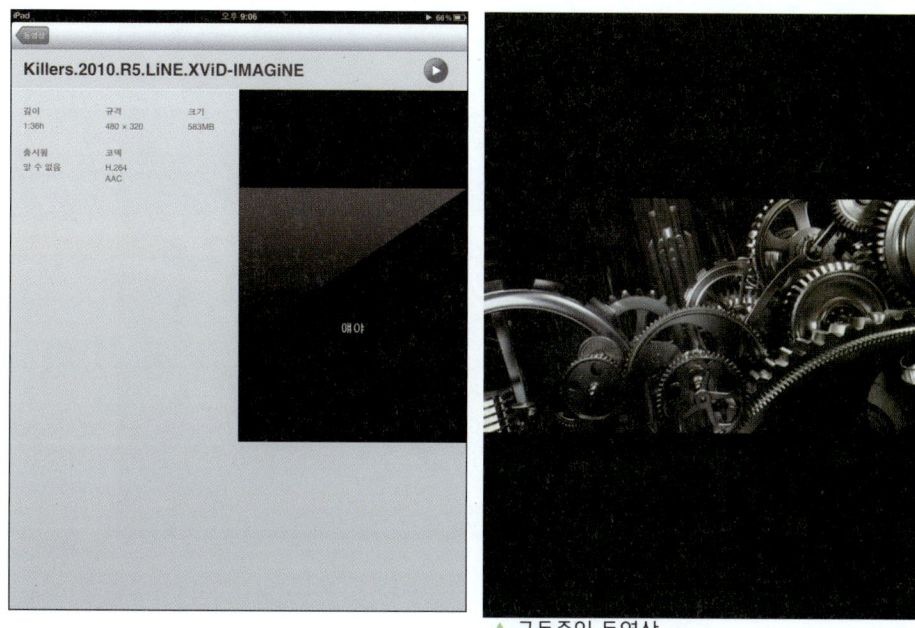

▲ 구동중인 동영상

Step 30 구동중인 동영상을 터치하면 화면 위, 아래에 다음과 같이 동영상 플레이에 필요한 버튼이 표시된다.

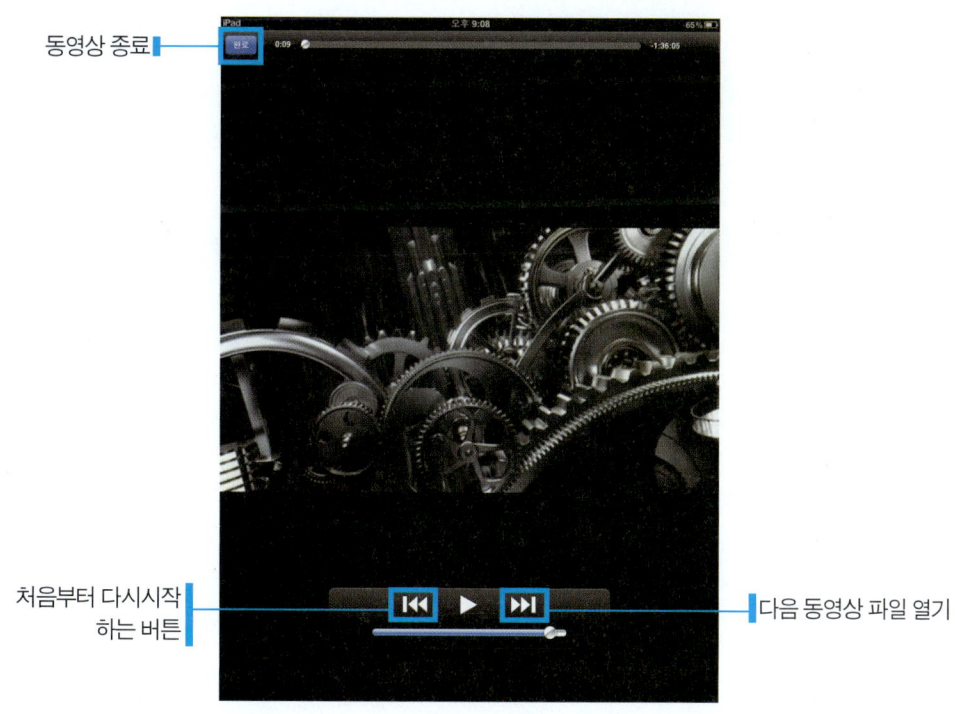

현재, 동영상이 구동중인 상태에서 아이패드를 옆으로 90도 회전시켜보자. 그러면 모든 것에는 변화가 없으나 우측 상단의 새로운 버튼이 나타난다. 이 버튼은 화면 좌우 대비를 더 넓히는 기능이니 직접 실행시켜 보고 보기 편한 화면을 선택하도록 하자.

Tip

사진을 볼때

아이패드의 사진 어플은 디지털 액자로의 기능이라고 볼 수 있다. 디지털액자란 일반적인 사진 액자와 달리 메모리에 여러장의 사진을 저장후 슬라이드를 이용하여 일정 시간 동안 각 사진들이 바뀌면서 구동되는 장치이다. 그리고, 아이패드의 기본 어플간에 데이터 연동이 가능하니 사진을 아이패드로 저장할 경우 되도록 많은 사진을 저장할 것을 권장한다. 예상치 않던 상황에 필요할 것 같지 않은 사진이 이용되는 경우를 경험 할 수 있기 때문이다.

사진을 보기 위한 어플은 홈화면 하단에 사진이라는 아이콘이다.

필자가 사용중인 컴퓨터에 저장되어 있는 사진을 아이튠즈를 이용해서 아이패드로 전송하도록 하겠다.

Part 1 개요 | Part 2 기기설명 및 기본 사용법 | Part 4 아이패드 활용 - 응용편 | Part 5 아이패드 추천 어플

Part 3 아이패드 활용 - 기본편

Step 1 설치되어 있는 아이튠즈를 실행시킨 후 아이패드를 USB 케이블을 이용하여 컴퓨터에 연결한다. 그리고 아이튠즈 좌측 메뉴 중 장비를 클릭하면 현재 연결되어 있는 아이패드의 기본 정보를 보여준다.

Step 2 요약 정보 창에서 상위 메뉴 중 우측 끝의 사진을 클릭한다. 그러면 동기화하는 대상의 위치를 지정하는 창이 나타난다.

Step 3 사진이라고 표시되어 있는 항목을 클릭한 후 폴더 선택을 지정한다.

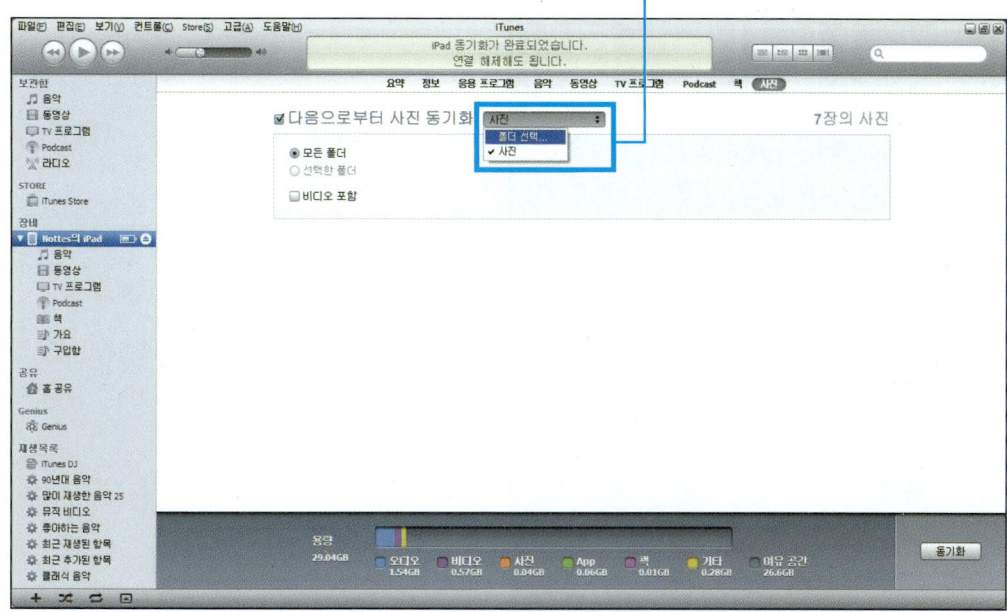

Step 4 폴더를 지정할 수있는 탐색창이 나타나고, 사진이 들어 있는 폴더를 지정 후 확인을 누르면, 폴더 안에 저장되어 있는 사진의 개수가 나타난다. 그러면 우측 하단의 동기화버튼 아래에 적용 버튼이 나타나고 이를 클릭하면 컴퓨터 폴더 안의 사진이 아이패드로 전송된다.

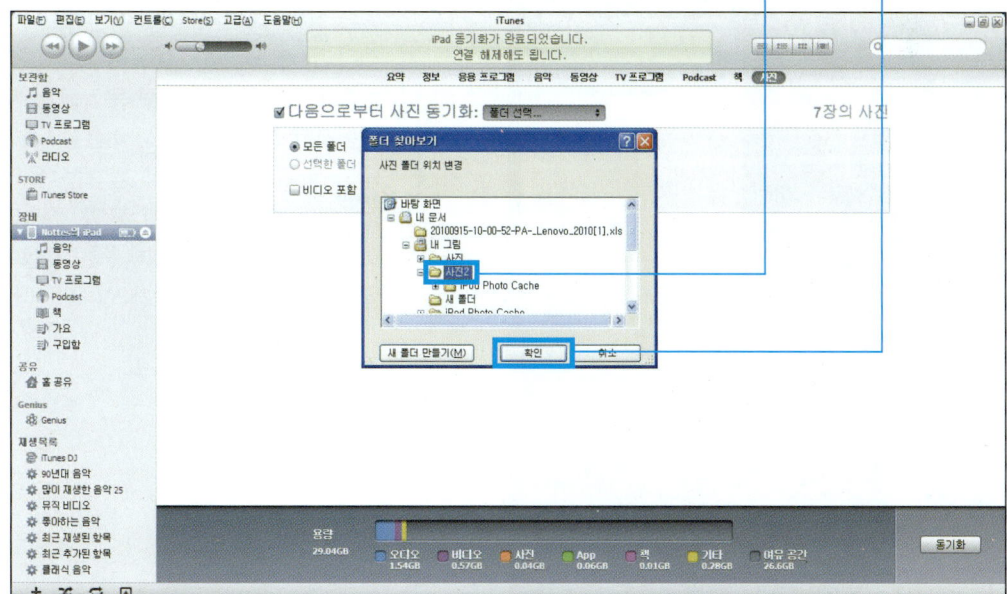

Part 1 개요 | Part 2 기기설명 및 기본 사용법 | Part 4 아이패드 활용 – 응용편 | Part 5 아이패드 추천 어플

Part 3 아이패드 활용 – 기본편

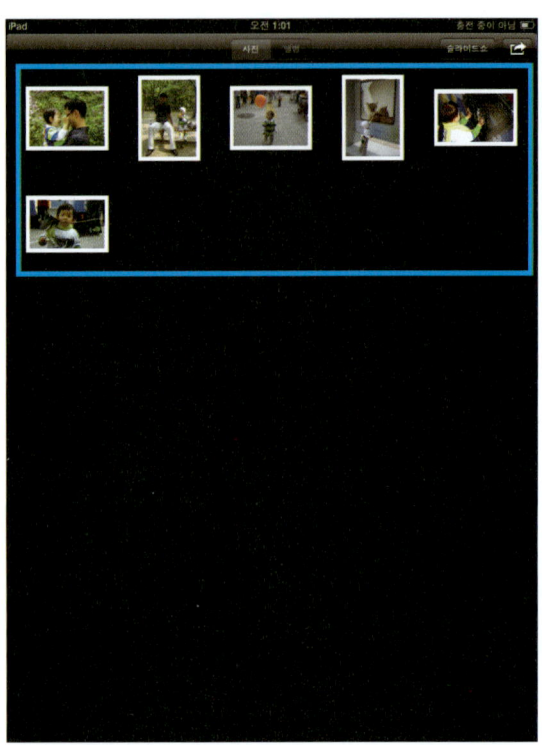

Step 5 아이패드로 전송된 사진이 자동으로 표시된다.

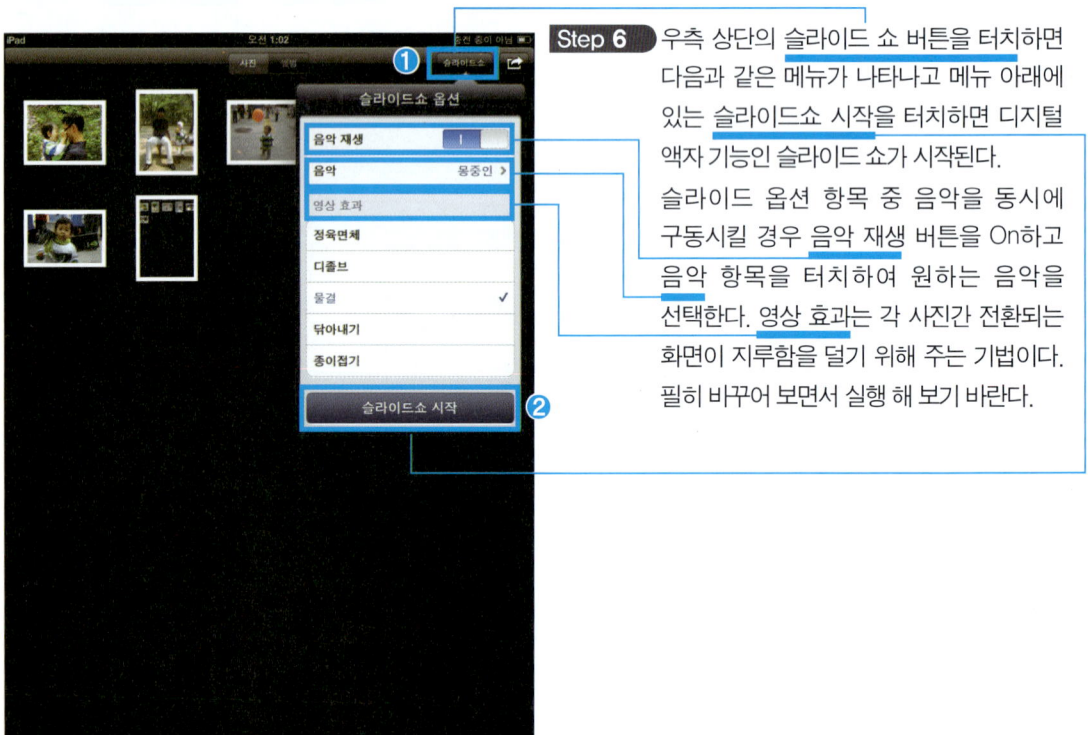

Step 6 우측 상단의 슬라이드 쇼 버튼을 터치하면 다음과 같은 메뉴가 나타나고 메뉴 아래에 있는 슬라이드쇼 시작을 터치하면 디지털 액자 기능인 슬라이드 쇼가 시작된다.
슬라이드 옵션 항목 중 음악을 동시에 구동시킬 경우 음악 재생 버튼을 On하고 음악 항목을 터치하여 원하는 음악을 선택한다. 영상 효과는 각 사진간 전환되는 화면이 지루함을 덜기 위해 주는 기법이다. 필히 바꾸어 보면서 실행 해 보기 바란다.

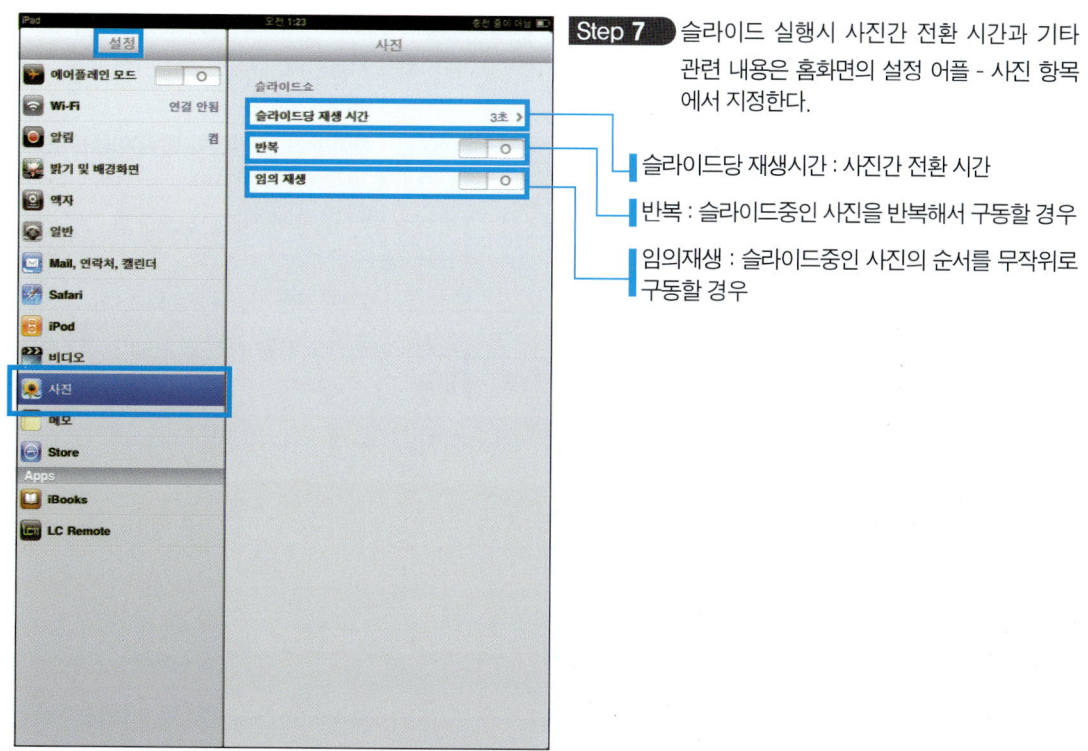

Step 7 슬라이드 실행시 사진간 전환 시간과 기타 관련 내용은 홈화면의 설정 어플 - 사진 항목에서 지정한다.

- 슬라이드당 재생시간 : 사진간 전환 시간
- 반복 : 슬라이드중인 사진을 반복해서 구동할 경우
- 임의재생 : 슬라이드중인 사진의 순서를 무작위로 구동할 경우

Step 8 사진 메인 화면에서 우측 끝의 화살표 버튼을 이용해서 필요없는 사진의 삭제나 기타 기능을 구현할 수 있다. 화살표 버튼을 터치하면 좌측 상단에 네 개의 버튼이 나타난다.

Part 1 개요 Part 2 기기설명 및 기본 사용법   Part 4 아이패드 활용 – 응용편 Part 5 아이패드 추천 어플

Part 3 아이패드 활용 – 기본편

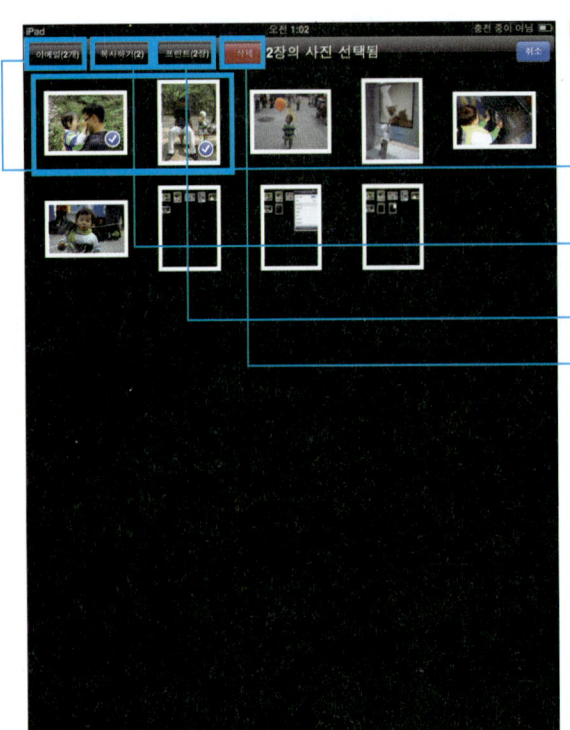

Step 9 화면의 사진 중 작업할 사진을 직접 터치해서 지정한다. 그러면 사진위에 파란색의 체크 버튼이 생성된다.

이메일 : 선택한 모든 사진이 메일 어플로 연동되어 다른 이에게 보낼 수 있다.

복사 : 다른 어플 중에 사진을 필요로 할 경우 이용한다.

프린트 : 선택한 모든 사진을 프린트 한다.

삭제 : 선택한 사진을 삭제할 수 있다.(부가설명 필요)

Step 10 사진 메인 화면에서 특정한 사진을 터치하면 전체화면으로 나타나며, 이때 우측 상단의 화살표를 터치하면 서브메뉴가 표시된다.

사진 이메일 : 선택한 사진을 이메일에 첨부 해서 보낼 때 사용한다.

연락처에 지정 : 연락처에 이미지를 넣을 때 사용한다.

배경화면으로 사용 : 배경화면 이미지로 지정 할때 사용한다.

프린트 : 프린트한다.

사진 복사하기 : 기타 어플에 첨부할 때 사용 한다.

Step 11 사진 이메일을 터치하면 다음과 같다.

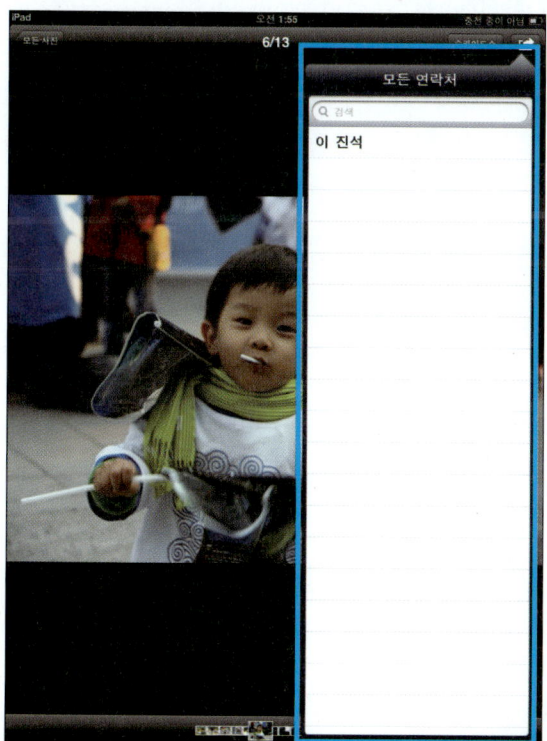

Step 12 연락처에 지정 기능을 사용하면 다음과 같이 연락처 리스트가 나타난다.

Part 1 개요 | Part 2 기기설명 및 기본 사용법 | Part 4 아이패드 활용 - 응용편 | Part 5 아이패드 추천 어플

Part 3 아이패드 활용 - 기본편

Step 13 이 중 선택 하면 이동 및 크기를 조절할 수 있는 화면이 나타나고 우측 상단의 사용 버튼을 터치하면 완료된다.

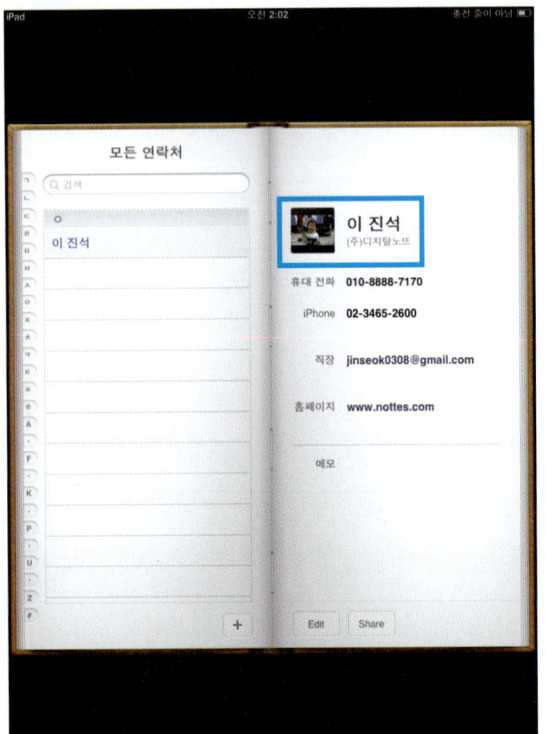

Step 14 연락처 어플에 어떻게 적용되었는지 보도록 하자. 다음과 같이 사진이 등록되었다.

배경화면으로 지정 기능은 설정- 밝기 및 배경화면 기능과 동일하며 프린트와 복사하기는 직접 실행해 보자.

122

사진 폴더를 동기화하는 과정에서 이해가 되지 않는 부분이 있었다. 아이튠즈를 이용해서 노트북에 있는 동기화되서 전송된 사진은 아이패드에서 직접 삭제가 되지 않는다. 아이패드로 전송된 사진을 삭제 또는 추가하려면 아이튠즈을 이용해야만 한다. 추가로 아이패드에 사진이 있다고 해서 노트북 사진 폴더에 있는 사진을 삭제하고 동기화하면 아이패드의 사진까지 삭제된다. 사진 어플의 우선 순위는 아이튠즈이다. 결국 아이패드의 사진을 삭제, 추가하려면 노트북의 사진 폴더에서 삭제, 추가 후 동기화하여야만 하므로 원본 사진은 필히 별도의 폴더에 저장해 두기 바란다.

그리고, 여러개의 앨범 형식으로 아이패드에 저장하기 위해선 노트북의 사진 폴더 하단에 앨범의 이름이 되는 폴더명을 만들어서 각각 사진을 저장 후 동기화하면 폴더명 대로 앨범이 생성된다.

사진 폴더 아래 여러 개의 폴더를 만들고 사진을 저장하였다. 그리고 동기화 폴더를 사진으로 선택한다.

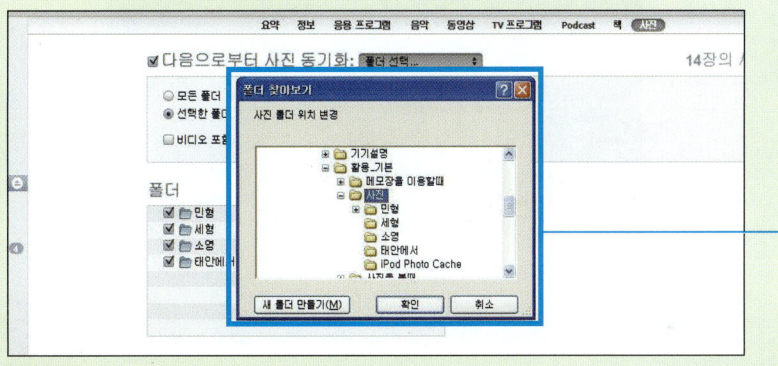

폴더가 지정되면 동기화 옵션 중 선택한 폴더를 지정하고 전송하고자 하는 폴더를 선택한다. 그리고, 동기화 버튼 아래 적용을 실행하면 노트북의 사진이 전송된다. 삭제, 추가된 사진이 동일하게 적용된다.

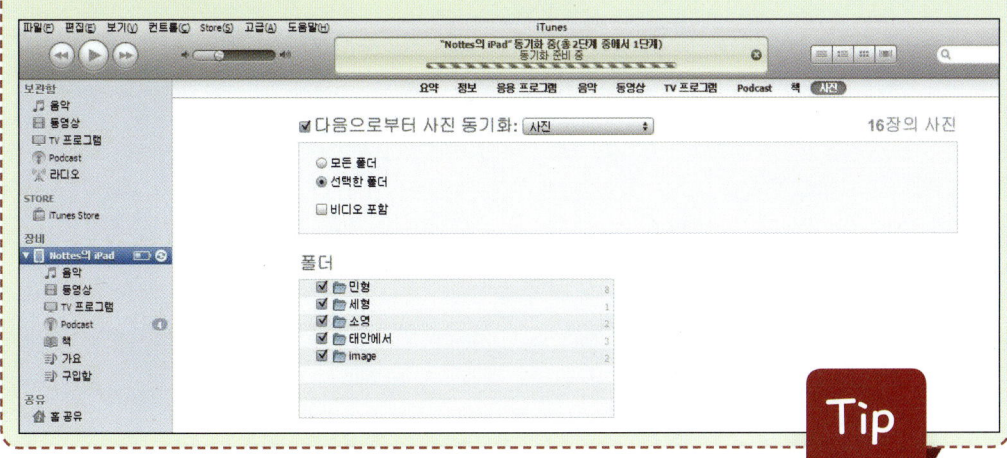

동기화 된후 아이패드의 사진 어플을 열어 보았다. 그러자, 아래와 같이 앨범이 추가되며 사진이 등록되었다.

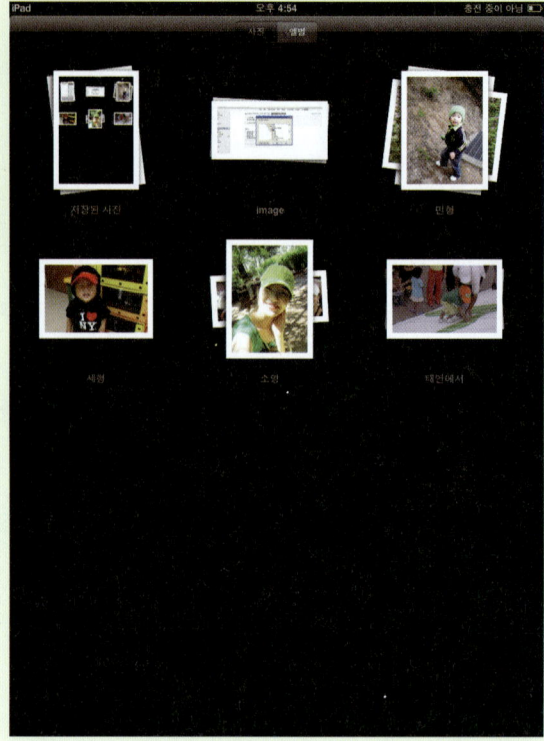

이메일을 설정할때

아이패드의 메일 어플은 포털 메일 서비스 회사의 웹 메일을 다중으로 설정이 가능하며, 이 모든 것을 메일 어플을 이용해 관리가 가능하다. 그러나, 활용 - 기본편에서는 기초적인 설명만 다루도록 하겠다. 화면 하단의 메일 어플을 터치한다.

Part 1 개요 | Part 2 기기설명 및 기본 사용법 | Part 4 아이패드 활용 – 응용편 | Part 5 아이패드 추천 어플

Part 3 아이패드 활용 – 기본편

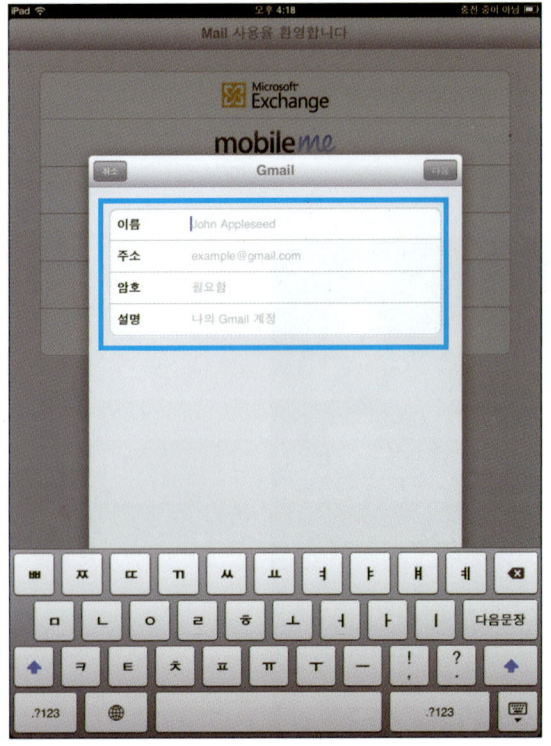

Step 1 홈화면에 있는 Mail 아이콘을 클릭하면 다음과 같이 표시된다. 현재 사용중인 이메일을 터치하고 그렇지 안을 경우 기타를 터치한다. 필자의 경우 Gmail을 터치하였다.

Step 2 다음과 같은 팝업창이 뜨면서 이에 대한 내용을 입력한다. 입력란의 항목에 흐린 글씨로 예제가 있는 것과 같은 형식으로 입력한다.

Step 3 이메일 설정값을 다음과 같이 입력하였다. 입력 후 우측 상단의 파란색의 다음 버튼을 터치한다. 단, 무선으로 네트워크가 접속되어 있어야 하며 키 입력 과정에서 메일 서버와 통신하여 이에 대한 설정값이 맞는지 확인 후 다음 과정으로 진행된다.

Step 4 다음을 터치하면 이메일에 연동가능한 캘린더와 메모장 어플이 나타나며, 캘리더를 이용한 일정관리도 가능하니 꼭 사용하기 바란다. 우측 상단의 저장을 터치하면 완료.

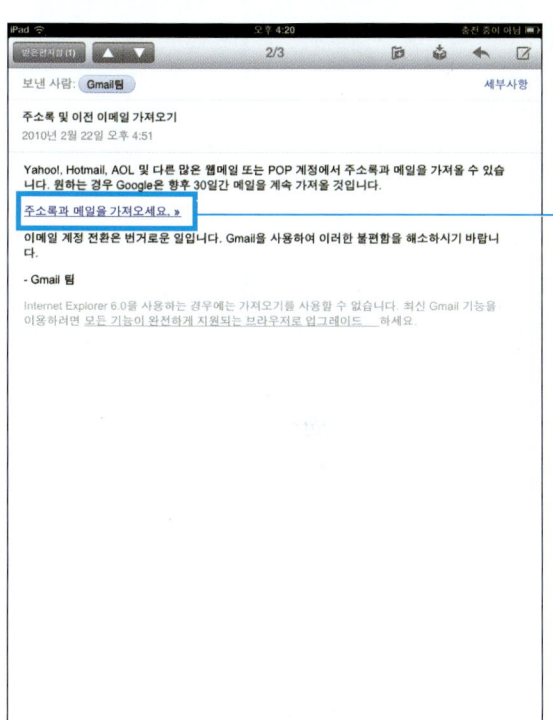

Step 5 다음 화면은 메일 설정 완료 후 웹 메일에서 아이패드로 메일 데이터를 가지고 오는 작업이다. 아래의 파란색의 "주소록과 메일을 가져오세요"를 터치하면 모든 작업은 끝난다.

Step 6 기본적인 이메일 계정 등록은 완료 되었지만, 메일 어플 옵션 설정 등의 내용은 홈화면의 설정에서 가능하다.

Step 7 일반적인 설정값은 변경할 필요가 없으나 서명란은 이메일 footer 로 이용되니 참고하기 바란다.

이메일 옵션 설정 내용(Email, 연락처, 캘린더) ★ 홈 → 설정 → Email, 연락처, 캘린더

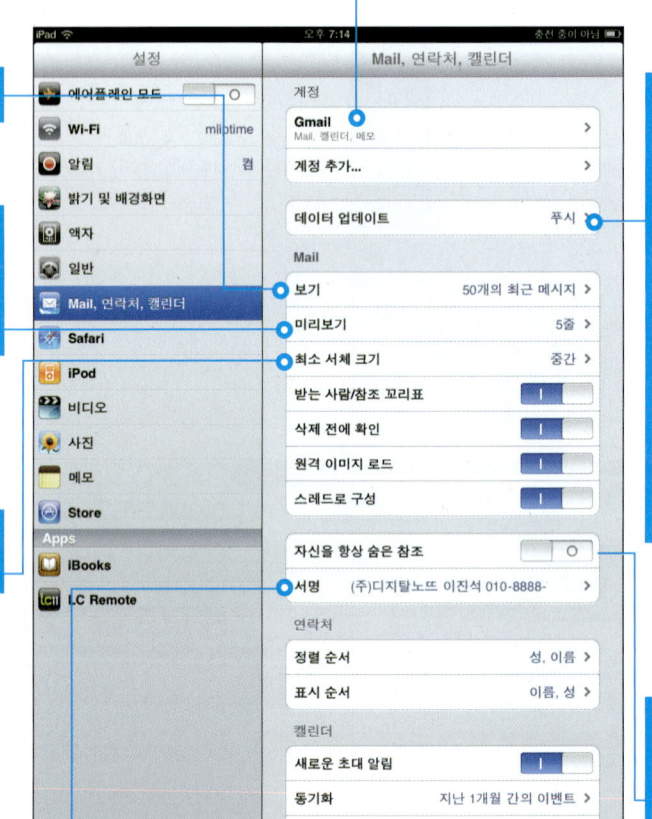

Gmail : 현재 설정되어 있는 이메일 계정이며, 계정 추가 버튼을 이용하여 다중 계정 설정이 가능

보기 : 화면에 보여주는 이메일의 개수를 정의

미리보기 : 수신된 메일의 미리보기를 지정 해 간략적인 내용을 확인(미리보기에서 원하는 만큼의 줄 수를 지정 할 수 있다.)

최소 서체크기 : 이메일 어플의 폰트 사이즈를 지정

데이터 업데이트 : 이메일이 수신될 경우 이를 확인하기 위해서 일정 시간 단위로 메일 서버를 확인 후 데이터를 가지고 오는데 이를 Fatch(패치) 방식이라 하고, 단위 기준없이 메일 도착시 서버에서 자동으로 데이터를 밀어내는 방식을 Push(푸시)라 한다. 푸시의 경우 일부 한글이 깨져 보이는 경우가 종종 있기 때문에 가져오기 방식으로 사용하기 위해 푸시 기능을 오프하는 것을 권장한다. 그러나, 직접 사용해 보면서 어떠한 것이 유용한지는 직접 경험하기 바란다.

자신을 항상 숨은참조 : 이메일을 보낼 경우 이에 대한 근거를 남기기 위해서 상대방에게 보내지는 이메일의 참조(CC)에는 보이지 않으면서, 이메일을 보낸 당사자는 참조가 되어 있는 기능

서명 : 이메일 footer 기능으로 이메일을 보낸 당사자의 프로파일 및 기타 내용을 만들어서 이메일을 수신하는 사람에게 본인의 신분을 알리는 기능

필자는 서두에서 언급했듯이 모토로라사의 모토로이 PDA 폰을 사용 중이다.
안드로이드 기반의 모토로이는 Gmail과 이메일, 캘린더, 메모장 기능을 연동하여 구현하고 있다. 아이패드의 이메일을 Gmail로 세팅 후 캘린더를 열어보면 핸드폰의 캘린더와 동일한 내용이 자동으로 저장되어 있는 것을 확인할 수 있다.

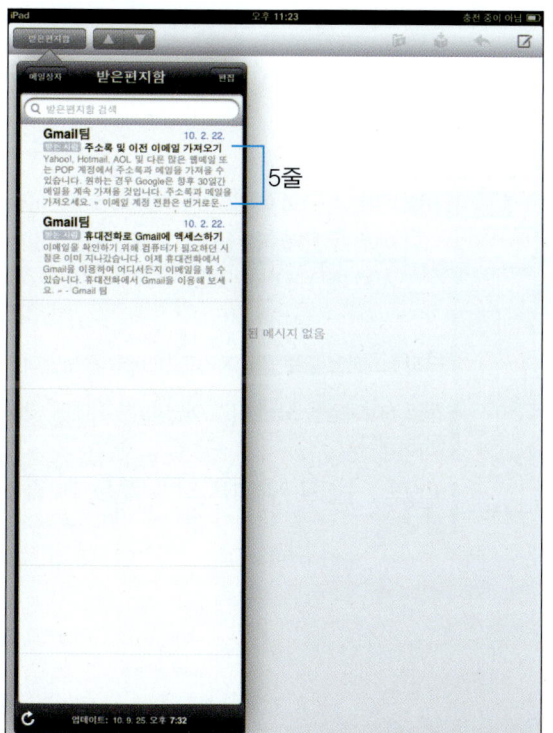

Step 8 홈화면의 메일을 터치하자.

수신된 이메일이 표시된다. 여기서 잠깐, 설정- Email 내용 중 미리보기 항목을 5줄로 설정했었다. 지금 보이는 화면이 미리보기 화면이며 수신된 메일이 5줄로 표시된다.

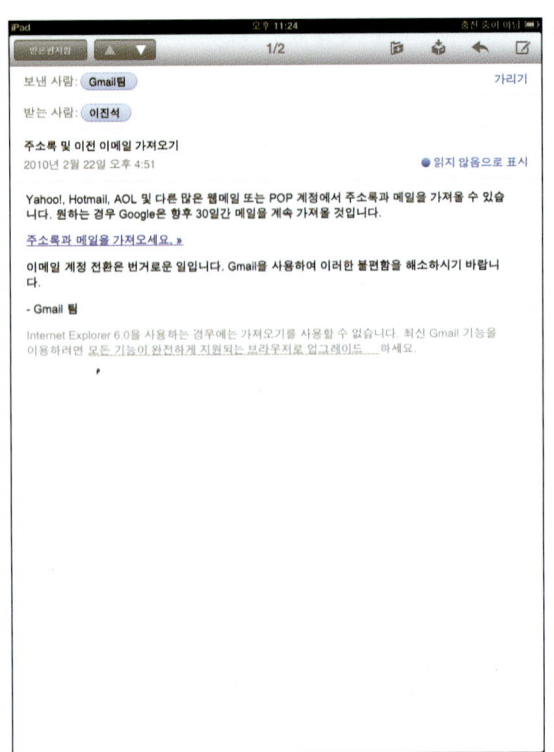

Step 9 메일을 터치하면 다음과 같은 화면으로 전환되며 수신된 메일의 기본 구성 형태이다.

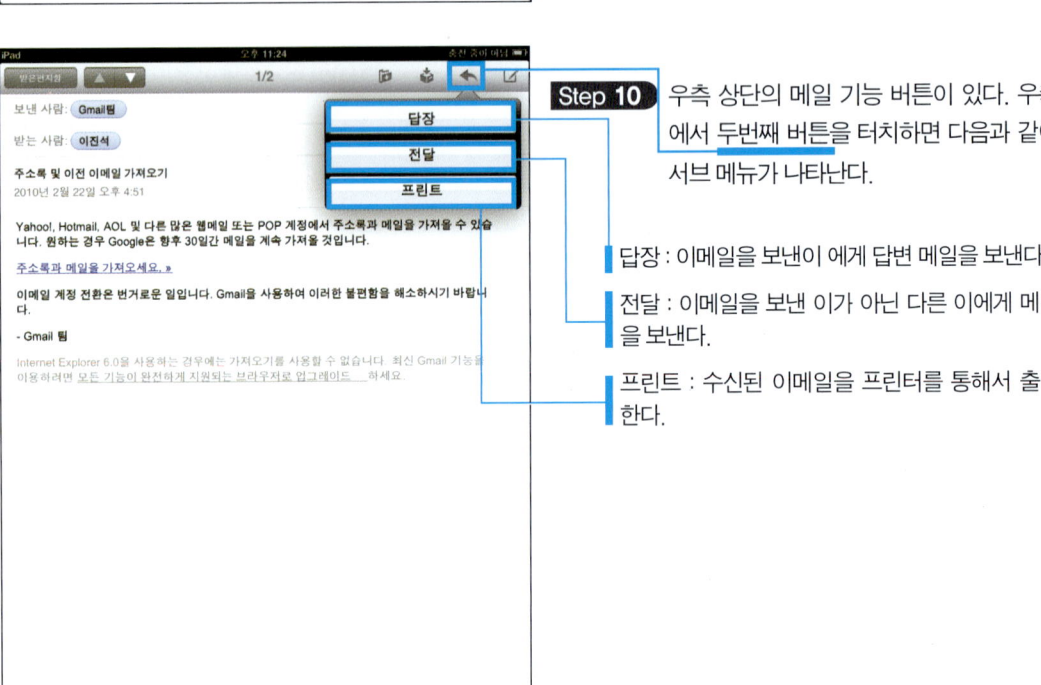

Step 10 우측 상단의 메일 기능 버튼이 있다. 우측에서 두번째 버튼을 터치하면 다음과 같이 서브 메뉴가 나타난다.

답장 : 이메일을 보낸이 에게 답변 메일을 보낸다.

전달 : 이메일을 보낸 이가 아닌 다른 이에게 메일을 보낸다.

프린트 : 수신된 이메일을 프린터를 통해서 출력한다.

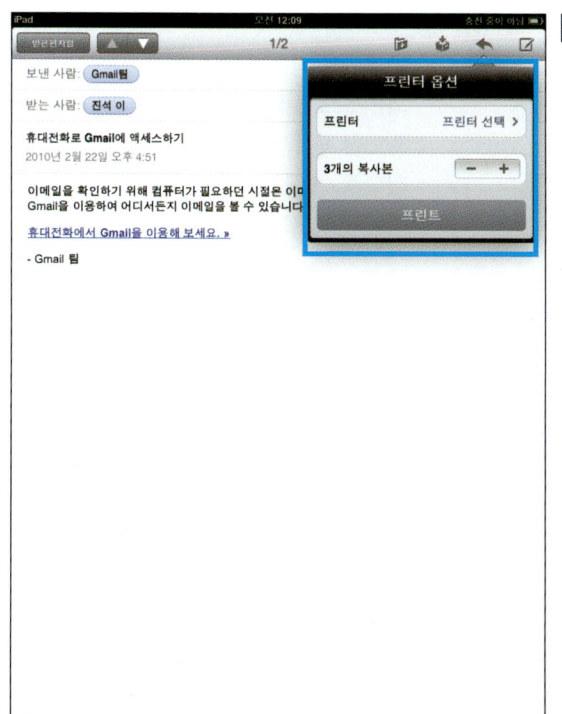

Step 11 프린터를 터치하면 서브 메뉴가 나타나며 프린터 선택 버튼과 출력할 매수를 지정할 수 있다.

Step 12 우측에서 세번째 버튼은 파일 압축 기능이다. 이메일의 저장 용량을 줄이기 위해 수동 압축 기능을 지원한다.

Part 3 아이패드 활용 – 기본편

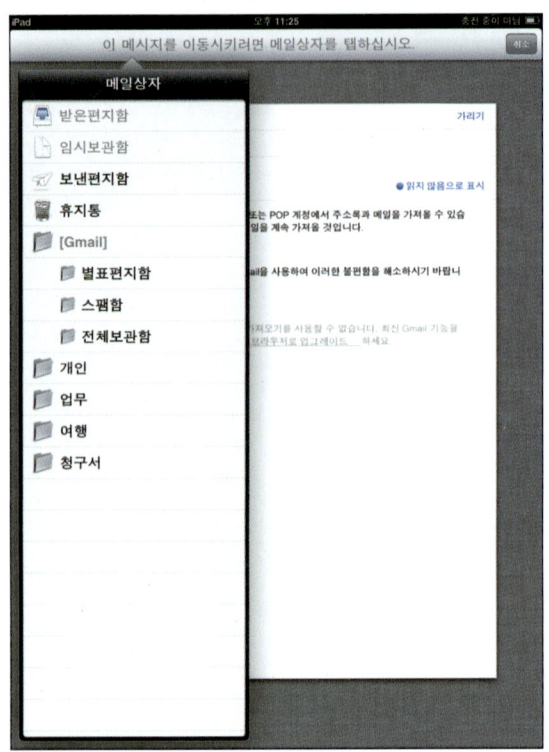

Step 13 우측에서 네번째 버튼이 메일 상자 버튼이다. 이 버튼을 터치하면 그림과 같은 화면 으로 전환되고 수신된 메일의 내용을 확인한 후 보관할 곳을 정하는 기능이다. 참고로, 보관된 장소는 언제든지 변경이 가능하니 임의로 저장을 해보자.

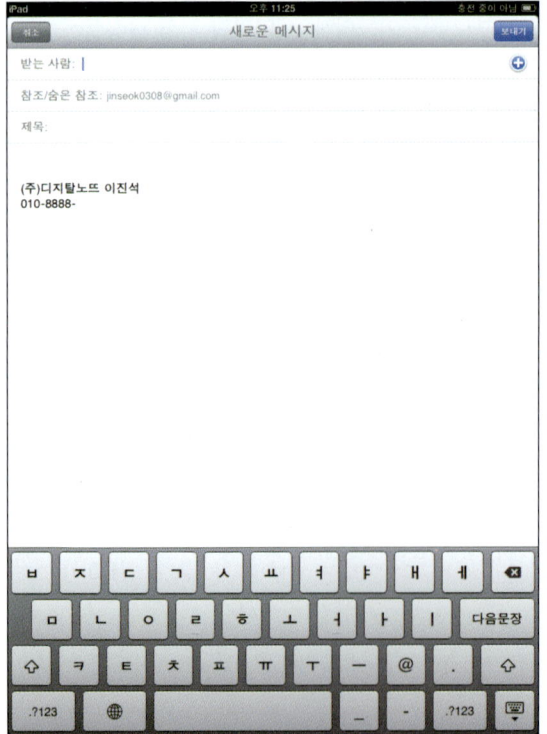

Step 14 마지막으로 우측 상단의 기능키 중 첫번째를 터치해 보자. 그러면 새로운 메세지 라는 제목의 창이 나타나며 이메일을 새로 작성시 사용하는 기능이다.

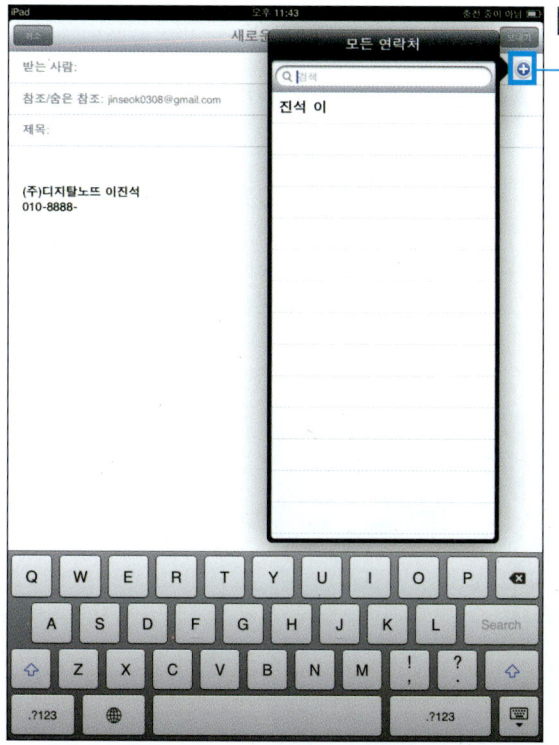

Step 15 받는 사람 항목에 커서가 깜빡이는 것을 볼 수 있을 것이다. 이 부분에 이메일 주소를 직접 입력하면 되고, 주소록을 이용할 경우 우측 끝의 <u>파란색 버튼을 클릭</u>하면 주소록 메뉴가 나타나며 검색 및 리스트에 있는 이름을 터치해서 이용하면 된다.

연락처를 이용할 때

아이패드의 연락처 어플은 단어 그대로 전화번호부 외 기능이라고 볼 수 있다. 사용시 유의할 점은 아이패드의 장점이라고 할 수 있는 어플간의 데이터 연동 기능이다. 이기능은 일상적인 정보 및 이메일 주소를 저장하면 메일 어플에서 연락처 어플 데이터를 연동하여 이용하기 때문에 필요한 정보라고 생각되는 내용은 필히 저장하도록 한다. 이유는 후에 지속적으로 개발중인 어플이 연락처의 데이터를 어떻게 이용하게 될지는 그 누구도 모르기 때문이다.

Step 1 홈화면 메인 어플중 연락처를 터치한다.

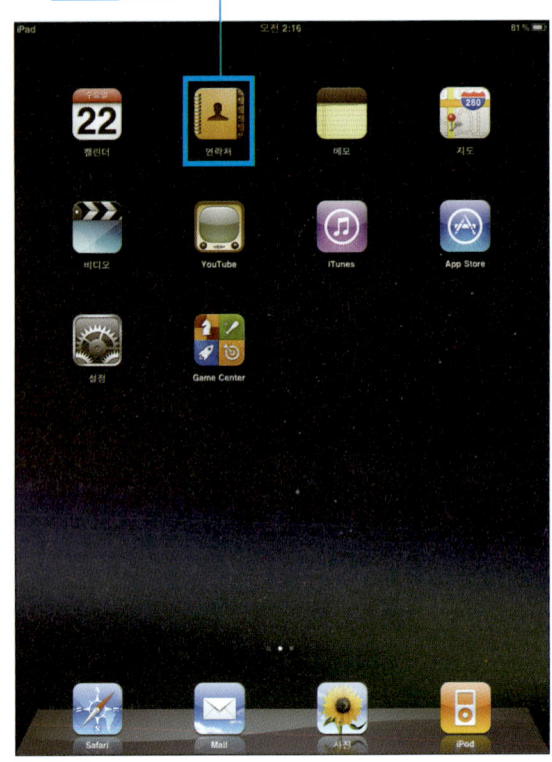

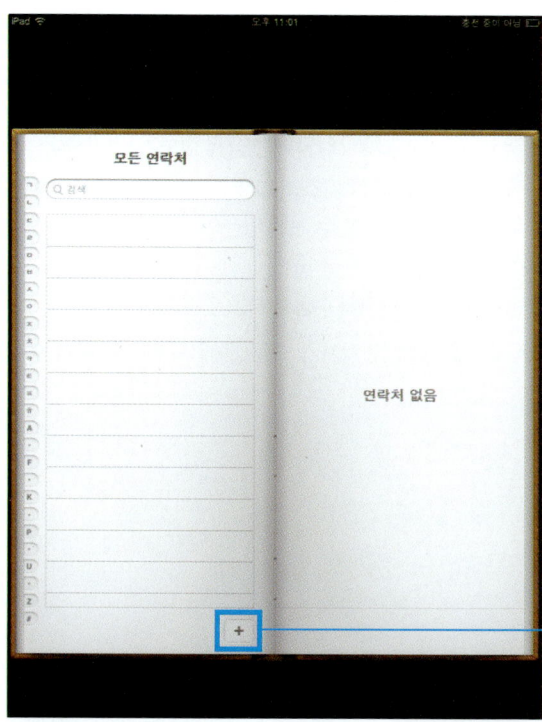

Step 2 연락처 메인 화면이 나타났다. 그림에서처럼 좌측에는 목록 창이 우측에는 빈 화면이 나타나 있다. 우측 화면에는 앞으로 입력될 개인 연락처가 표시될 예정이다. 좌측 화면 하단의 +를 터치해 보자.

Step 3 신상정보를 입력하는 화면이 나타났다. 제일 첫번째 항목이 이름이다. 보이는 데로 순서데로 입력해 보자.

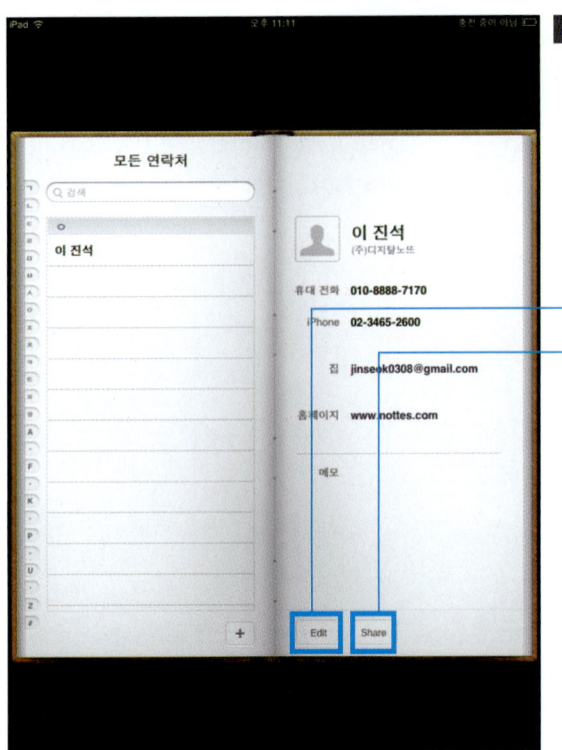

Step 4 입력이 끝나면 우측 상단의 파란색 글씨의 Done을 터치해 보자. 좌측 화면에는 목록에 항목이 추가되어 있고 우측에는 좌측 항목에 해당하는 상세 정보가 나타난다. 연락처 초기화면과 다르게 우측 화면 하단에 두 개의 버튼이 추가되었다.

▌Edit : 연락처 수정시 사용

▌Share : 연락처 정보를 이메일로 발송할 때 사용

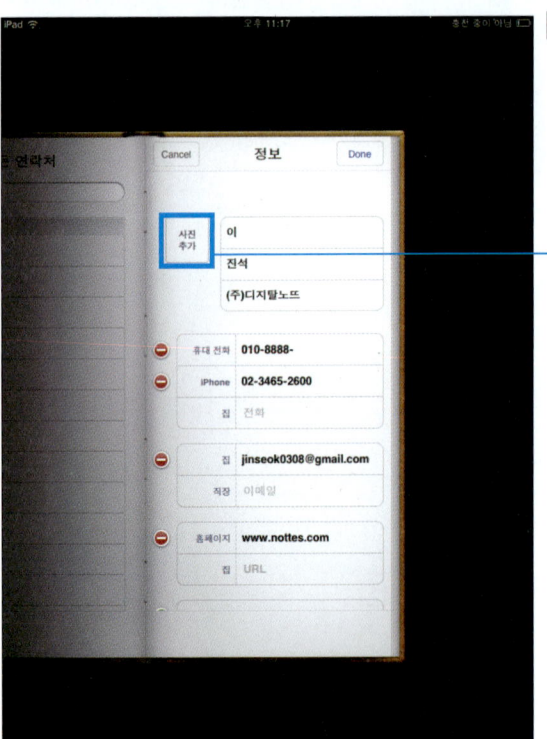

Step 5 이제부터 추가 내용을 입력해 보자. 먼저 사진을 추가해 보자. 우측 화면 하단에 Edit 버튼을 터치하면 최초 연락처 입력 화면으로 전환된다. 이때, 이름 좌측 옆의 사진추가 버튼을 터치한다.

Step 6 사진 앨범 팝업창이 뜨면서 저장된 사진과 사진 보관함 두 개의 메뉴가 나타났다.
필자는 사진 보관함을 터치해 보도록 하겠다.(사전에, 아이튠즈를 이용해서 사진을 아이패드로 저장하여야 한다. - 사진 어플 참조)

Step 7 사진 보관함에 저장된 사진이 나타났다. 원하는 사진을 고른 후 사진을 터치한다.

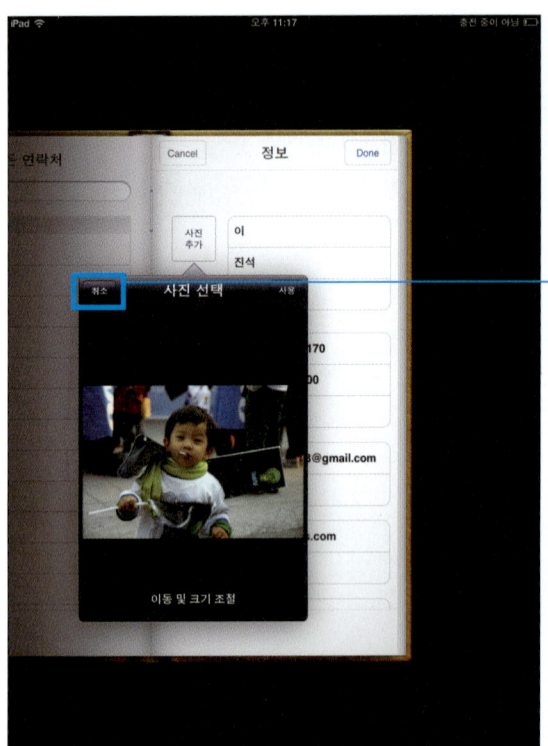

Step 8 이때, 사진이 작아서 잘못 선택하였으면 사진선택 창 좌측의 취소 버튼을 터치한다. 그러면 상단의 화면으로 되돌아가고 다른 사진을 선택할 수 있다.

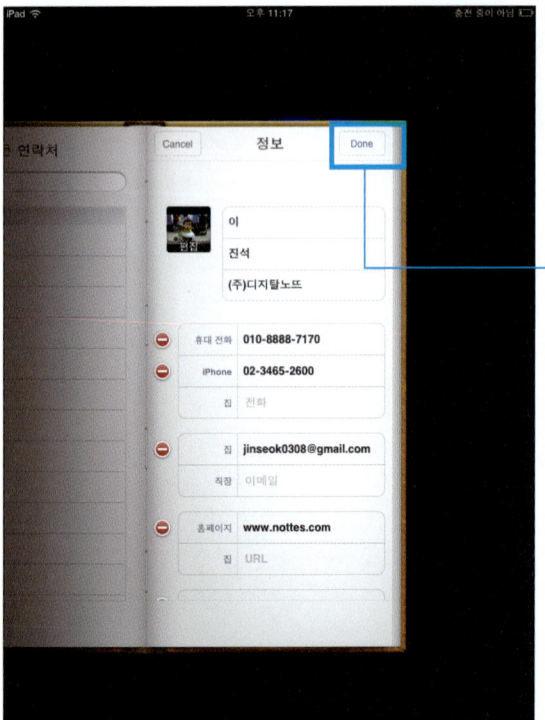

Step 9 원하는 사진을 선택하였으면 팝업창 우측의 사용 버튼을 터치한다. 연락처 최초 입력 창으로 전환되며 사진 추가란에 사진이 입력된 것을 알 수 있다. 마지막으로 우측 상단의 Done 버튼을 터치하면 완료된다.

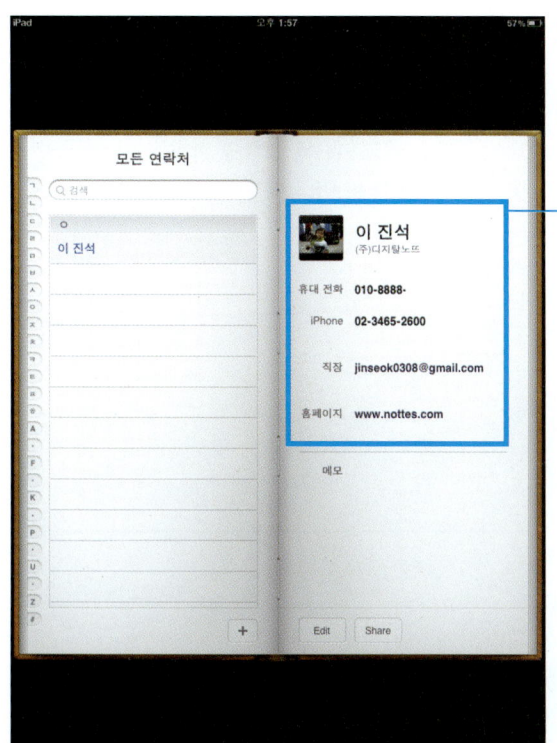

Step 10 개인 신상 정보와 사진이 입력된 상태

Step 11 만약, 사진이 맘에 들지 않아서 다른 사진으로 바꾸고 싶다면, 우측 화면 하단의 Edit 버튼을 터치 후 연락처 입력창에서 사진을 터치하면 다음과 같은 팝업창이 나타난다.

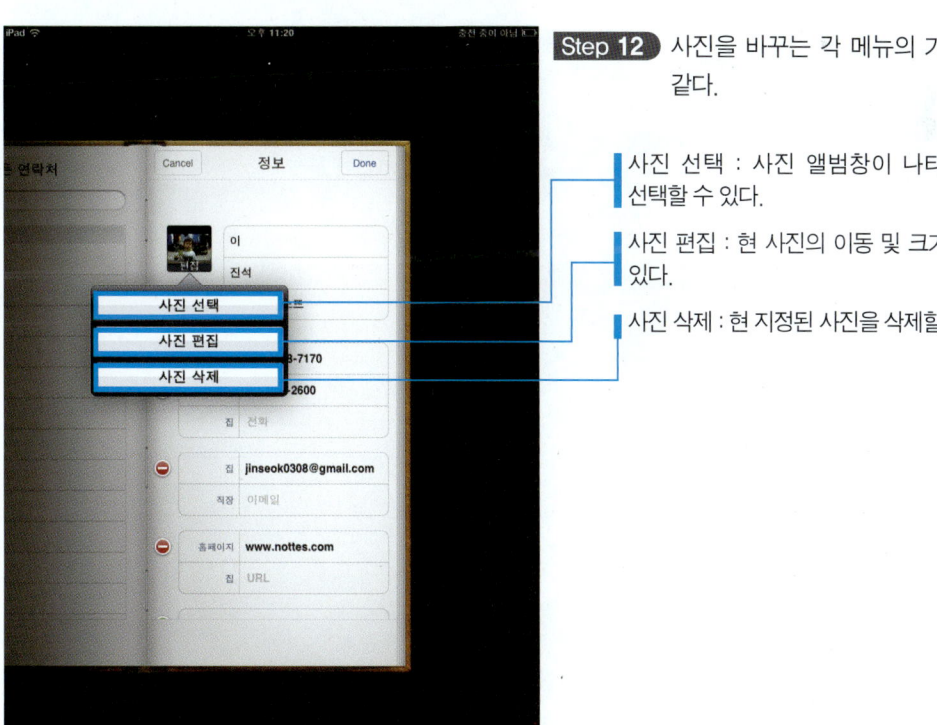

Step 12 사진을 바꾸는 각 메뉴의 기능은 다음과 같다.

사진 선택 : 사진 앨범창이 나타나며 사진을 선택할 수 있다.

사진 편집 : 현 사진의 이동 및 크기를 조절할 수 있다.

사진 삭제 : 현 지정된 사진을 삭제할 수 있다.

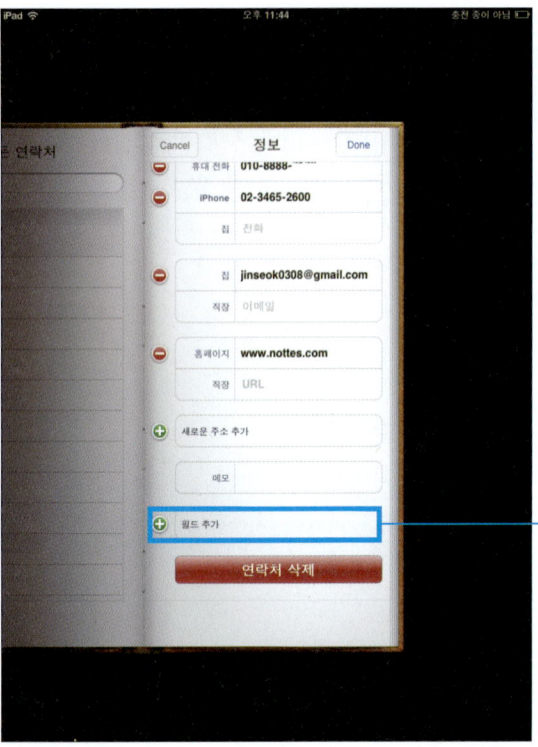

Step 13 연락처에 기타 항목들을 추가해 보자. 우측 하단의 Edit 버튼을 터치해 보자.
연락처 수정창에 손가락을 화면에 대고 위로 올려보자(drag). 하단에 필드 추가 버튼이 나타났다.

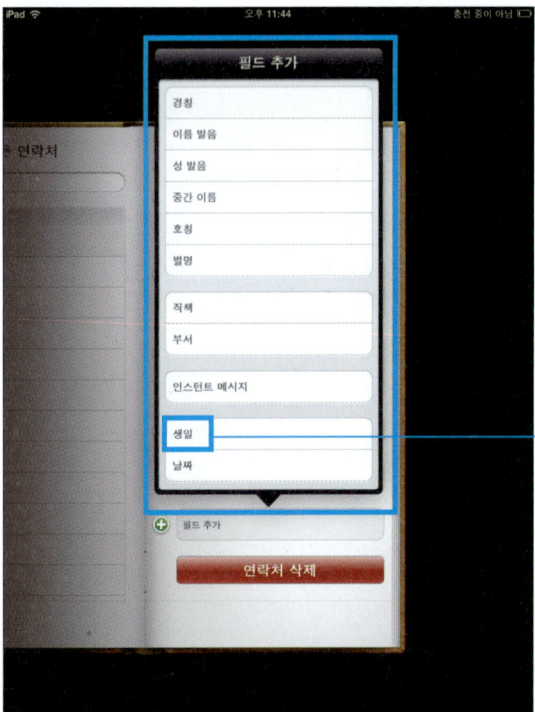

Step 14 필드 추가 버튼을 누르면 팝업창이 나타나며 추가할 필드의 항목을 선택한다.
필자는 제일 이해가 쉬운 생일을 선택하였다.

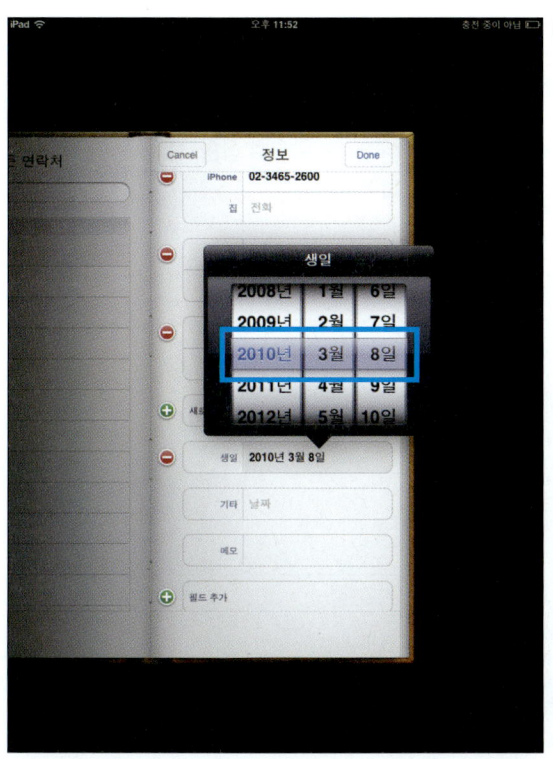

Step 15 선택하자 마자 생년월일을 선택하는 창이 나타났다. 본인의 생년월일을 입력한 창 옆부분을 가볍게 터치하자. 그러면 입력한 일자가 등록된 것을 알 수 있다.

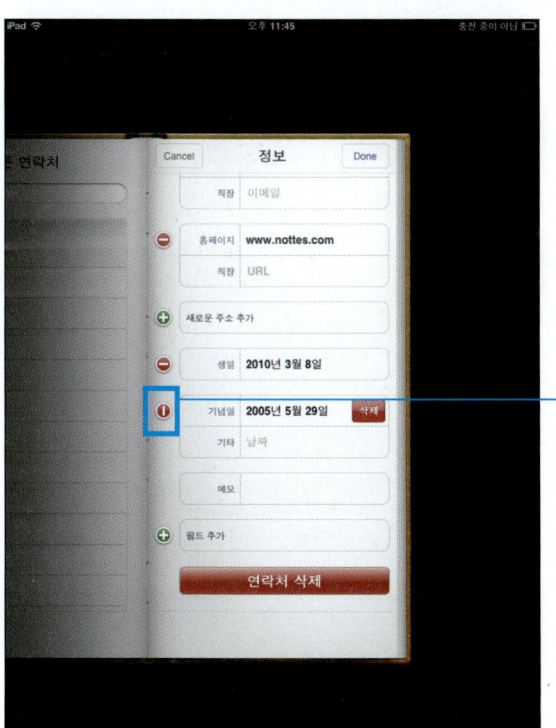

Step 16 이번엔 필드추가에서 날짜를 선택한 후 임의로 날짜를 입력하였다. 그런 후 입력한 필드를 삭제하기 위해서 필드 좌측의 빨간색 ⊖를 터치해 보자. 그러면, ⊖ 버튼이 변하면서 필드 우측에 빨간색으로 삭제 버튼이 생성되었다.

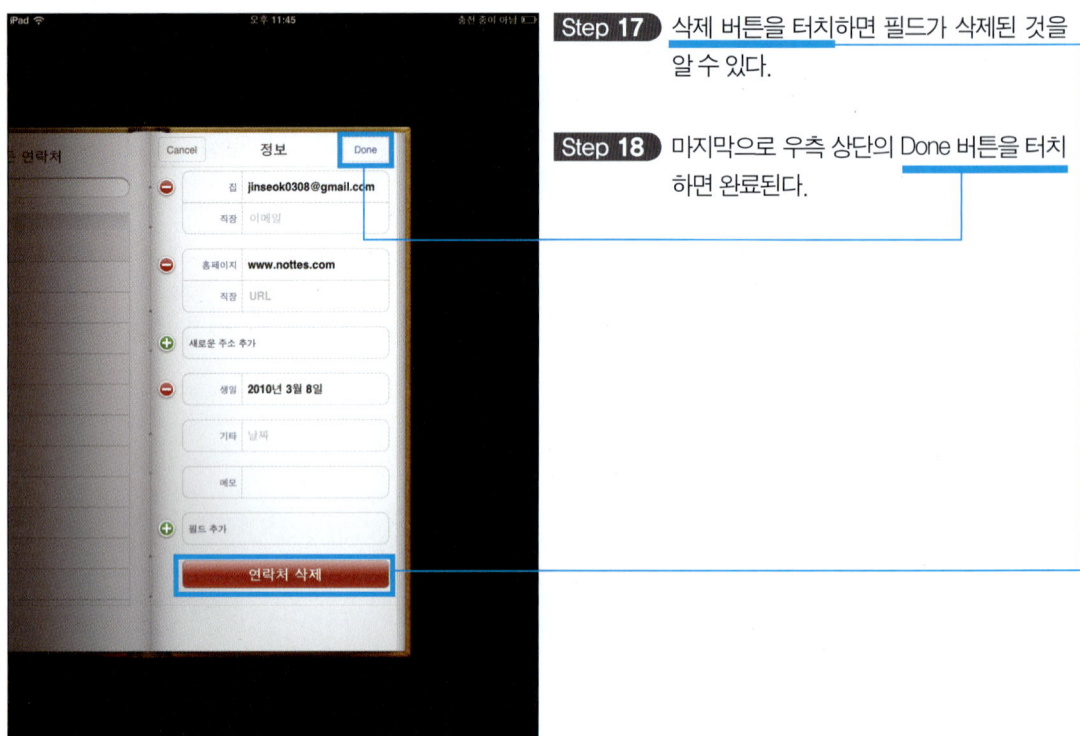

Step 17 삭제 버튼을 터치하면 필드가 삭제된 것을 알 수 있다.

Step 18 마지막으로 우측 상단의 Done 버튼을 터치하면 완료된다.

여기서 잠깐, 홈화면의 설정 항목에서 연락처 관련 내용이 있다. 연락처 정렬에 관한 항목이므로 필히 익혀 보도록 한다.

연락처 정렬
정렬순서 : 연락처 좌측화면의 목록 순서(이름, 성)
표시순서 : 연락처 우측화면의 표시 방법(이름, 성)

정렬 순서, 표시 순서 : 성, 이름 순

▲ 정렬 순서가 한국식인 성, 이름 순으로 정렬

정렬 순서, 표시 순서 : 이름, 성 순

▲ 정렬순서가 미국식인 이름, 성 순으로 정렬

표시 순서는 연락처를 사용하는데 크게 문제는 없다. 그러나 정렬 순서는 목록의 정렬을 나타내기 때문에 연락처를 열어보는 습관을 만들 수 있다. 그러므로 정렬 순서는 최초 가독성을 고려해서 보기 편한 순으로 지정한 후 바꾸지 않는 것이 좋다.

Tip

Part 1 개요 | Part 2 기기설명 및 기본 사용법 | Part 4 아이패드 활용 - 응용편 | Part 5 아이패드 추천 어플
Part 3 아이패드 활용 - 기본편

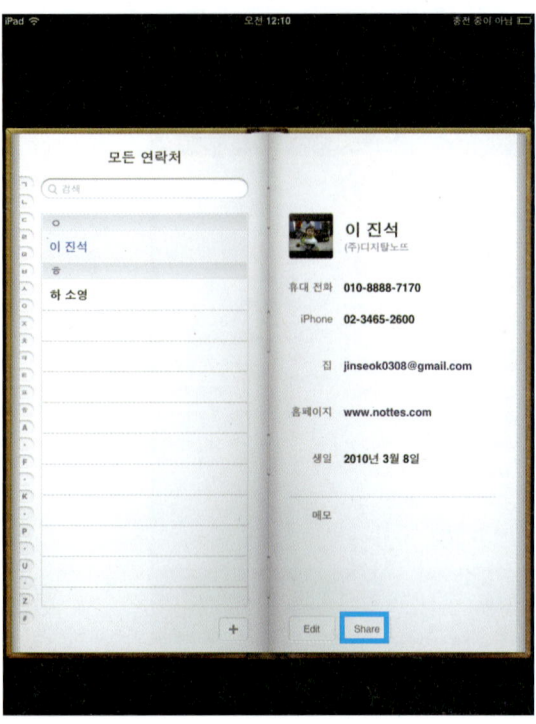

Step 19 다음으로 연락처 우측 표시 화면에서 하단의 Share 버튼을 터치해 보자.

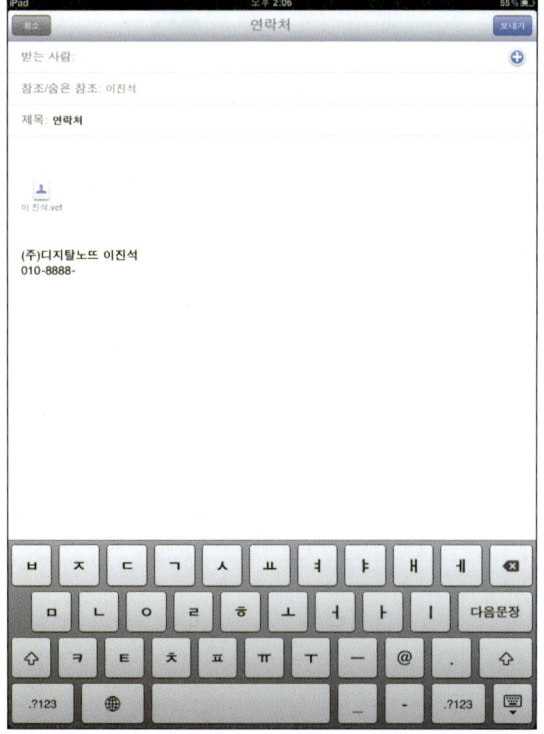

Step 20 메일 창으로 전환되면서 연락처 정보가 첨부되어 있는 것을 확인할 수 있다.
이 파일의 확장자는 vcf로 MS 아웃룩 또는 아웃룩 익스프레스에서 주소록 파일에 추가할 수 있는 정보 파일이다. 참고하도록.

메모장을 이용할 때

아이패드의 메모 어플은 말 그대로 메모장 형식의 기능이다. 키보드를 이용해 단어 또는 문장을 작성 후 복사 또는 잘라내기가 가능하며 바로 이메일로 전송이 가능하다. 물론 일반적인 워드프로세서와는 비교도 되지 않을 만큼 정말 단순한 기능이지만 앞으로 발전할 아이패드의 워드프로세싱 기능의 첫발을 내딛는 장이라고 생각하면 될 것 같다.

Step 1 홈화면 메인 어플 중 메모를 터치한다.

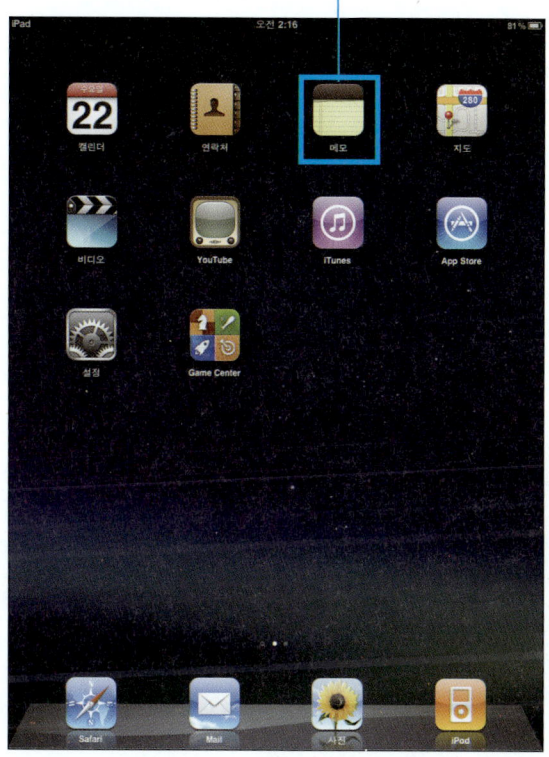

Part 1 개요 | Part 2 기기설명 및 기본 사용법 | Part 4 아이패드 활용 - 응용편 | Part 5 아이패드 추천 어플

Part 3 아이패드 활용 - 기본편

Step 2 메모 어플의 기본 화면이다. 메모장의 제목이 새로운 메모로 되어있다. 앞으로 쓰여질 첫 줄의 문장이 항상 제목이 된다. 이는 메모장의 목록에도 적용된다.

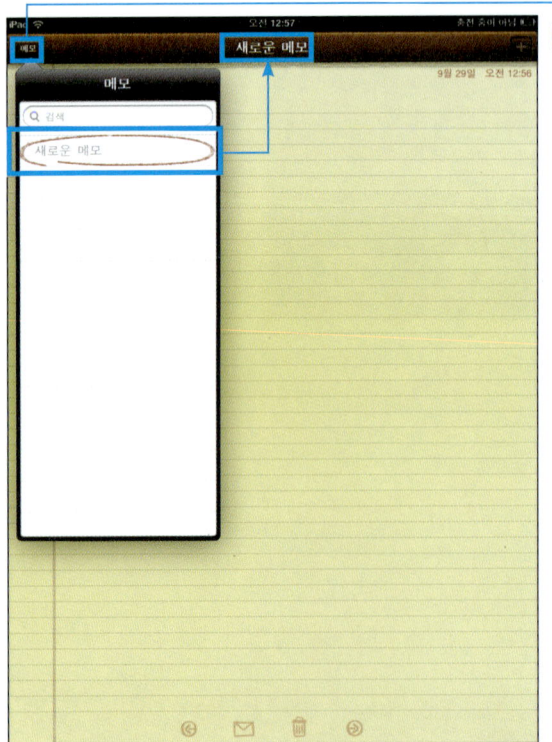

Step 3 좌측 상단의 메모 버튼을 터치해 보자. 메모장의 목록이 나타나며, 현 메모장의 제목이 표시되었다.

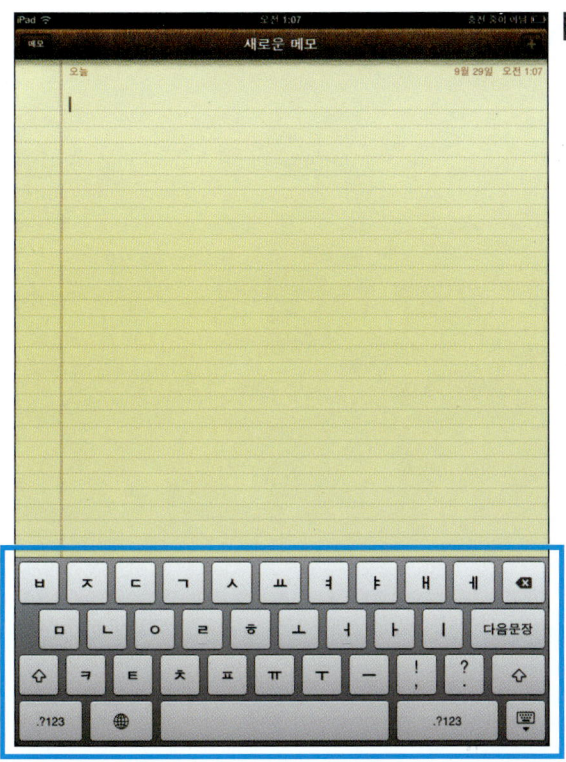

Step 4 이제부터 메모를 해보도록 하겠다. 화면을 가볍게 터치해 보자. 그러면 키보드가 나타난다.

Step 5 메모장에 아래와 같이 글을 입력하였다. 그리고, 새로운 메모장을 열어서 입력을 하려면, 우측 상단의 + 버튼을 터치해 보자

Part 1 개요 | Part 2 기기설명 및 기본 사용법 | Part 4 아이패드 활용 – 응용편 | Part 5 아이패드 추천 어플
Part 3 아이패드 활용 – 기본편

Step 6 새로운 메모장이 열리고 다음과 같이 입력하였다.

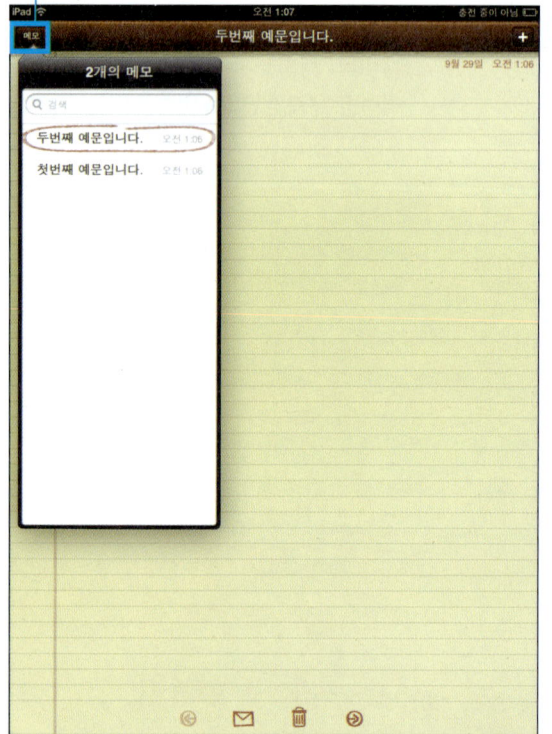

Step 7 이번엔 좌측 상단의 메모 버튼을 터치해 보자. 그러면 다음과 같이 메모장 목록이 나타나고 현재 기입 중인 메모장에 동그랗게 표시가 되어 있다.

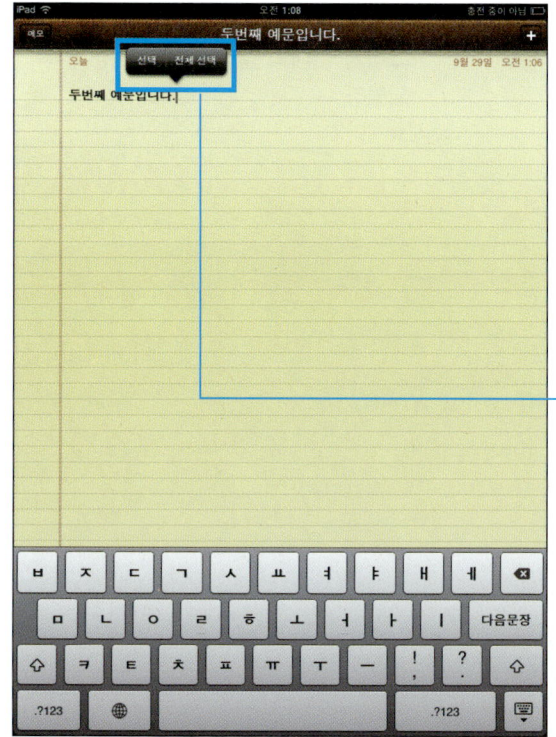

Step 8 새로운 메모장을 여는 방법과 총 메모장 수를 확인하는 방법을 알아 보았다. 이젠 메모장의 글을 편집하는 기능을 구현해 보도록 하자.

아래와 같이 쓰여진 문장 끝에 깜빡이는 커서 위를 가볍게 터치해 보자. 그러자 선택할 수 있는 편집 메뉴가 나타났다.

여기서 선택과 전체 선택이 있는데 기능은 아래와 같다.

선택 : 띄어쓰기 전까지의 단어를 선택

전체 선택 : 문장 전체를 선택

Step 9 선택과 전체 선택중 택일하면 다음과 같은 메뉴가 나타난다.

오려두기 : 단어 또는 문장을 잘라낸다.

복사하기 : 선택한 단어 또는 문장을 복사한다.

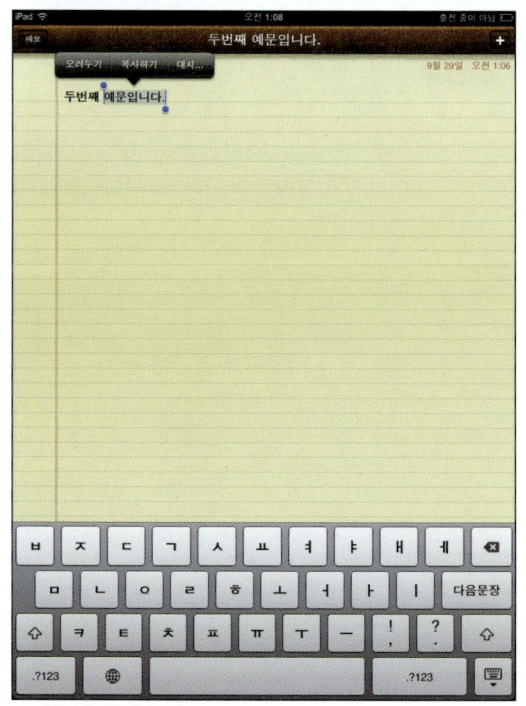

▲ 선택을 택한 경우

▲ 전체 선택을 택한 경우

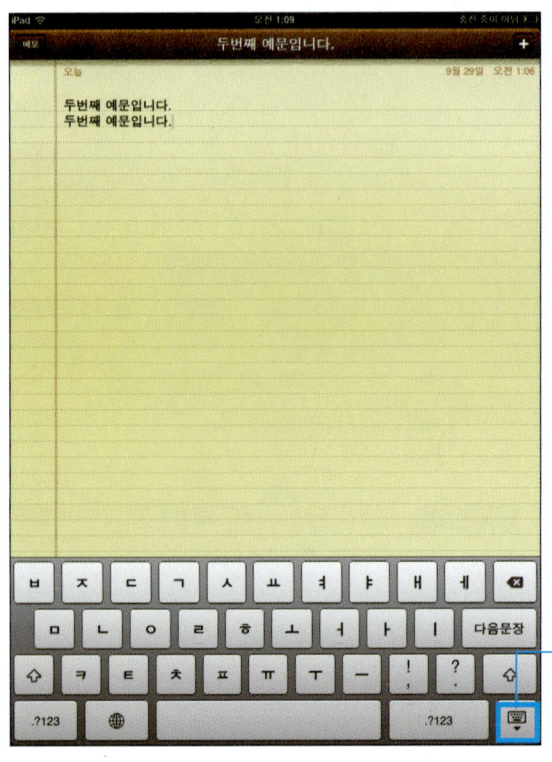

Step 10) 전체 선택 - 복사하기 - 붙이기를 해 보았다. 그러자 아래와 같이 동일한 문장이 복사되었다.

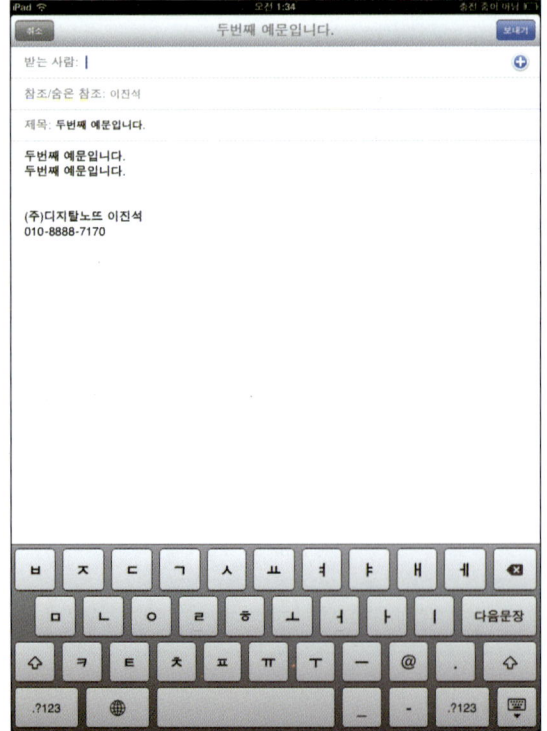

Step 11) 키보드를 닫고 메모장 하단의 ✉편지봉투를 터치해 보자. 그러자 현재 메모장에 기입한 모든 문장이 메일함으로 전달되었다. 이렇게 이메일로 메모장의 내용을 보낼 수 있다.

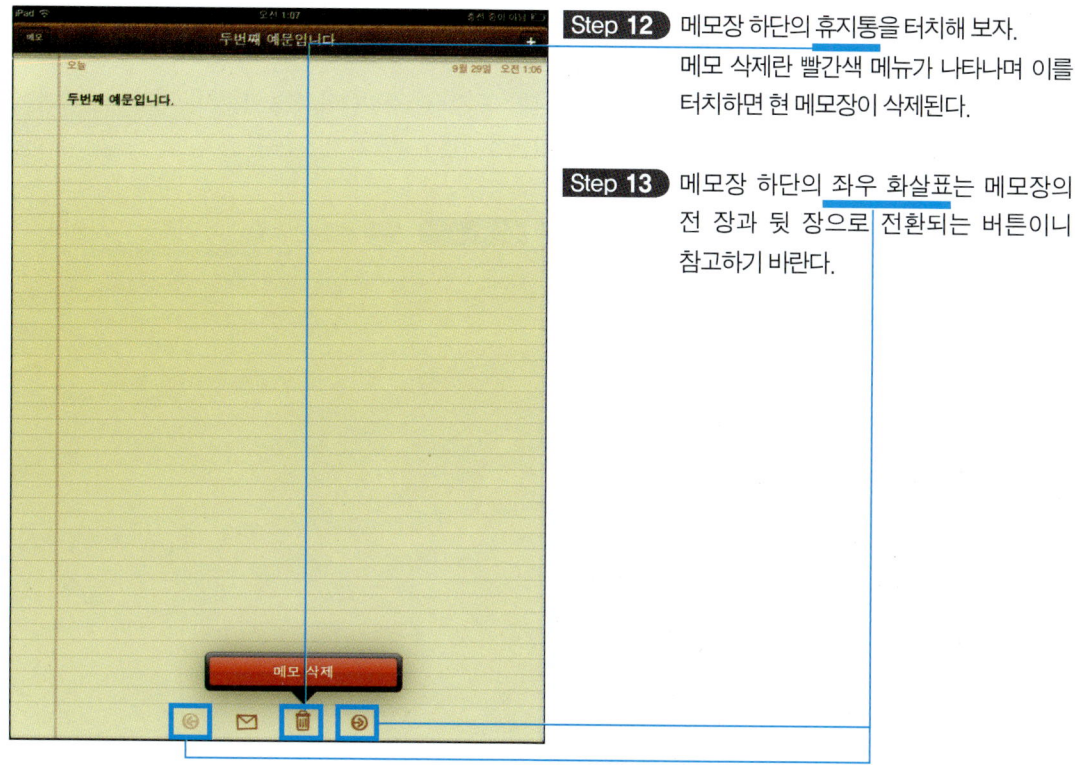

Step 12 메모장 하단의 휴지통을 터치해 보자. 메모 삭제란 빨간색 메뉴가 나타나며 이를 터치하면 현 메모장이 삭제된다.

Step 13 메모장 하단의 좌우 화살표는 메모장의 전 장과 뒷 장으로 전환되는 버튼이니 참고하기 바란다.

이번 메모장은 서두에 이야기 했듯이 정말 단순하다. 그러나, 새로운 시작의 도약으로 생각해 주기 바라며, 앞으로 더욱더 뛰어난 기능의 문서 작성용 어플이 출시될 것을 의심하지 않는다.

캘린더를 이용할 때

캘린더 어플은 일정 관리를 위한 편리한 기능을 제공하며 G-Mail의 캘린더와 연동이 되며, 기타 아웃룩과도 연동이 가능하다. 일정 관리를 위한 유저에게는 필수 아이템이니 필히 이용하기 바란다.

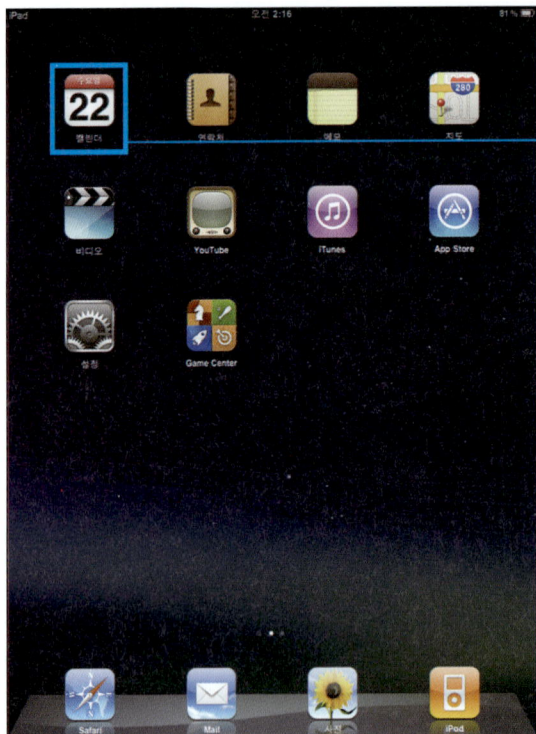

Step 1 홈화면 상단의 캘린더 어플을 터치한다.

Step 2 캘린더에 이런저런 일정들이 표시되어 있다.
이는 필자의 모토로이 PDA폰에 있는 캘린더 어플과 연동되어 서버에 저장되어 있는 내용을 아이패드가 가지고 온 내용이다. 보여지는 화면은 월 단위로 표시되어 있다.

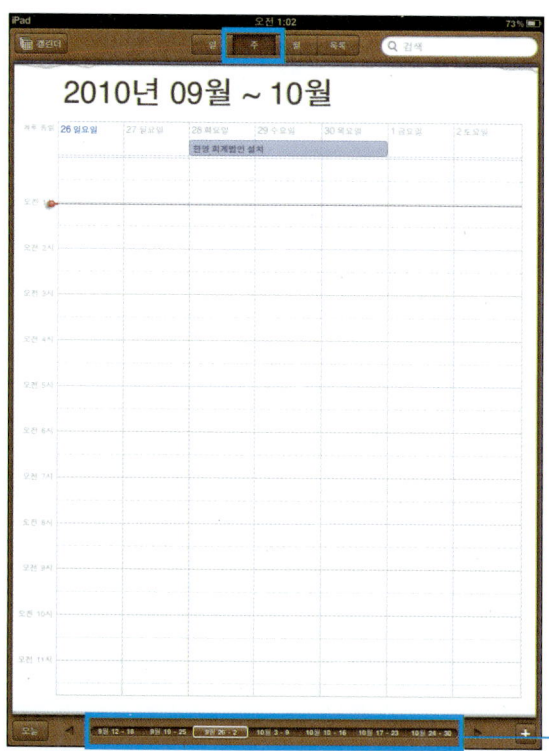

Step 3 아래 그림은 일 단위로 표시된 일정이다. 일자 변경은 모두 동일하며 하단의 버튼을 이용한다.

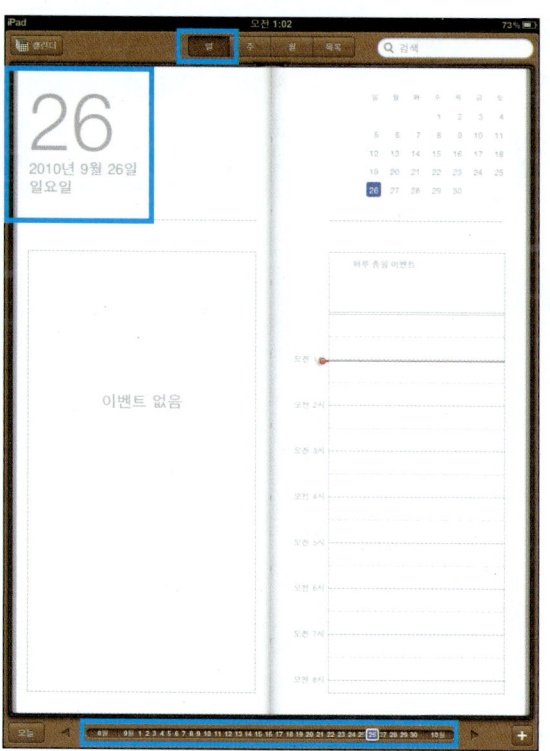

Step 4 등록된 일정이 표시되는 목록이다. 우측에는 금일을 기준으로 일자가 표시되어 있다.

Part 1 개요 | Part 2 기기설명 및 기본 사용법 | Part 4 아이패드 활용 – 응용편 | Part 5 아이패드 추천 어플

Part 3 아이패드 활용 – 기본편

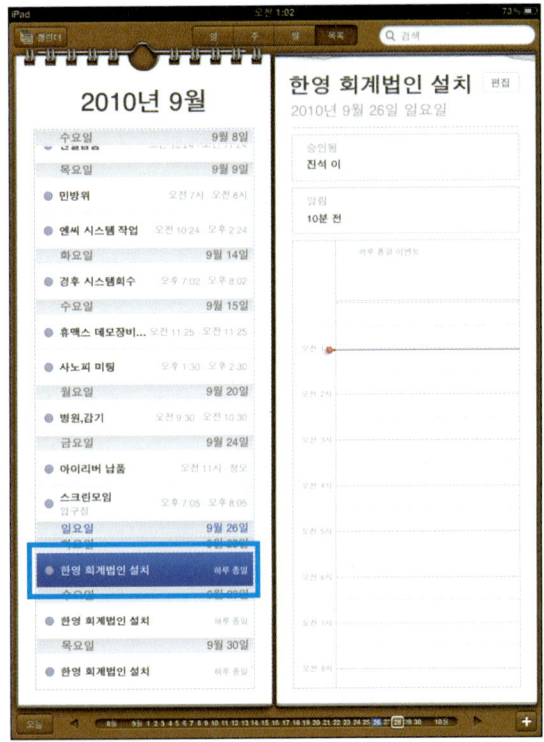

Step 5 등록된 일정의 내용을 변경하려면 좌측의 목록에서 일정을 지정하고 우측에 표시된 일정 내용 중 편집 버튼을 터치한다. 그러면 아래와 같은 서브메뉴가 나타나고 내용을 변경하면 된다.

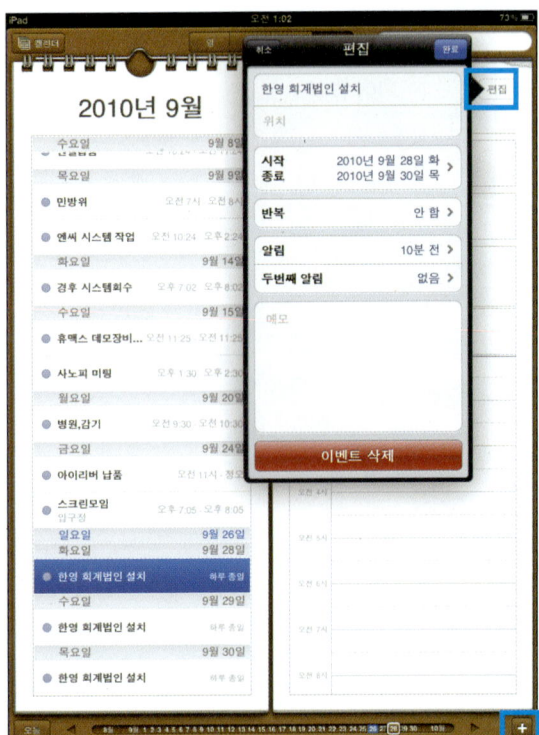

Step 6 일정의 상세 내용을 변경하려면 각 내용을 터치한 후 수정하면 된다. 새로운 일정을 추가하려면 일, 주, 월 단위 구분 없이 캘린더 화면 상태에서 우측 하단의 + 버튼을 터치하면 된다.

Step 7 새로운 일정을 추가하기 위한 팝업창이 나타난다. 메뉴에 보이는 데로 입력하면 된다.

Step 8 캘린더의 장점은 반복과 알림 기능이 있어서 년 단위까지 일정을 반복시킬 수 있으며, 이를 잊지 않게 하기 위해서 다양한 단위로 알림 기능을 정할 수 있다.

일정의 세부 내용을 보기 위해선 <u>캘린더의 일정을</u> 터치하면 된다.

그림과 같이 팝업창이 나타나며 내용을 볼 수 있다.

Part 1 개요 | Part 2 기기설명 및 기본 사용법 | Part 4 아이패드 활용 – 응용편 | Part 5 아이패드 추천 어플

Part 3 아이패드 활용 – 기본편

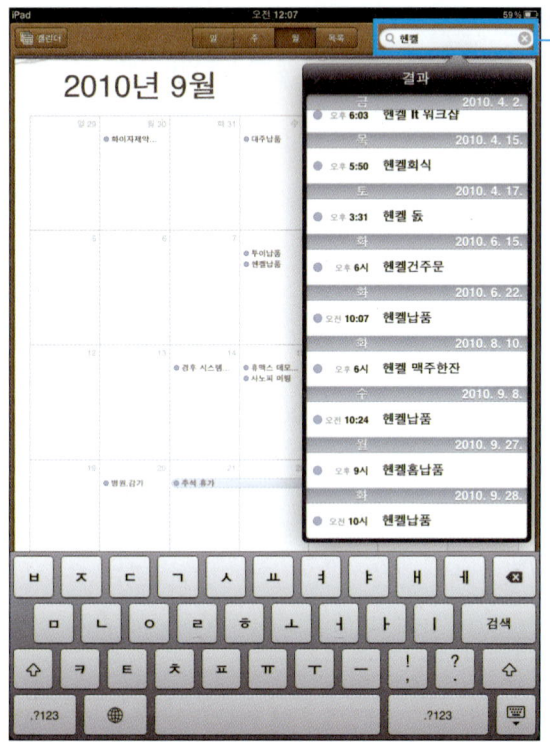

Step 9 우측 상단의 검색란에 **특정 단어를 입력해** 보았다. 그러자 입력한 단어의 내용이 포함되어 있는 입력된 모든 일정이 표시되었다. 그런 후 표시된 특정 일정을 터치하면 일정이 지정된 캘린더로 이동된다.

필자의 PDA폰에서 캘린더를 사용할 당시 처음에는 이렇다할 기능보다는 후에 잊지 않기 위해 의무적으로 일정을 입력하였다. 물론 업무용 다이어리를 항상 지니고 다니기 때문에 PDA폰에 모든 내용을 입력하지는 않았다. 중요 행사와 업무에 치중해서 입력을 하였으나, 아이패드의 캘린더를 사용하면서 가능한 한 모든 일정을 입력하고픈 욕심이 생기기 시작했다. 아이패드가 현 사용중인 다이어리 크기로 가독성이 떨어지지 않고, 반복과 알림 기능이 가능하기 때문에 캘린더 기능을 모두 구현해 보고픈 마음이 생겼기 때문이다.

인터넷을 이용할때

맥북에서부터 아이폰, 아이패드에 이르기까지 애플시스템의 모든 웹브라우저는 사파리를 이용한다. 사파리는 웹브라우저로 단순하지만 정말 필요한 기능만 포함되어 있는 진정한 애플의 대명사라고 할 수 있다.

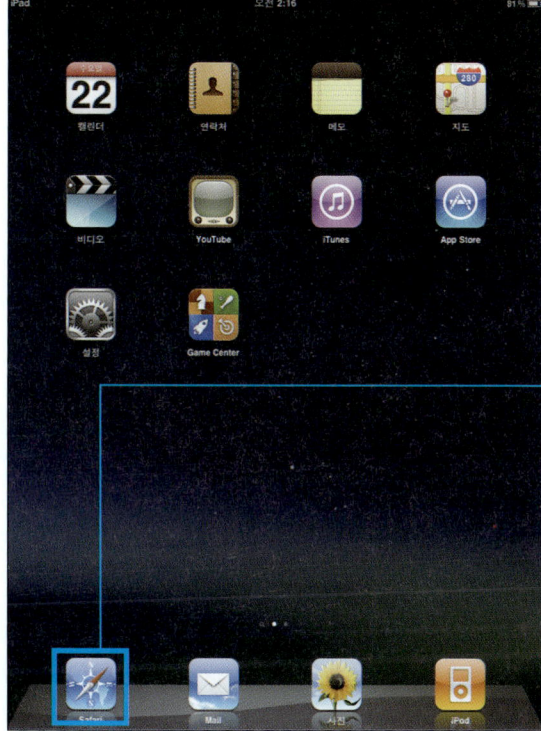

Step 1 홈화면에서 하단의 첫번째 어플인 사파리를 터치한다.

Step 2 아래와 같이 MS기반의 웹브라우저와 별다른 차이가 없다. 주소창에 네이버 주소를 입력하였다.

Step 3 그리고 애플 웹주소를 입력해 보았다. 그다지, 별다른 차이점을 찾아 볼 수 없었다. 그러나 이제부터 관리하기 편리한 기능을 사파리 어플을 통해서 구현해 보도록 하겠다.

Step 4 주소 검색창 옆의 화살표 버튼을 터치해 보자. 그러자, 다음과 같은 메뉴가 나타났다.

책갈피 추가 : 즐겨찾기 기능

홈화면에 추가 : 아이패드 홈화면에 단축 아이콘 어플 생성 기능

링크를 메일로 보내기 : 주소를 이메일로 보내는 기능

프린트 : 화면 프린트 기능

Step 5 다시 네이버주소를 입력하고 책 모양의 버튼을 터치해 보자. 그러면 다음과 같은 메뉴가 나타난 것을 볼 수 있다.

Step 6 메뉴에서 첫번째 방문기록을 터치해 보자. 그러면 필자가 사파리를 이용하면서 검색한 주소가 모두 표시되었다.

Part 1 개요 | Part 2 기기설명 및 기본 사용법 | Part 4 아이패드 활용 – 응용편 | Part 5 아이패드 추천 어플

Part 3 아이패드 활용 – 기본편

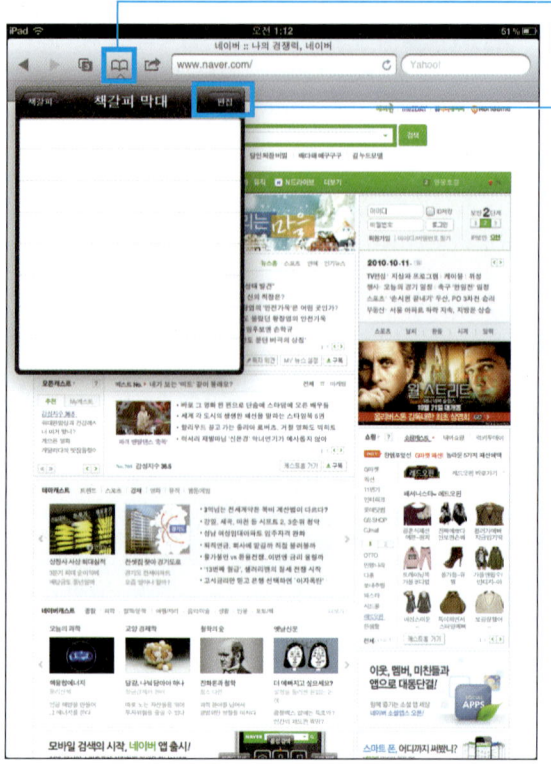

Step 7 다시 책갈피 버튼을 터치한 후 이번엔 책갈피 막대를 터치해 보자. 책갈피 막대를 편집할 수 있는 창이 나타났다.

책갈피는 MS 기반의 즐겨찾기에서 폴더 형식으로 주소를 지정할 수 있는 기능과 동일 하다. 이러한 형태의 폴더를 책갈피 막대라고 명명하며, 폴더 하단에 폴더를 생성할 수 있는데 아이패드도 동일하다. 책갈피 막대 창에서 편집 버튼을 터치한다.

Step 8 책갈피 막대 이름을 생성할 수 있는 창이 나타났다. 임의로 입력해 보도록 하자.

연습이라고 입력하고 키보드 창에서 Done 을 터치하면 다음과 같이 바뀐다.

Step 9 메뉴 우측의 파란색의 완료 버튼을 터치하면 된다.

Step 10 연습이라는 책갈피 막대가 생성되었으며, 이 위치에 인터넷 주소를 저장하도록 하겠다.

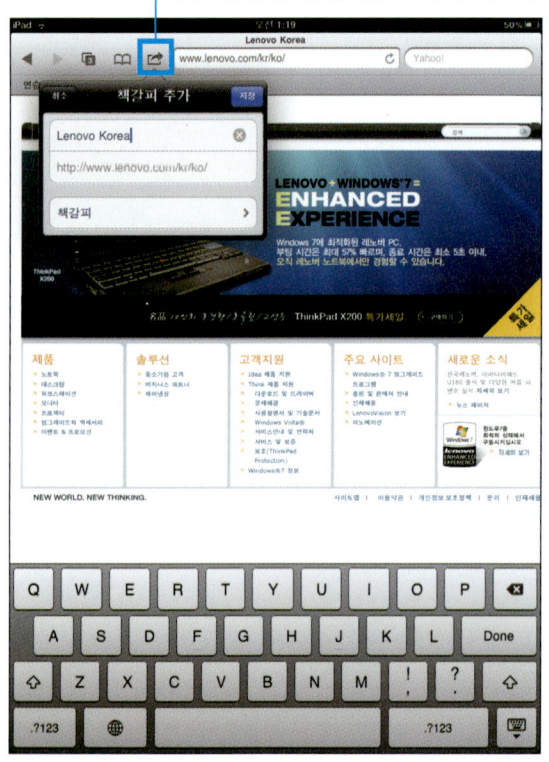

Step 11) 책갈피 추가 버튼을 터치하고 임이의 인터넷 주소를 입력창에 입력한다.

그런 후 메뉴 하단의 책갈피를 터치하면 책갈피 막대 계보가 나타나며 원하는 곳을 터치하여 저장하면 된다.(여기에서는 "연습"에 저장 하였다.)

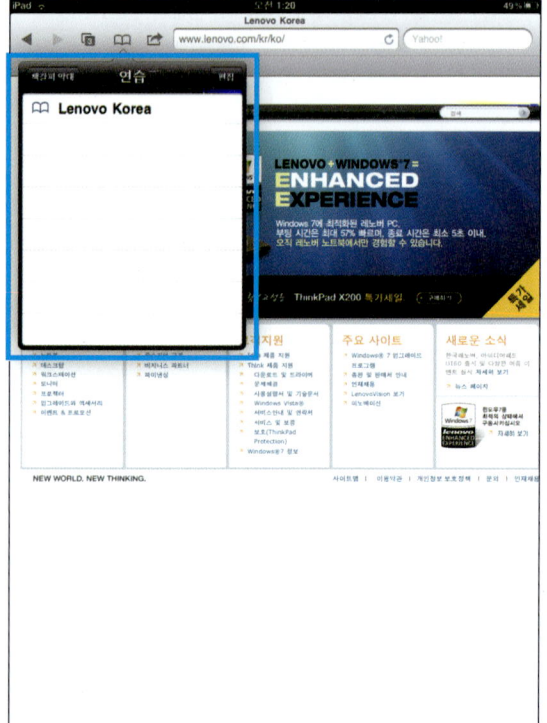

Step 12) 필자가 원하는 내용이 책갈피 막대 중 연습 이라는 곳에 저장되었다.

Step 13 홈화면에 인터넷 주소를 어플 형식으로 저장하고 싶을 때, 화살표 메뉴를 터치 후 홈화면에 추가를 터치한다.

Step 14 그러면 다음과 같이 창이 나타나고 우측 파란 색의 추가버튼을 터치하면 된다.
홈화면에 그림과 같은 어플 아이콘이 생성된 것을 볼 수 있다.

Part 1 개요 | Part 2 기기설명 및 기본 사용법 | Part 4 아이패드 활용 – 응용편 | Part 5 아이패드 추천 어플

Part 3 아이패드 활용 – 기본편

Step 15 마지막으로 인터넷 주소를 이메일로 보낼 경우 그림에서처럼 링크를 메일로 보내기를 터치한다.

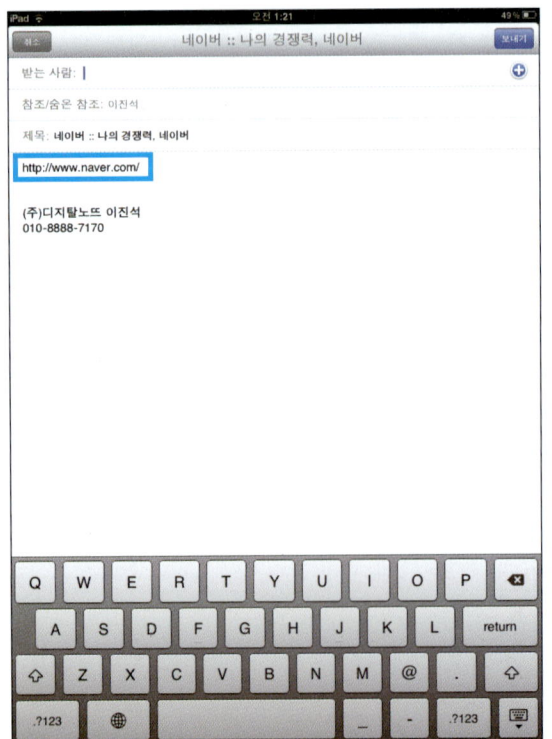

Step 16 그러면 다음과 같은 메일 화면으로 전환되고 현 인터넷 주소가 내용에 포함되어 있는 것을 확인 할수 있다.

Step 17 마지막으로 창 두 개를 겹쳐 놓은 듯한 버튼이 있다. 그리고 이곳에 2라는 숫자가 적혀 있는데, 현재 오픈되어진 브라우저 창이 2개라는 뜻이다.

Step 18 이 버튼을 터치하면 다음과 같은 화면으로 전환되고 사용자가 원하는 화면을 터치하면 그 화면이 오픈된다.

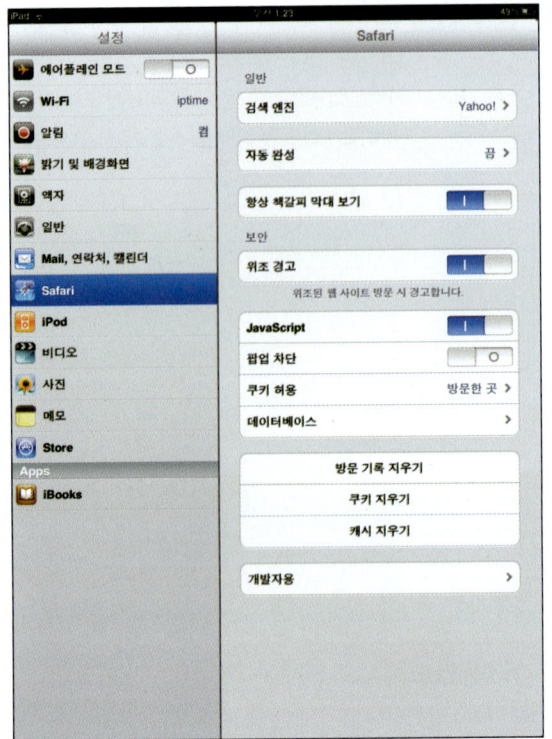

Step 19 인터넷 주소 창 옆의 검색란에 Google 이라고 적혀 있는 것을 확인 할 수 있다.
이것은 인터넷 주소 입력외에 별도의 검색란을 추가하여 항상 용이하게 이용할 수 있도록 배려를 해 준 부분이 역력하다.
검색 엔진을 변경하려면 홈화면에서 설정 → 사파리 → 일반 항목에서 검색 엔진을 변경하면 된다.
필자의 최초 설정은 야후였으나 구글로 바꾸었다.

지도를 이용할 때

Step 1   홈화면에 지도 어플을 선택한다.

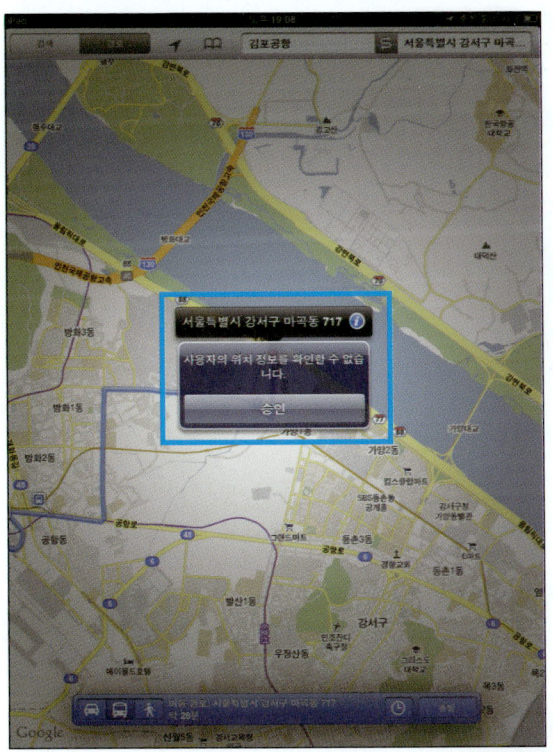

Step 2   다음과 같은 화면이 나타나면서 현 기능을 사용하는데 제한이 있다고 표시된다.
그러면, 홈화면에서 설정으로 가서 무선랜 접속을 시도한다.

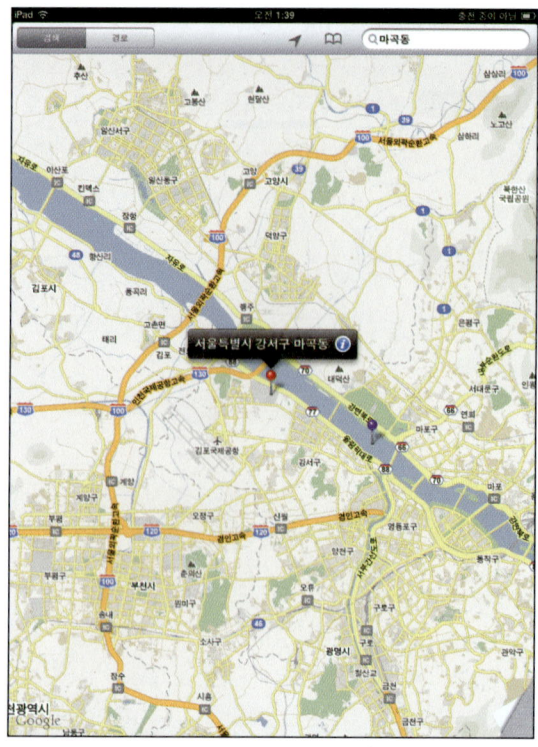

Step 3 설정 → Wi-Fi → 무선랜 접속
지도 어플을 다시 구동하면 아래와 같은 화면으로 바뀐 것을 확인할 수 있다. 지도 어플은 3G 또는 Wi-Fi 가 연결되어야 제대로 된 기능을 사용할 수 있다.

Step 4 우측 하단의 그림처럼 접힌 부분을 책장 넘기듯이 왼쪽으로 밀듯이 터치해 보자. 그러면 아래와 같은 메뉴가 나타나며, 4가지의 지도 보기 형식과 오버레이 기능이 있다. 지도 보기 형식을 각각 지정해 보자. 앞의 그림은 클래식 보기였다.

Step 5 다음은 위성 보기, 인공위성에서 촬영한 것 같은 이미지로 보여진다.

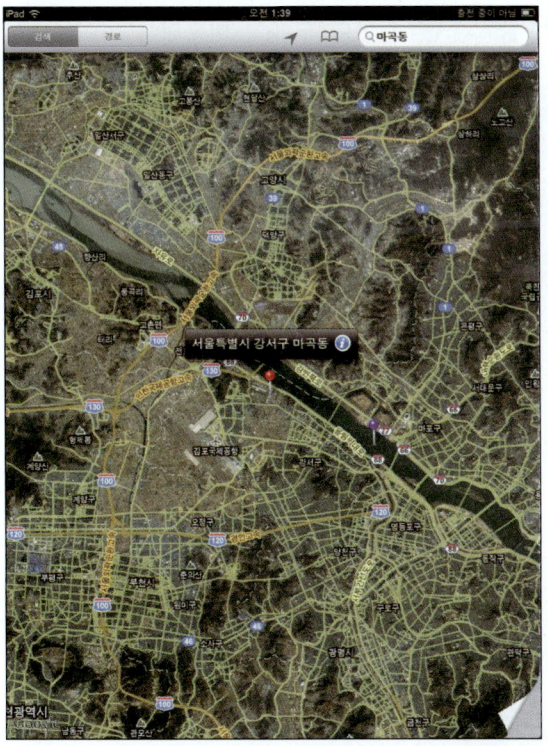

Step 6 다음은 지도+위성 보기, 인공위성에서 촬영한 이미지위에 주요 도로가 표시되어 보여진다.

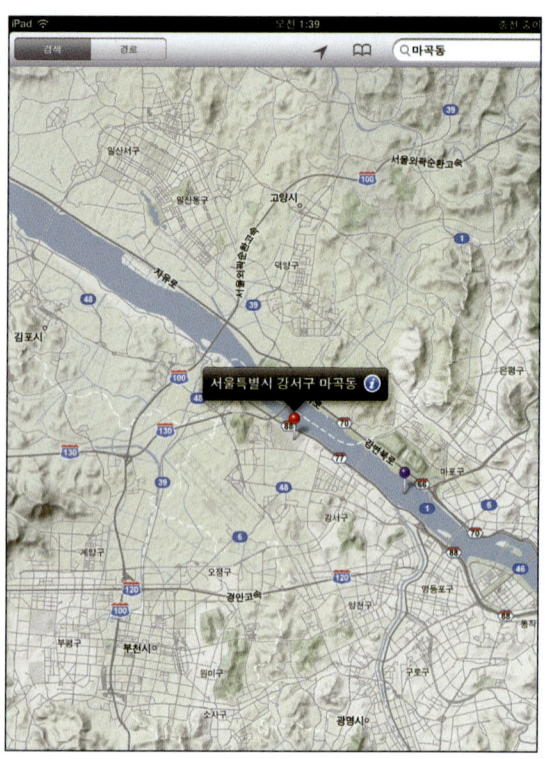

Step 7 마지막으로 지형는 보기 산줄기와 평지, 강을 기준으로 보여진다.

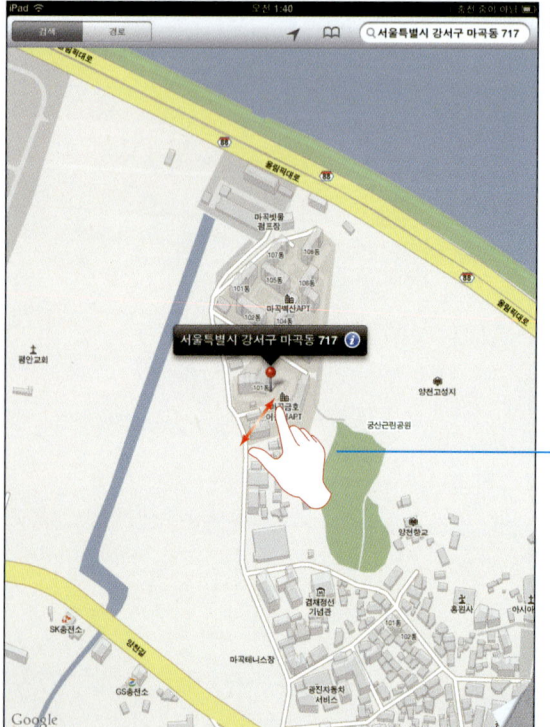

Step 8 손가락 두개를 이용해서 아이패드에 동시에 터치 후 손가락을 벌려보자. 그러면 줌인 기능이 되며, 반대로 좁혀보면 줌아웃 기능이 된다. 필자는 클래식 보기를 선택 후 줌인을 실행하였다.

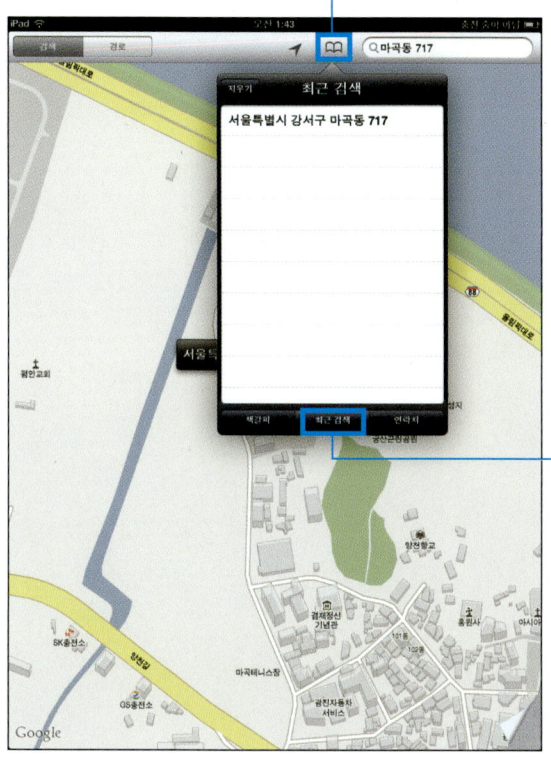

Step 9 우측 상단의 검색창 좌측 옆에 책처럼 생긴 그림을 터치해 보자. 그러면 서브 메뉴가 나타나며, 검색창을 통해 검색된 주소가 표시되며, 자주 가는 곳이나 최근 검색한 곳을 손쉽게 찾아 볼수 있다.

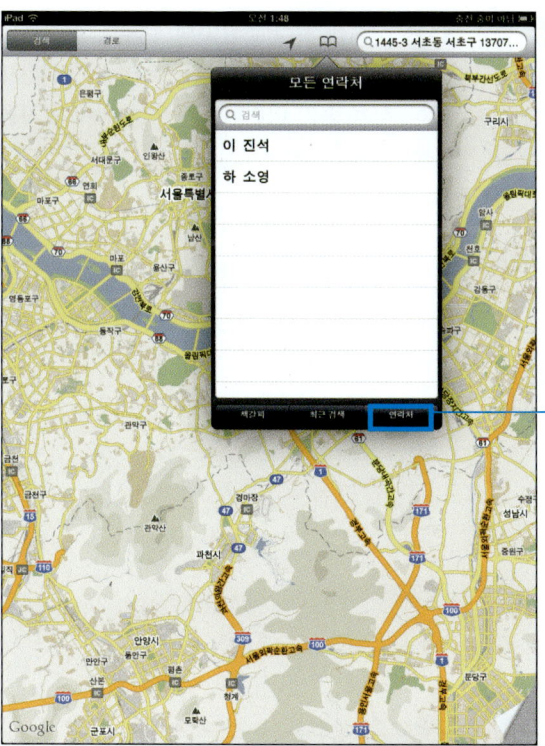

Step 10 이번엔, 서브메뉴 하단에 연락처를 터치해 보자. 주소록에 입력되어진 정보가 표시되고, 그중 하나를 선택해 보자.

Part 1 개요 | Part 2 기기설명 및 기본 사용법 | Part 4 아이패드 활용 - 응용편 | Part 5 아이패드 추천 어플

Part 3 아이패드 활용 - 기본편

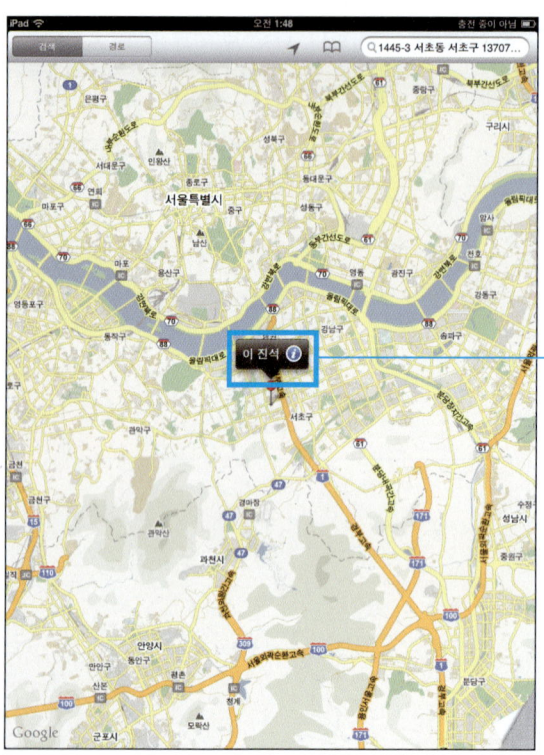

Step 11 필자의 이름을 선택하였다.
그러자 주소록에 입력된 필자의 주소가 자동으로 표시되었다.

Step 12 이번엔 상단에 표시된 회색의 화살표를 터치해 보자. 파란색으로 바뀌면서 현재 사용 중인 아이패드가 있는 위치가 자동으로 표시된다.

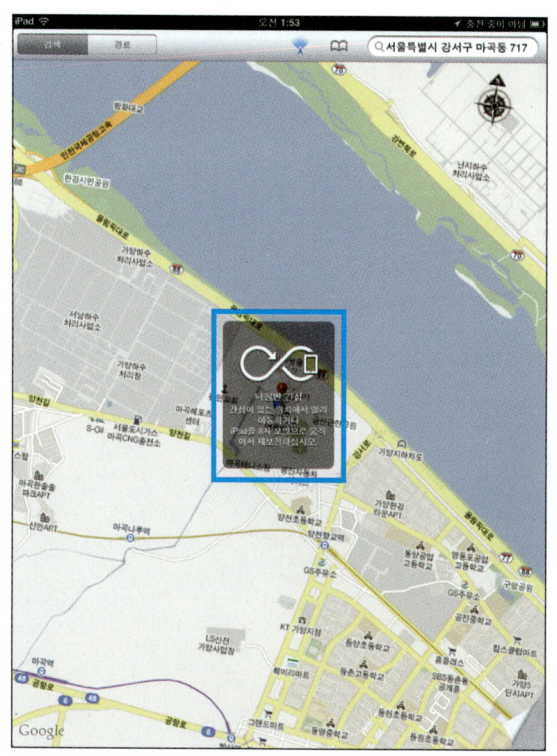

Step 13 파란색 화살표를 다시 한번 터치해 보자. 이번엔 화살표 위에 레이다 같은 그림이 덧붙여지면서 방향표시(나침반)가 나타났다. 아이패드는 나침반 기능이 있어서 아이패드를 좌우로 방향을 틀면 지도도 동시에 방향이 바뀐다.

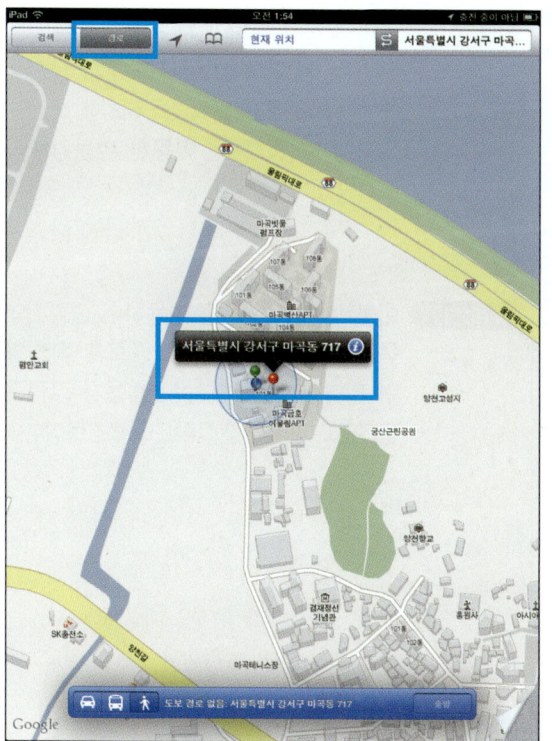

Step 14 좌측 상단의 경로 버튼을 터치해 보자. 현재 위치와 최초 검색된 필자의 주소가 동시에 표시되며, 하단에 메뉴 버튼이 나타났다.

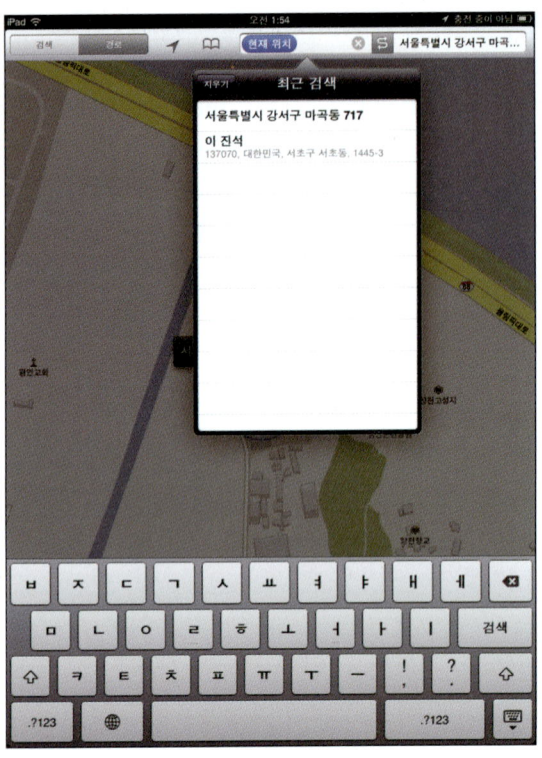

Step 15 그리고 우측에 검색창이 두 개 나타난 것을 볼 수 있으며, 첫번째 창에 필자의 주소를 입력해 보았다.

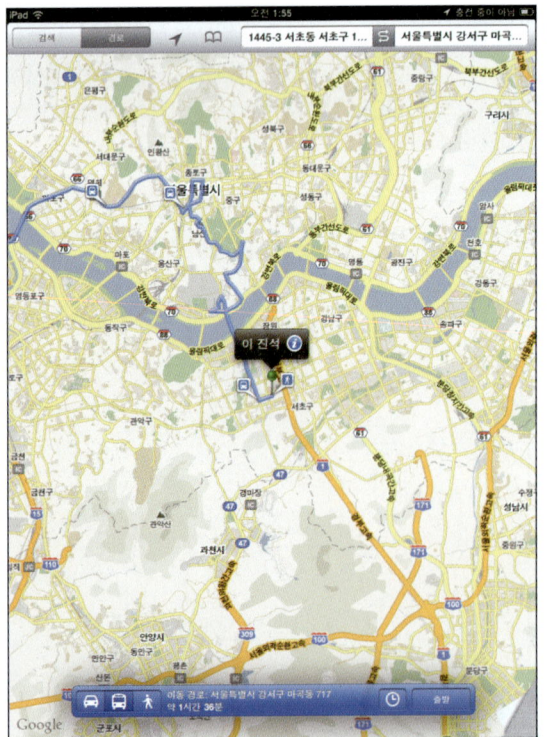

Step 16 필자의 회사 위치가 지도에 표시된 것을 확인할 수 있으며, 이때 하단의 파란색 메뉴중 가운데 버스 그림을 터치해 보았다. 그러자 대중교통을 이용한 이동경로가 표시되었다.

Step 17 이렇게, 지도 어플을 이용하여 출발지와 목적지를 정한 후 이동 경로를 확인할 수 있다. 파란색 메뉴의 승용차 그림은 운전경로이고, 사람 그림은 도보경로이다.

> 지도 어플은 정말 유용한 기능이다. 일반적인 GPS의 경우 배터리가 내장된 경우를 제외하고는 차량 내에서 외에 사용할 수 있는 범위가 극히 제한적이지만 아이패드의 지도 어플은 정말 많은 경우로 사용할 수 있는 가능성을 보여 주었다. 단, 아쉬운 점은 3G가 탑재되지 않은 아이패드는 Wi-Fi를 이용해서 사용하여야 하는데, 가용 범위 지역이 아닌 경우는 이용에 한계가 있으므로, 고정 비용이 들더라도 추후에 아이패드를 구매할 경우는 3G 기능이 내장된 것을 구매하는 것이 좋을 듯 하다.
>
> **Tip**

아이튠즈 어플을 사용할 때

애플에서 MP3플레이어인 아이팟을 출시하고 이에 대한 사용을 극대화하기 위해서 음반제작사와 음원 사업권자를 하나로 통합하여 소비자에게 판매할 수 있는 방법을 구상한 것이 아이튠즈였다. 최초 이러한 발상이 과연 성공할 수 있을 것인가라는 무수히 많은 의문점과 실현 가능성에 대한 부정적인 견해가 지배적이었으나, 모든 경우를 제외하고 결국 성공을 이루었다.

각 음반과 영화 제작사들의 지적 재산권에 대한 비용을 지불하고, 이를 사용하기 위해서는 아이튠즈는 필수가 되었으며, 애플 사용자라면 필히 사용해야 할 부분이다.

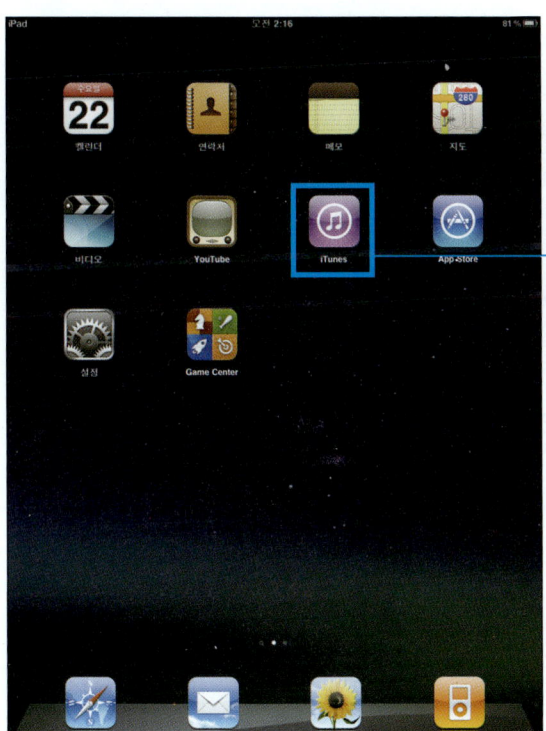

Step 1 홈화면에서 아이튠즈 어플을 사용하기 전에 인터넷에 연결되어 있어야 한다.
설정 → Wi-Fi → 연결
아이튠즈 어플을 터치한다.

Part 1 개요 | Part 2 기기설명 및 기본 사용법 | Part 4 아이패드 활용 – 응용편 | Part 5 아이패드 추천 어플

Part 3 아이패드 활용 – 기본편

Step 2 아이튠즈 메인화면으로 이동된다. 하단에 세 개의 버튼이 있다.

PodCast : 상업 또는 비상업적 목적으로 만들어는 방송용 자료

iTunes U : 학술 및 교육을 목적으로 만들어진 자료

Downloads : 현 다운로드 중인 상태 표시

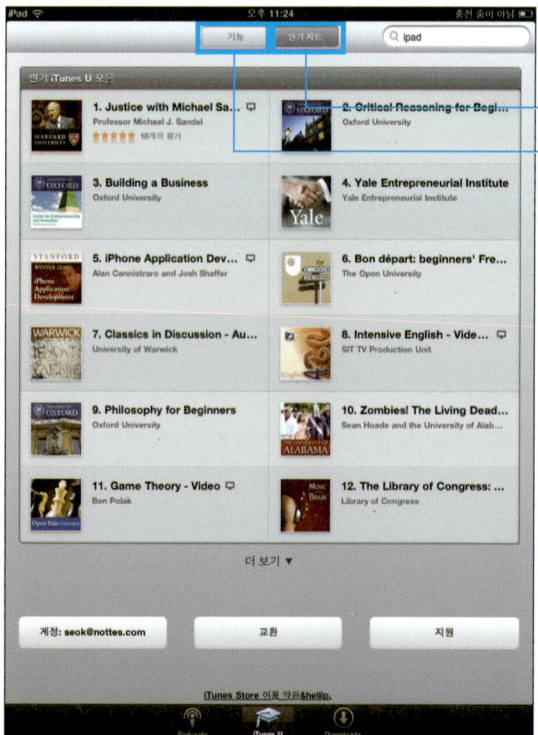

Step 3 상단에 기능과 인기차트 버튼이 있다.

기능 : 메인 메뉴 창을 표시

인기차트 : 다운로드 회수가 가장 많은 순의 차트

◀ iTunes U의 인기차트의 화면

▲ PodCast의 기능창 화면

▲ PodCast의 인기차트 화면

Step 4 하단의 다운로드 버튼을 터치 한다.

Step 5 그럼, 이제부터 다운로드를 시작해 보자. 원하는 자료를 찾아 터치한다. 팝업창이 나타나며, 이에 대한 세부 항목이 표시된다.

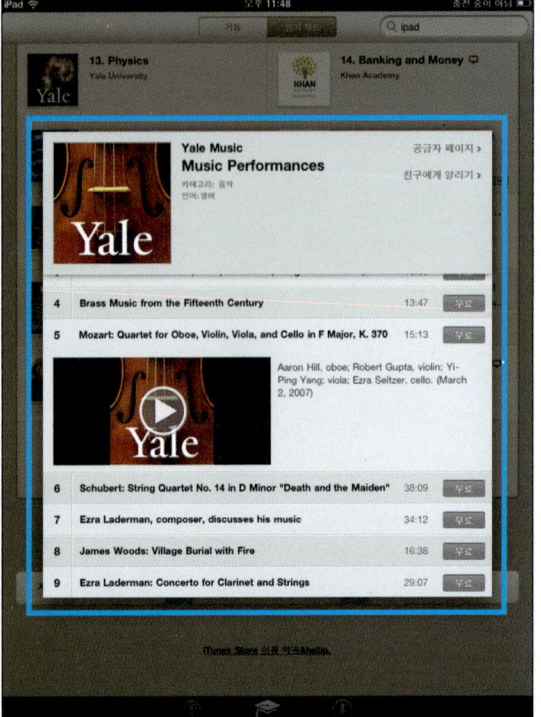

Step 6 이때 표시된 세부 항목의 리스트 중 하나를 임의로 터치해 보자. 그러면, 다운받기 전에 미리보고 들을 수 있는 프리뷰 화면으로 전환되며 동영상이 구현된다.

Step 7 프리뷰를 본 후 다운받기를 원하면 우측에 있는 무료라는 버튼을 터치한다. 그러면, 초록색의 에피소드 가져오기라는 버튼으로 바뀌게 된다.

Step 8 마지막으로 바뀐 버튼을 터치하면 다운로드를 시작한다. 하단의 다운로드 버튼에 숫자 1이라는 표식이 나타났으며, 이것은 현재 다운로드 중인 파일의 수를 표시한것이다. 동시에 여러 개의 파일을 다운로드할 수 있으며, 대기 순서 형식으로 진행된다.

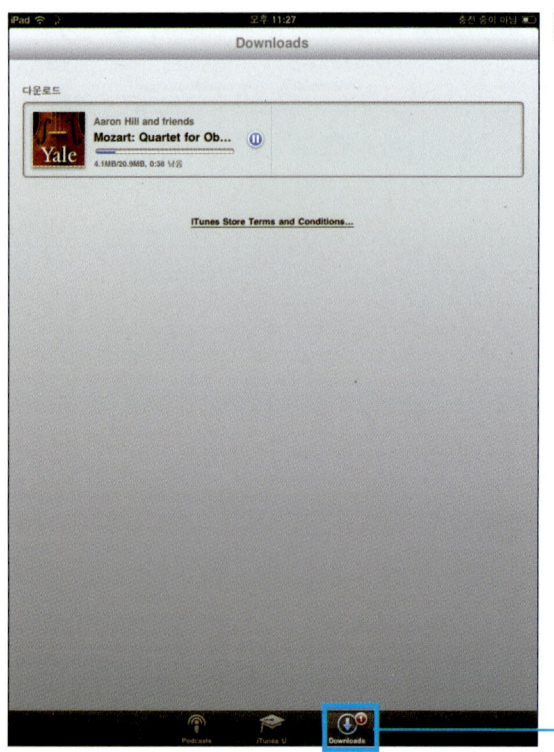

Step 9 다운로드 버튼을 터치하면, 현재 진행중인 내용을 볼 수 있다.

이와 같은 방법으로 PodCast를 실행해 보기 바란다. 모든 과정이 동일한다.

PotCast는 검색기능 외에 카테고리 메뉴를 제공한다. 정말 유용한 기능이니 모든 카테고리의 내용을 조회해 보기 바란다.

Tip

Youtube 을 이용할 때

유튜브는 전세계의 유저들이 동영상을 제작하여 업데이트 후 누구나 볼 수 있는 웹사이트이다. 유튜브를 이용하는 방법은 두 가지가 있다. 아이패드 기본 어플인 사파리(웹브라우저)를 이용하는 방법과 유튜브 어플을 이용하는 방법이다. 아이패드는 기본 어플을 제공하고 있으며, 이와 관련 필요한 메뉴를 제공하기 때문에 유튜브 어플 사용을 추천한다.

유튜브 어플을 사용하기 전에 두가지 조건이 갖추어져야 한다.
① 유튜브 가입 여부
② 인터넷 접속 여부

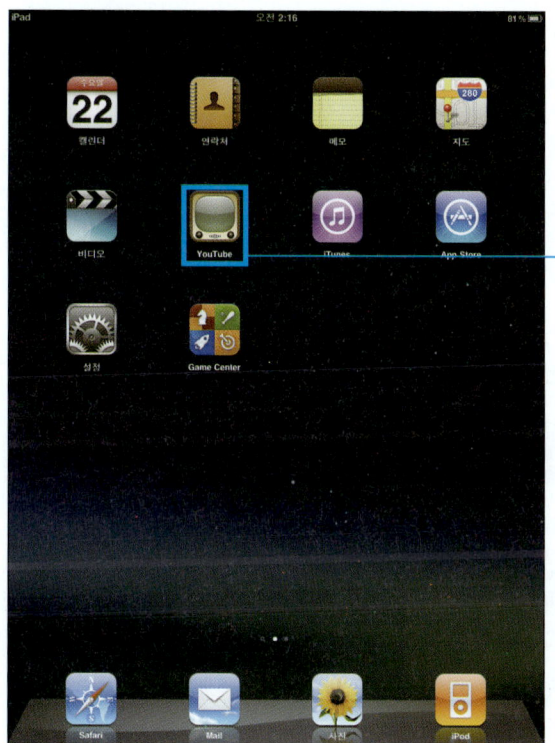

Step 1 홈화면의 Youtube 어플을 실행한다.

Part 1 개요 | Part 2 기기설명 및 기본 사용법 | Part 4 아이패드 활용 – 응용편 | Part 5 아이패드 추천 어플

Part 3 아이패드 활용 – 기본편

Step 2 실행하면 다음과 같은 화면이 나타난다.

Step 3 유튜브에 가입되어 있으면, 사용자 이름과 암호를 입력한다. 그러나 가입 되어 있지 않으면 컴퓨터의 웹브라우저를 열고 유튜브 사이트로 이동한다.(www.Youtube.com)

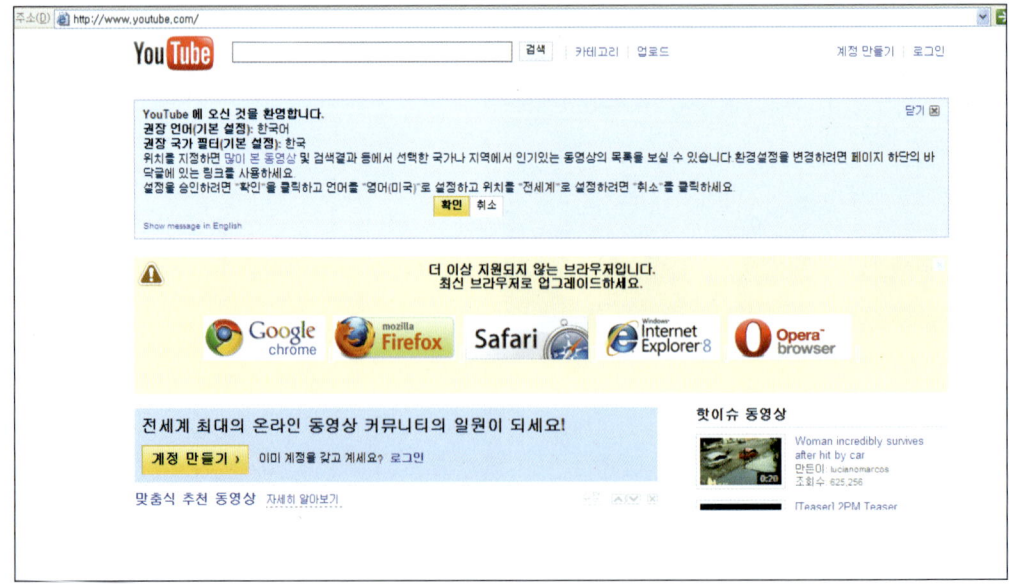

Step 4 계정 만들기 버튼을 클릭한다.

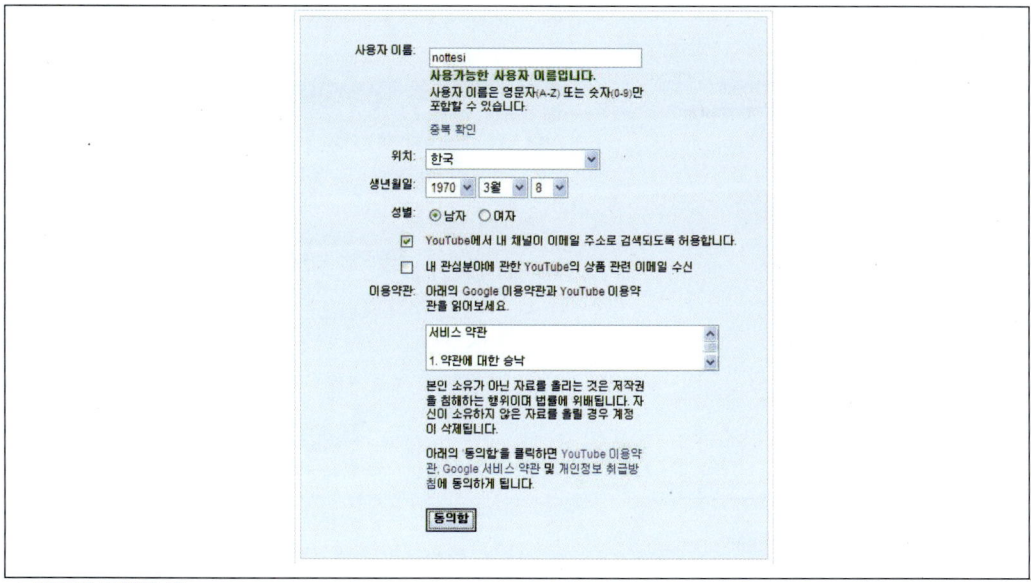

Step 5 사용자 이름은 임의로 입력하고 기타 정보를 입력한다. 여기서 사용자 이름 입력창 아래에 있는 설명처럼 영문자 또는 숫자만 입력이 가능하니 참고하기 바란다.

▲ 필자가 입력한 예.

Part 1 개요 Part 2 기기설명 및 기본 사용법   Part 4 아이패드 활용 – 응용편 Part 5 아이패드 추천 어플
Part 3 아이패드 활용 – 기본편

Step 6 입력창 하단에 동의를 클릭하면 Google 계정 사용 여부를 묻는 창이 나타난다. 아이패드의 기본 어플이 Google 과 서비스를 같이 하기 때문에 필히 가입하기를 권한다.

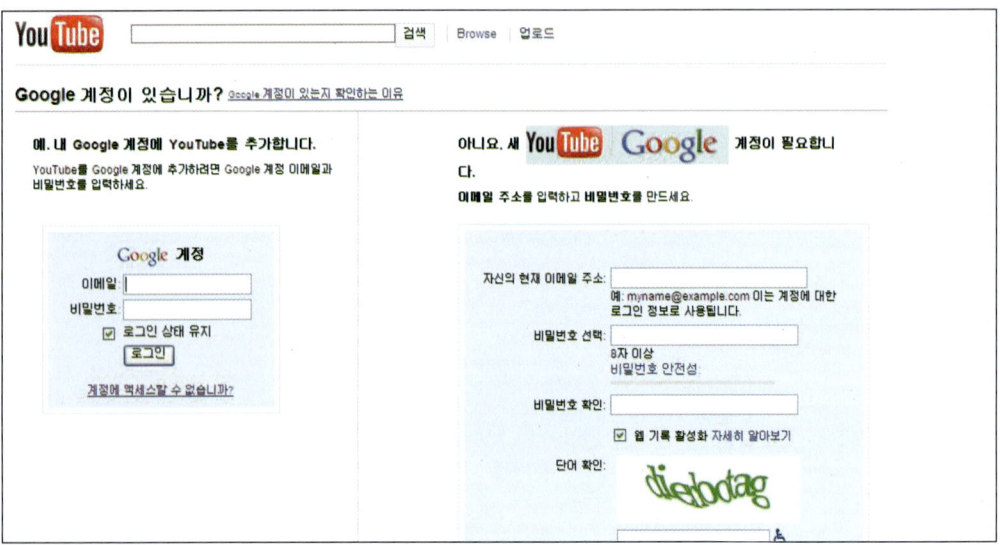

Step 7 Google 계정이 있다는 가정에서 다음과 같이 입력 후 로그인을 하였다.

Step 8 유튜브에 등록되었다는 내용과 함께 유튜브에서 사용하기 위한 사용자 이름이 표시되었다.

Step 9 이제부터는 구글 사용자 아이디와 암호가 유튜브에서 동일하게 적용된다. 다시, 아이패드로 와서 구글 아이디와 암호를 입력해 보자.

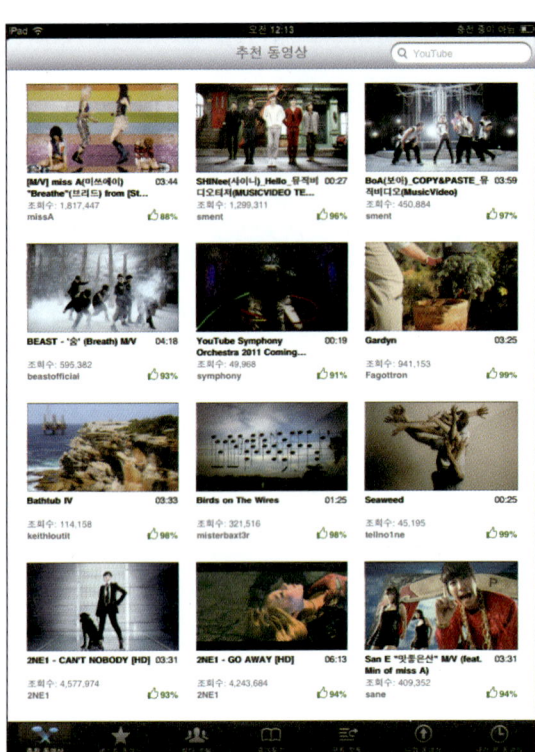

Step 10 이제부터 유튜브 서비스가 시작되었다.

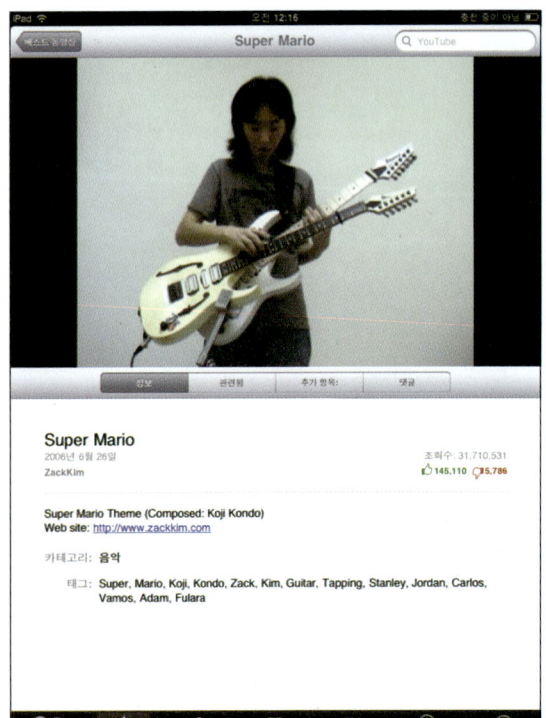

Step 11 하단에 유튜브 기본 메뉴와 상단의 일자별로 범주 항목이 있다.

하단의 기본 메뉴인 추천동영상, 베스트 동영상, 최다 조회 동영상에 대해서는 굳이 설명이 필요 없을 듯하다.

전체 동영상 중 최다 조회수를 기록한 항목을 선택하였다.

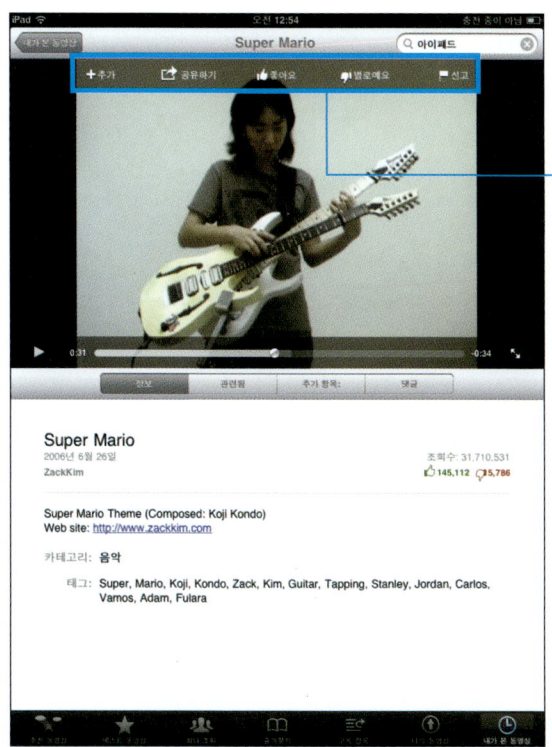

Step 12 동영상과 관련한 기타 정보와 댓글, 관련 동영상을 볼 수 있는 메뉴가 구성되어 있다. 구동되는 동영상 위로 다섯 개의 버튼이 있다.

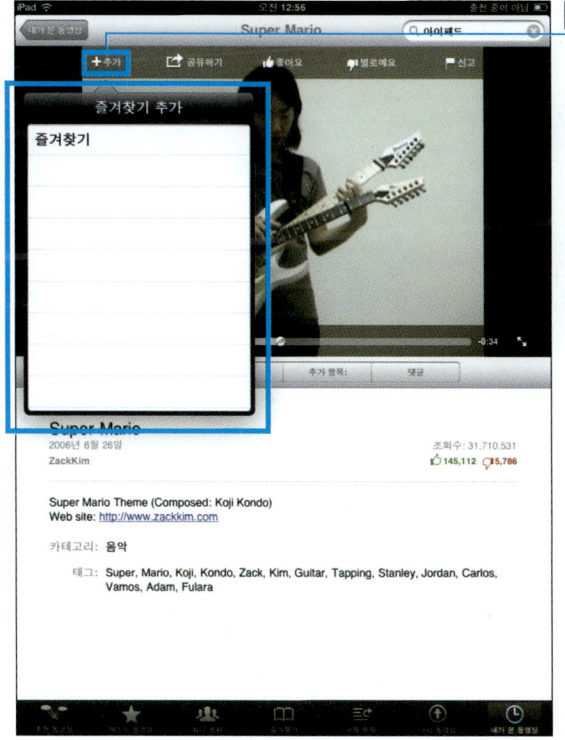

Step 13 추가 버튼을 터치해 보자. 그러자 즐겨찾기 추가라는 제목의 팝업창이 나타났으며, 항목에 즐겨찾기를 터치하면 유튜브 하단의 즐겨찾기란에 리스트가 추가된다.

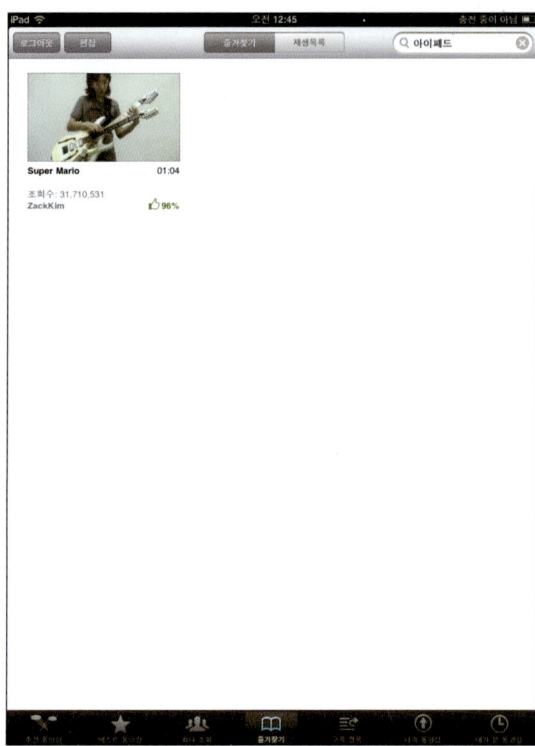

Step 14 즐겨찾기 항목에 추가된 상태

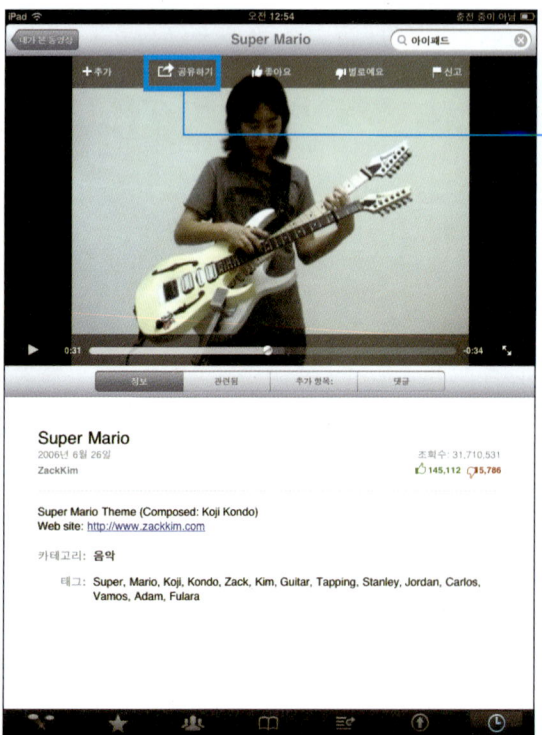

Step 15 두번째 공유하기 버튼을 터치해 보자.

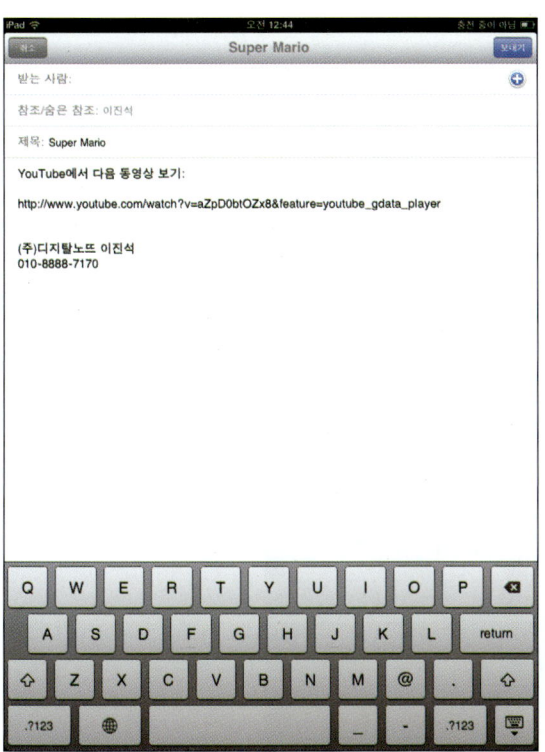

Step 16 메일 어플이 구동되면서 동영상이 위치한 인터넷 주소가 메일 내용에 표시되어 있다. 다른 이에게 링크 형식으로 제공되는 기능이다.

서두에 웹브라우저를 이용하여 유튜브를 볼 수 있다고 설명하였다. 그러나 유튜브를 이용하면서 필요한 기능들을 제공하는 어플의 기능이 유용하니 꼭 유튜브 어플을 사용할 것을 권장한다.

Tip

앱스토어를 이용할 때

앱스토어는 어플리케이션을 유료 또는 무료로 다운로드 받을 수 있는 웹사이트이다. 이는 애플의 아이팟용 아이튠즈가 있었다면 아이폰, 아이패드를 위한 앱스토어가 있는 것이다. 스티븐잡스가 아이패드 제품 발표회 때 전세계 누구나 아이패드용 어플리케이션을 제작·판매할 수 있는 CP(Contents Provider) 개념의 통합 창구형식으로 기존 컴퓨터 제조사들과 소프트웨어 업체간의 유착 관계를 단번에 허물어 버리는 계기가 되었다.

Step 1 홈화면에서 앱스토어 어플을 터치한다. 단, 인터넷이 연결되어 있어야 한다.(설정→Wi-Fi)

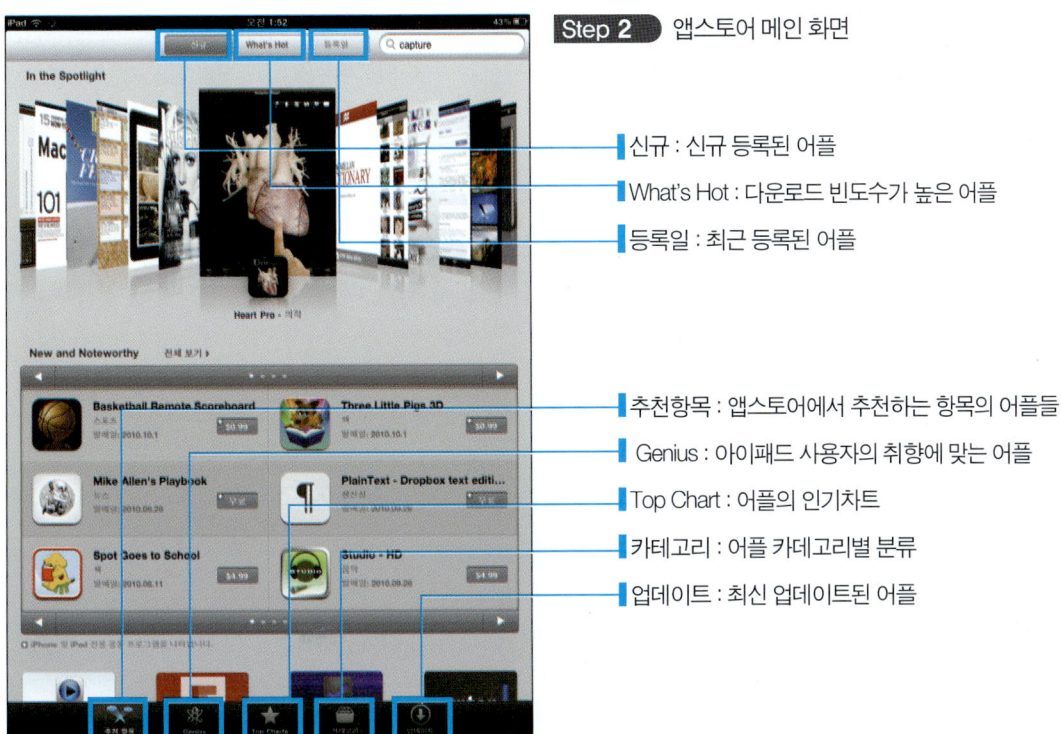

Step 2 앱스토어 메인 화면

- 신규 : 신규 등록된 어플
- What's Hot : 다운로드 빈도수가 높은 어플
- 등록일 : 최근 등록된 어플
- 추천항목 : 앱스토어에서 추천하는 항목의 어플들
- Genius : 아이패드 사용자의 취향에 맞는 어플
- Top Chart : 어플의 인기차트
- 카테고리 : 어플 카데고리별 분류
- 업데이트 : 최신 업데이트된 어플

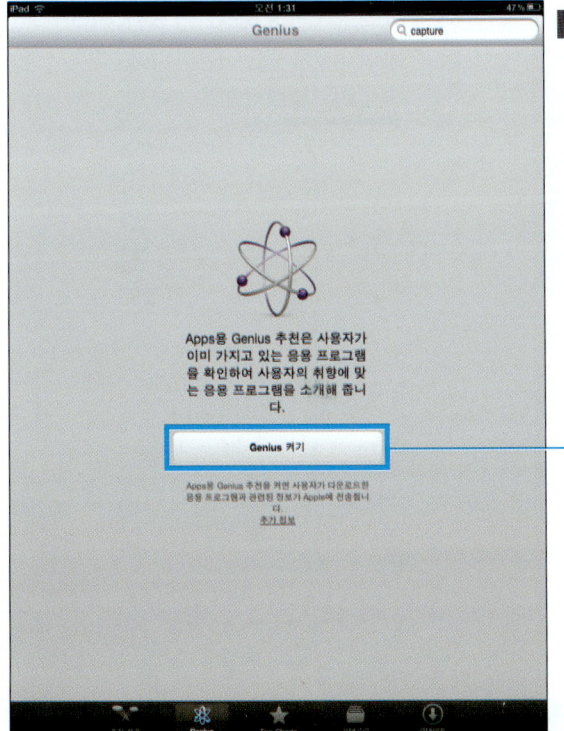

Step 3 하단 메뉴 중 각 기능은 대부분 분류를 위한 것이고 Genius의 경우 내게 필요한 어플들을 선별해서 나타내주는 기능을 한다. 선별 기준은 현재 아이패드에 설치되어 있는 응용 어플을 기준으로 같은 분류의 어플들을 검색한다.
먼저 하단 메뉴 중 Genius를 터치해 보자. Genius 켜기 버튼을 터치한다.

Part 1 개요 | Part 2 기기설명 및 기본 사용법 | Part 4 아이패드 활용 – 응용편 | Part 5 아이패드 추천 어플
Part 3 아이패드 활용 – 기본편

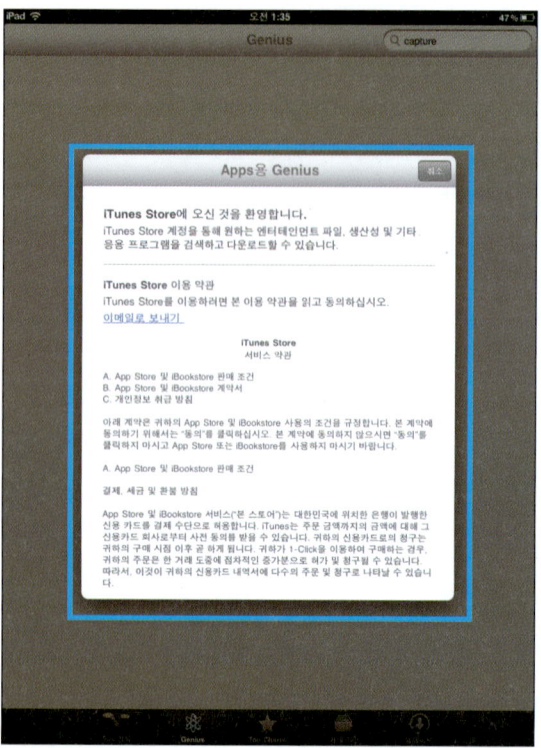

Step 4 Genius를 이용한 아이튠즈에서의 어플 다운로드에 관한 약관 및 이에 대한 내용이 기술되어 있다. 꼭 읽어 보기 바란다.

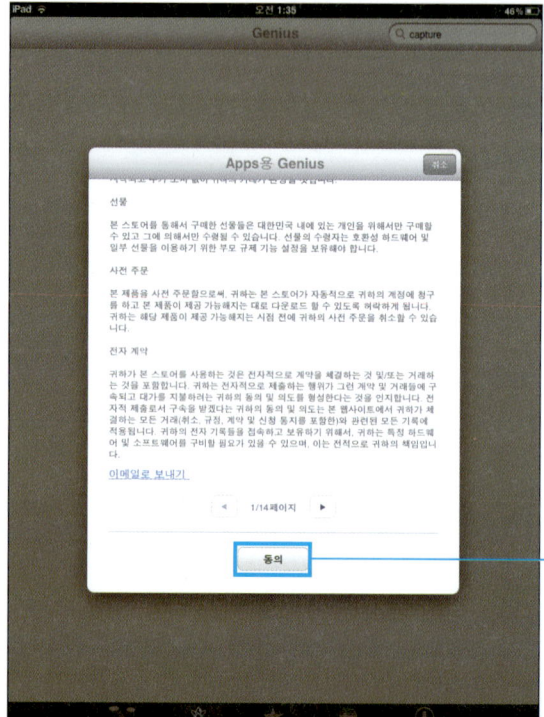

Step 5 계속해서 읽어 내려가면 하단에 이에 대한 동의 여부를 묻는 버튼이 나타난다.
동의 버튼을 터치한다.

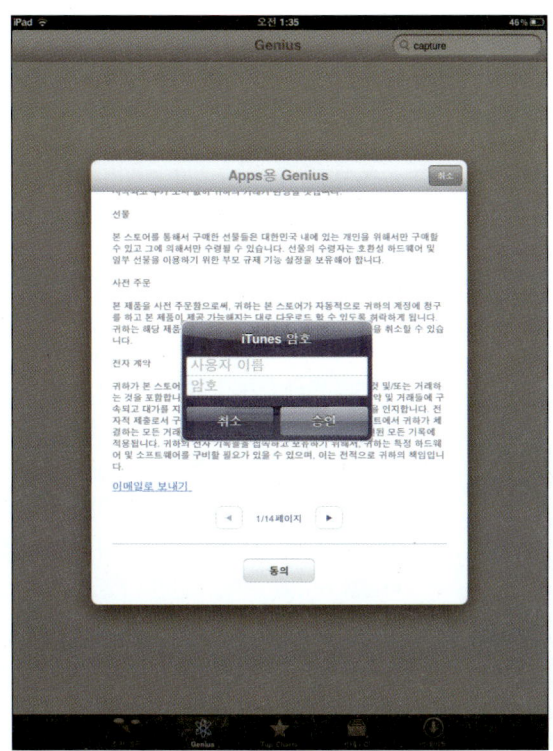

Step 6 그러면 아이튠즈 암호 창이 나타나며, 사용자 이름과 암호를 입력해야 한다. 최초 아이튠즈를 다운받고 설치하면서 애플에 등록한 아이디와 패스워드를 입력한다.

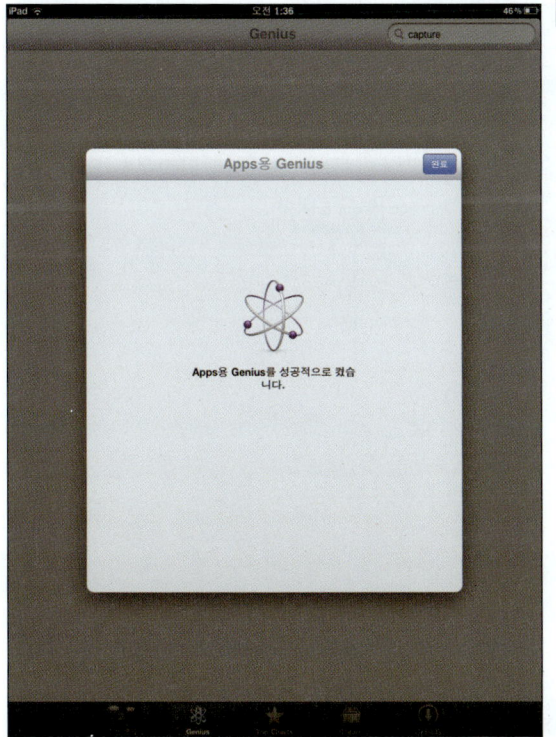

Step 7 아이디와 패스워드를 입력 후 승인을 터치하면 Genius 기능이 실행됨을 알리는 화면이 나타난다.

Part 1 개요 | Part 2 기기설명 및 기본 사용법 | Part 4 아이패드 활용 - 응용편 | Part 5 아이패드 추천 어플

Part 3 아이패드 활용 - 기본편

Step 8 잠시후 아이패드에 설치되어 있는 어플을 검색하고 이를 기준으로 유사 분류의 어플을 보여준다. 필자의 경우 두 아들을 위해서 아기돼지삼형제 이야기 어플이 설치되어 있었다.

일반적으로 특정 사이트에 가입시 취미나 관심 분야에 체크하도록 하는 내용을 본 적이 있을 것이다. 이 기능은 필자의 아이디로 검색되어진 어플들의 조회수와 CRM의 연관 관계가 어플 서버에 저장되어 어느 지역에서 어떠한 분류의 어플이 조회 및 다운로드 되는지 자동으로 알 수 있는 데이터 마이닝의 역할을 하는 것이다.

이러한 일련의 예는 아이패드로 인해 파생될 수 있는 무궁무진한 마켓을 짐작할 수 있을 것이다.

Step 9 카테고리별 분류로 이동해 보자. 이중 특정 어플을 선택 후 금액이 적혀있는 또는 무료 라고 되어있는 버튼을 터치해 보자. 그러면 다음과 같은 화면이 나타난다. 무료 어플도 동일하게 나타나니 걱정하지 말고 <u>구입</u> 버튼을 터치한다.

194

Step 10 아이패드 화면으로 전환되고 어플 아이콘이 생성된 후 어플을 다운로드 한다. 현재 다운로드 중인 상태를 표시하기 위해 어플 아이콘의 색상이 약간 어둡게 표시된다.

Step 11 다운로드가 종료되면 어플 아이콘 색상이 제대로 표시되며 구동할 준비가 되었음을 나타낸다.

Part 1 개요 | Part 2 기기설명 및 기본 사용법 | Part 4 아이패드 활용 - 응용편 | Part 5 아이패드 추천 어플

Part 3 아이패드 활용 - 기본편

Step 12 설치된 어플을 실행해 보자. 손가락으로 가볍게 터치하면 된다.

어플을 다운로드 하여 실행하는 것을 해 보았다. 그렇다면 유료 어플은 어떻게 구매 하면 될까? 최초 아이튠즈 가입시 신용카드 번호와 기타 등등을 입력하였다.
여기서 유료 어플을 선택한 후 다운로드하면 자동으로 금액이 계산되어 설치가 되니 주의 하기 바란다.

◀ 두개의 어플이 설치된 화면.

앞서에 설명을 하였지만, 어플을 설치하는 방법은 아이패드의 앱스토어와 컴퓨터에 설치되어 있는 아이튠즈 소프트웨어를 이용하여 할 수 있다. 그렇다면 왜 두 가지 방법을 사용하여서 혼란을 야기하는 상황을 만든 것일까? 최초 아이패드와 아이폰이 없던 시절 아이팟을 위해 다운로드 및 플레이할 수 있는 툴이 필요했는데 이것이 아이튠즈 소프트웨어였다. 그 후 아이폰이 발표되고 장소에 어려움없이 인터넷이 사용 가능하게 되자 아이폰 기기만으로도 설치할 수 있는 툴이 필요했는데 이것이 앱스토어였다.

이러한 이유로 두 가지의 툴이 존재하게 되었고 필요에 따라서는 아이패드에 있는 데이터와 기타 응용 어플들을 백업받기 위해 아이튠즈는 필수가 되고 있다.

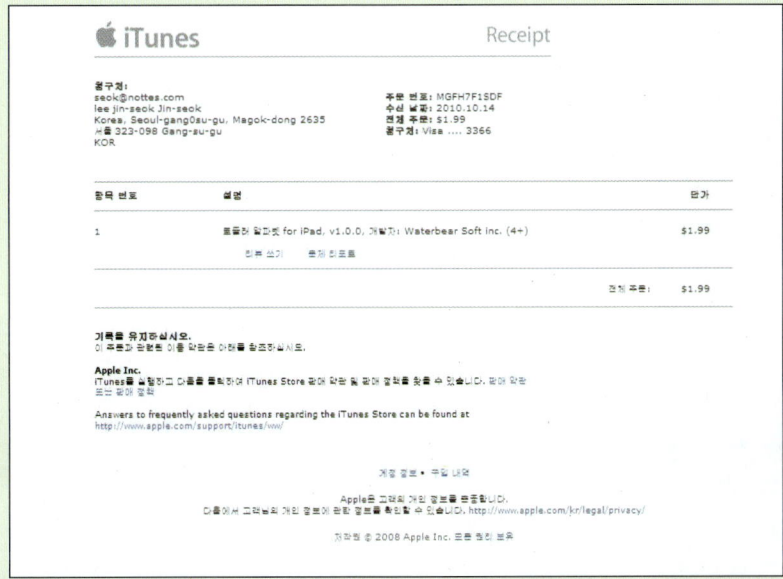

▲ 필자가 유료 어플을 다운로드 받은 후 이메일로 수신된 청구서.

Part 4
아이패드 활용 – 응용편

아이패드 활용 - 응용편은 어떠한 환경에서 어떻게 사용되느냐에 따라 다각화된 시점으로 다양한 응용 방법을 만들어 낼 수 있다. 그러나 이 책의 구성 및 내용이 아이패드를 처음 접해본 유저를 위한 것이므로, 일상적으로 주위에서 가장 많이 궁금해 할 것들과 기초적인 내용을 다루었다. 응용편에서 다루는 내용은 아이패드의 기초 사용법에 관한 내용과 어플의 대명사라고 말할 수 있는 아이북과 굳리더를 소개하였다.

후에 활용 응용편을 집필하게 되는 계기가 된다면 다방면에서 사용되는 실례를 기본 구성으로 소개할 예정이다.

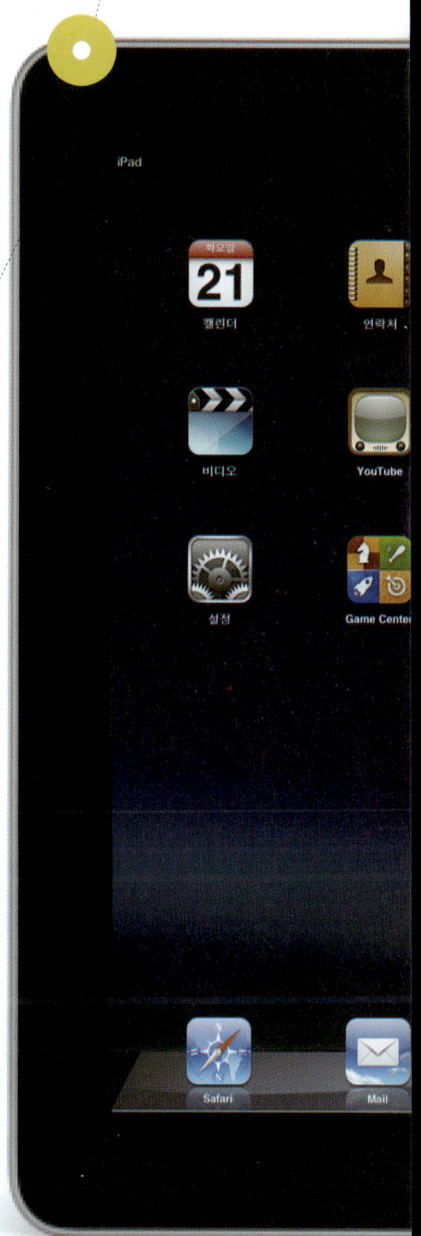

Chapter 1 » 아이패드와 블루투스 기기 연결

아이패드에는 무선랜의 규격이 Wi-Fi와 Bluetooth 두 가지가 있다.
Wi-Fi는 우리가 흔히 일컫는 랜어댑터를 무선의 형식으로 구성된 것이며, 아이패드 반경 30M 이내에 무선라우터(무선공유기)가 있으면 이에 접속하여 인터넷을 사용할 수 있다. 결국 인터넷을 사용하기 위한 장치이다.

Bluetooth는 가전기기 간의 데이터 통신용 규격으로 TV광고에서 보면 홈오토메이션을 컨셉으로 외부에서 집에 전화를 걸면 세탁기와 냉장고 기타 가전기기들이 자동으로 동작하고 보일러도 켜주고 이런저런 기능을 구현하기 위한 메인 컨트롤 시스템과 주변기기 간에 통신하기 위한 규격이 블루투스이다. 모든 가전기기들이 가능한 것은 아니고 블루투스가 내장되어 있어야만 가능하다.

그렇다면 아이패드의 무선랜은 인터넷용으로 사용할 수 있지만, 블루투스는 어떻게 이용할 수 있을까? 우리가 주변에서 흔히 볼 수 있는 것이 블루투스 헤드폰, 마우스, 키보드 등이다. 필자가 이것을 위해 각각 테스트를 해 보았다.

Step 1 먼저 블루투스 연결을 위해 설정 → 일반 → Bluetooth를 터치한다.

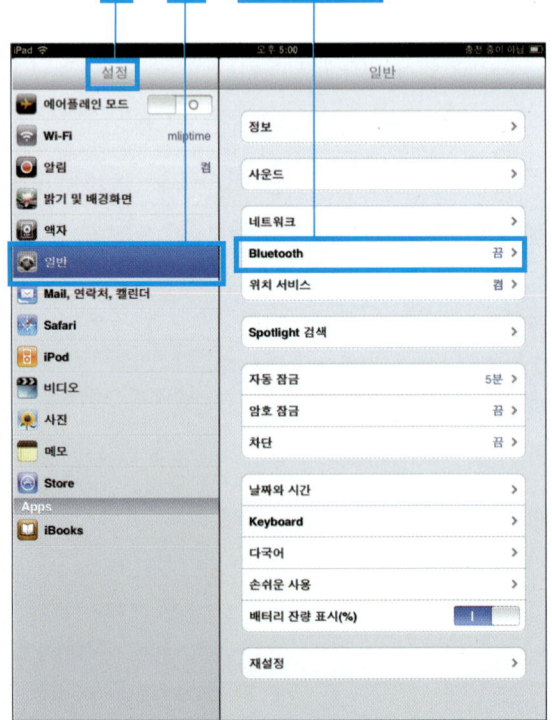

Step 2 우측 상단의 블루투스 버튼을 이용해서 켠다. 그러면 아래 장비 옆에 동그랗게 원이 나타나며 레이다 처럼 주변에 있는 블루투스를 검색한다. 검색되어진 기기가 나타나고 연결 안됨이라고 상태가 표시되어 있다.(단, 블루투스를 켜기 전에 블루투스 헤드폰의 전원을 켜고 페어링 버튼을 누른다.)

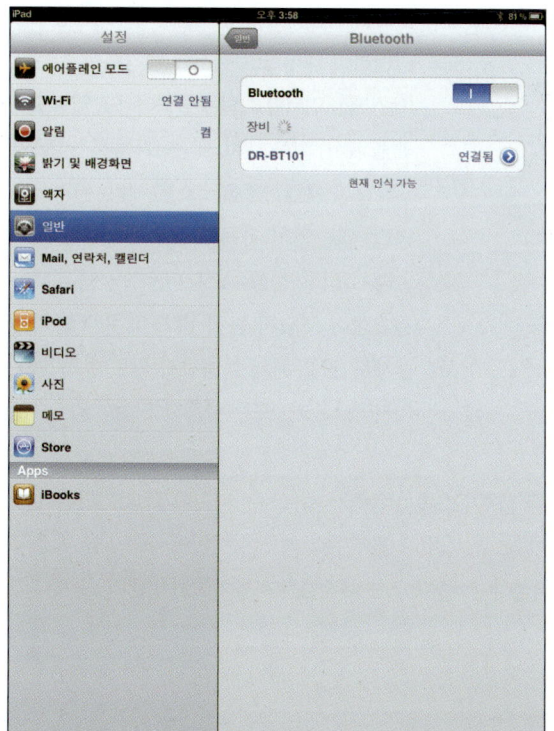

Step 3 검색되어진 기기의 연결안됨 버튼옆의 화살표를 터치하면 아이패드가 블루투스 헤드폰과 통신을 한 후 이상이 없으면 접속을 한 후 연결됨으로 표시된다.

▲ 필자가 테스트한 소니사의 블루투스 헤드폰

Step 4 이제 테스트를 하기 위해서 기본 어플인 아이팟을 터치한 후 음악을 플레이해 본다.

그러자 아이패드 본체에서는 소리가 나지 않고 무선 블루투스 헤드폰에서 음악이 나온다. 연결이 완료된 것을 확인할 수 있다. 여기서 궁금점이 생겼다.

도대체 어느 정도 거리까지 통신이 가능한 걸까? 그래서 아이패드를 고정시키고 거리를 재면서 간격을 넓혀 보았다. 기기마다 차이가 있겠지만 필자의 소니 블루투스 헤드폰(DR-BT101)은 18m까지 이상없이 동작하였으며, 20m가 넘어가자 음악이 끊기기 시작했다.

▲ 필자가 테스트한 IBM 블루투스 마우스

Step 5 그럼, 마우스는 어떨까 ? 혹시나 하는 마음에 일반적인 컴퓨터에서는 동작을 하는데 설마 하는 생각에 테스트를 해 보았다.

그러나 블루투스 검색조차 되지 않았다.

아이패드는 이에 대한 지원을 하지 않는 것으로 확인되었으며, 사용하기 위해서는 OS 관련하여 내부 프로세서를 변경해야 하는데 (세간에선 이러한 작업을 탈옥이라고 일컬으며 애플에서 지원하지 않는 기능을 별도의 S/W를 이용해서 OS 소스를 해킹, 변경하는 방법) 일반인이 사용하기에는 다소 무리가 있다. 그리고, 결정적으로 마우스 사용에 대한 필요성이 그다지 높지 않기 때문에 법적인 문제도 있고 해서 설명하지 않도록 하겠다. 마지막으로 키보드는 사용이 가능하다.

Step 6 분명, 아이패드를 사용하면서 마우스와 키보드를 블루투스를 이용해서 사용하면 편리한 경우도 있겠지만, 굳이 그러면서까지 사용하는 것을 권장하지는 않는다. 그러나 블루투스 헤드폰은 아이패드의 음량 출력 시스템을 한층 더 완벽하게 해결해 주는 커다란 장점이니 여유가 있는 유저들은 사용해 보기 바란다.

Chapter 2 » 아이패드에 나타난 화면을 파일로 저장

최초 아이패드를 구입하고 이런 저런 내용을 검색하던 중 컴퓨터의 스크린 캡쳐와 동일한 기능이 아이패드에는 없을까하고 고민을 하였다.(컴퓨터는 Shift- -PrtSc 후 그림판을 열고 붙여넣기하면 화면에 나타난 내용이 그대로 저장된다.)

분명, 필요한 기능이고 아이패드도 컴퓨터라면 분명히 있을텐데, 버튼이라고는 홈버튼과 슬립모드 진입/해제 버튼 뿐이니 도무지 알 수가 없었다. 그러던 중 무심코 홈버튼과 슬립모드 버튼을 동시에 눌러 보았다. 그랬더니 놀라운 일이 일어났다. 콜럼버스가 신대륙을 발견한 것과는 비교할 수 없지만, 그때의 희열감은 이루 말 할 수 없었다. 아이패드 화면에 보이는 내용이 찰칵하면서 사진을 찍는 것 같은 현상이 발생한 것이다. 혹시나 해서 사진 어플을 터치해 보니 화면에 보이는 내용이 저장되어 있는 것이다.

홈버튼과 슬립모드 버튼을 동시에 누르면 슬립모드로 진입한다. 두 버튼의 우선 순위는 관계가 없다. 다만, 시간차가 0.5초 정도의 간격이 있어야 동작을 하며, 되도록이면 홈버튼을 먼저 누르고 슬립모드 버튼을 누르는 것이 더 정확하게 동작할 수 있다. 슬립모드 버튼을 먼저 누르고 시간 내에 홈버튼을 누르지 못하면 슬립모드로 진입하기 때문 이다.

Tip

Chapter 3 » 아이패드 업데이트 방법

아이패드 OS 관련 업데이트에는 두 가지 방법이 있다. 아이튠즈에 포함되어 있는 자동 업데이트 기능과 수동 업데이트 기능이다.

Step 1 먼저, 자동 업데이트 기능이다. 사용하고자 하는 컴퓨터가 인터넷에 연결되어 있어야 한다. 그런 후, 아이튠즈를 실행하고 좌측 장비(Device)를 선택 후 요약 탭을 선택한다.

Step 2 화면에 보이는 내용 중 버전 항목의 업데이트 확인 버튼을 클릭한다.

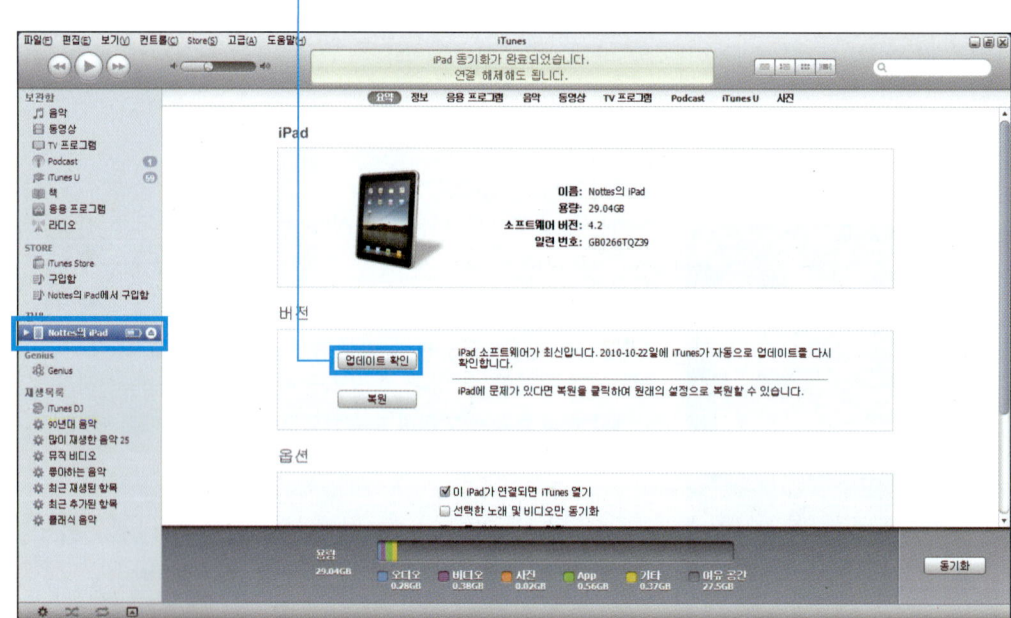

Step 4 아이튠즈가 아이패드에 설치되어 있는 OS 버전과 애플서버의 OS 버전을 비교하여 버전이 낮을 경우 자동으로 설치한다. 필자의 경우는 업데이트 내용이 없음을 표시하였다.

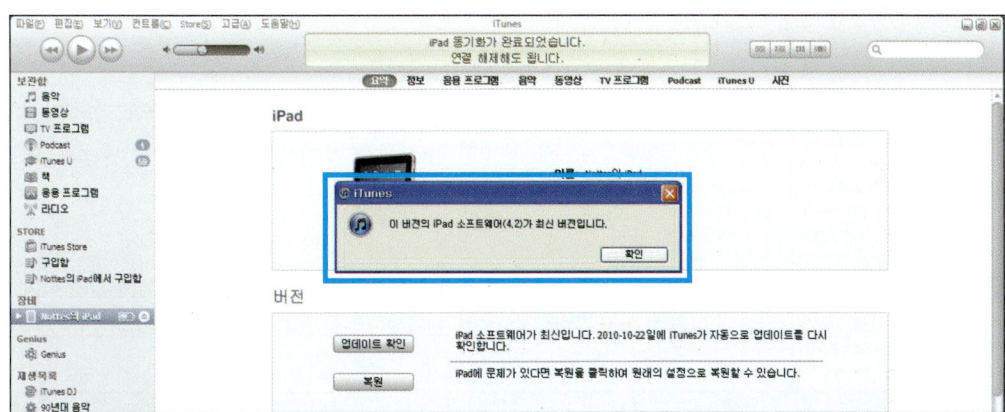

이 방법은 애플사에서 공식화된 OS를 다운로드하여 설치할 때 사용하는 방법이며, 기타 상위 OS나 베타 버전의 OS는 제공되지 않는다. 애플용 어플 개발자를 위한 OS 다운로드는 지원되지 않는 기능이 있기 때문에 한계가 있다. 그러나, 애플용 디바이스 파일 형식의 설치 파일인 .ipsw을 인터넷(개발자를 위한 공개용)에서 다운로드 하여 직접 OS를 업데이트 할 수 있다. 하위 OS로 다운그레이드도 가능하니 참고하기 바란다.

수동 업데이트 방법은 자동 업데이트 방식과 동일하나, 업데이트 버튼을 클릭시 + Shift를 미리 누르고 있어야 한다.
Shift + 업데이트를 클릭하면 ipsw 파일이 저장되어 있는 위치를 찾는 탐색창이 나타나며 사전에 다운로드한 파일을 지정 후 실행하면 된다.

앞서 이야기했듯이 개발자를 위한 기능이라고 생각하기 바라며, 탈옥의 개념으로 제한된 기능을 해킹하여 공개된 어플 등을 사용하기 위한 방법이니 권장하지는 않는다. 참고로 맥의 경우는 Alt + 업데이트이다.

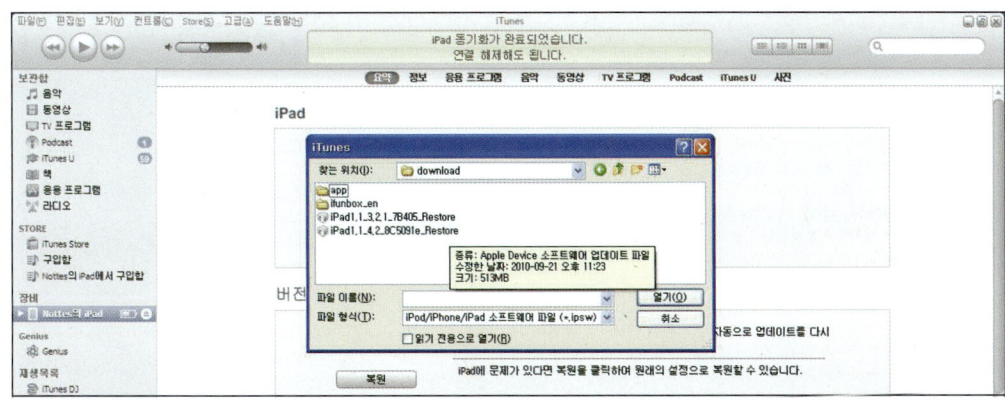

Chapter 4 » 휴대폰으로 촬영한 동영상을 아이패드에 저장하기

아이패드에는 카메라가 없다. 그렇다 보니 동영상 촬영이 불가능하며 USB 컨넥터를 이용한 별도의 장치를 사용하기 전에는 불가능하다. 그래서 휴대폰으로 촬영한 동영상을 아이패드로 저장하는 방법에 대해서 알아보자.

Step 1 먼저, 휴대폰으로 촬영한 동영상을 제품 구매시 기본으로 지급되어진 데이터 통신 케이블을 이용하여 사용 중인 컴퓨터에 저장하자. 그런 후 아이튠즈를 실행한다. 보관함에는 한 개의 동영상이 저장되어 있다.

Step 2 상단 메뉴에서 파일 - 보관함에 파일 추가를 선택한다.

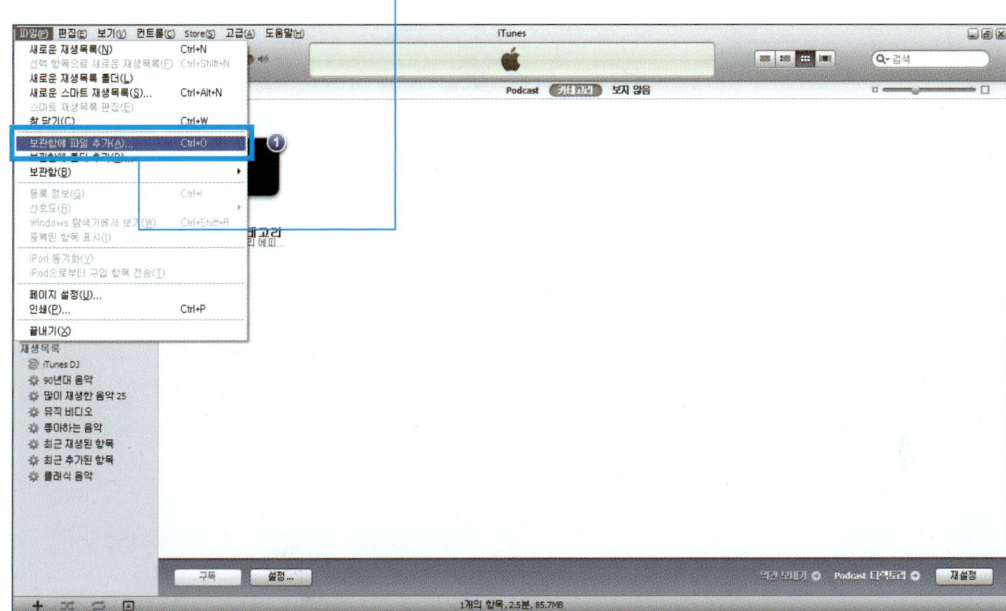

Step 3 컴퓨터에 저장되어 있는 휴대폰 동영상을 선택한다.

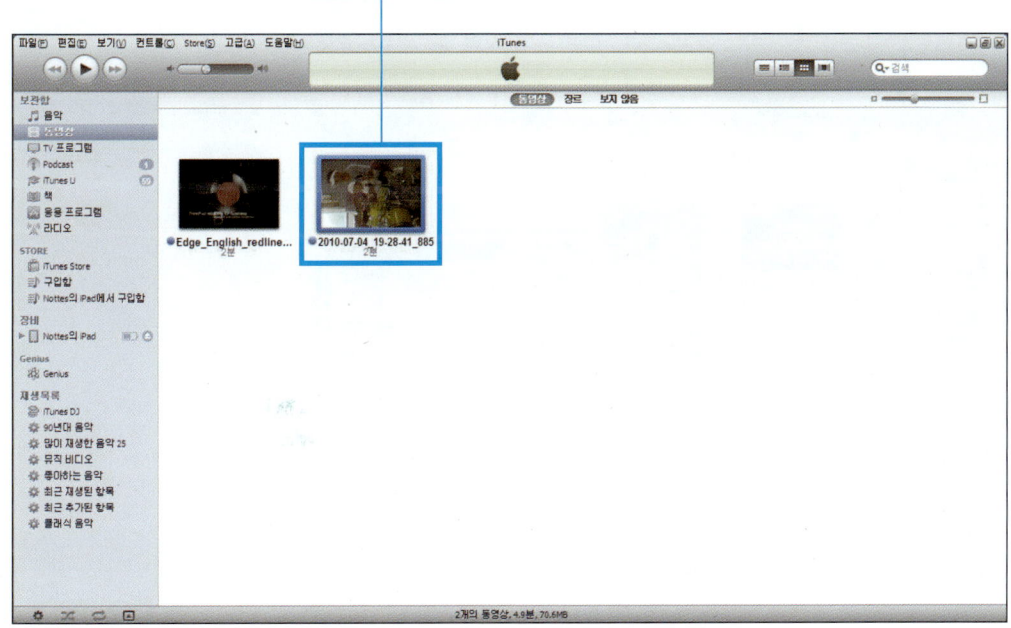

Step 4 마우스로 선택 후 끌어서 좌측 장비(Device) 항목으로 갖다 놓는다.

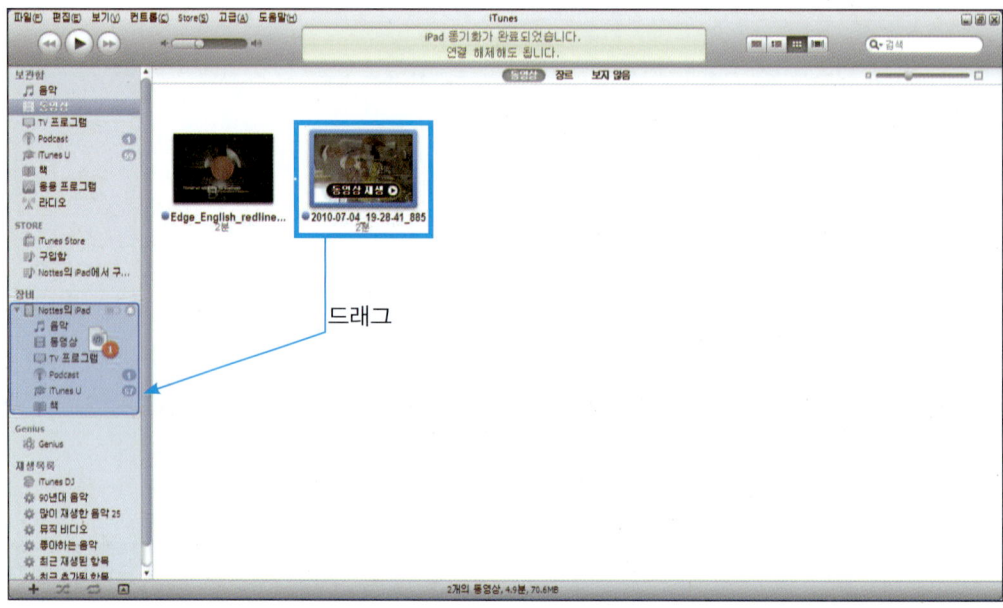

드래그

Step 5 그러자, 아이패드에서 구동이 불가능한 파일 형식으로 인해 복사가 되지 않았다. 그럼 어떻게 해야 할까? 동영상 어플 이용시 사용되었던 인코더를 이용하자.

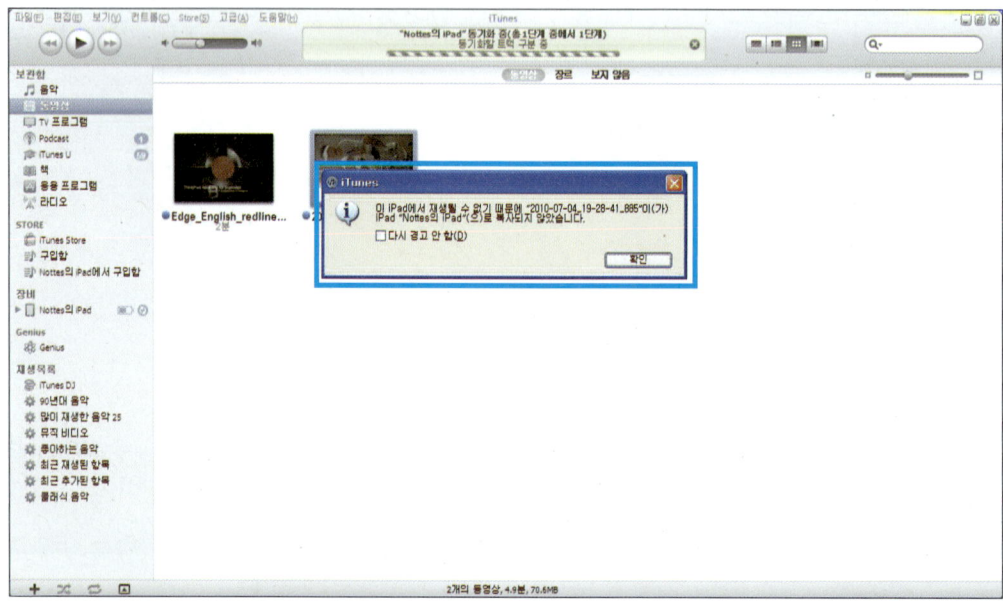

Step 6 컴퓨터에 저장되어 있는 다음 팟인코더를 실행하자.

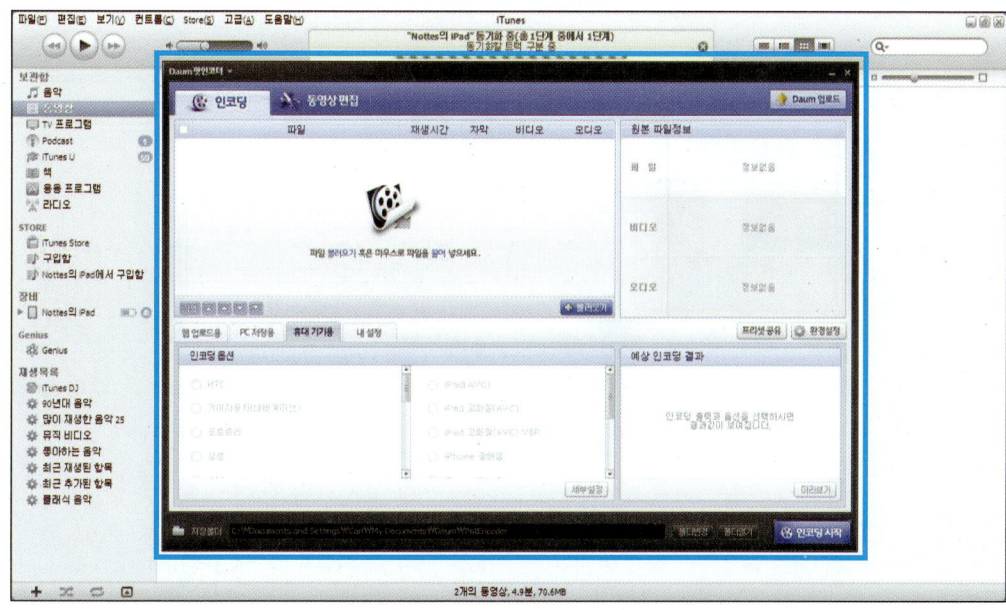

Step 7 아이패드로 복사가 되지 않은 파일을 불러오기 버튼을 이용하여 선택 후 인코딩을 하였다. 잠시 후 인코딩이 완료되었다는 메세지가 나타났다.

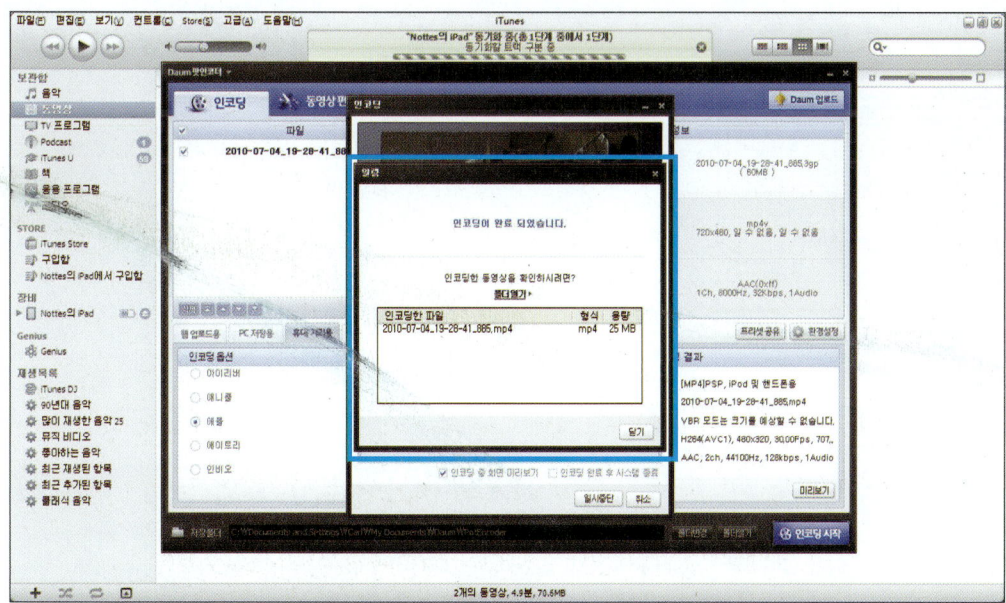

Step 8 현재 보관함에 저장되어진 파일이 아이패드용 파일로 변환된 것이 아니다. 컴퓨터에 저장되어 있는 원본 파일이 변환되었으므로 보관함의 파일은 삭제한다.

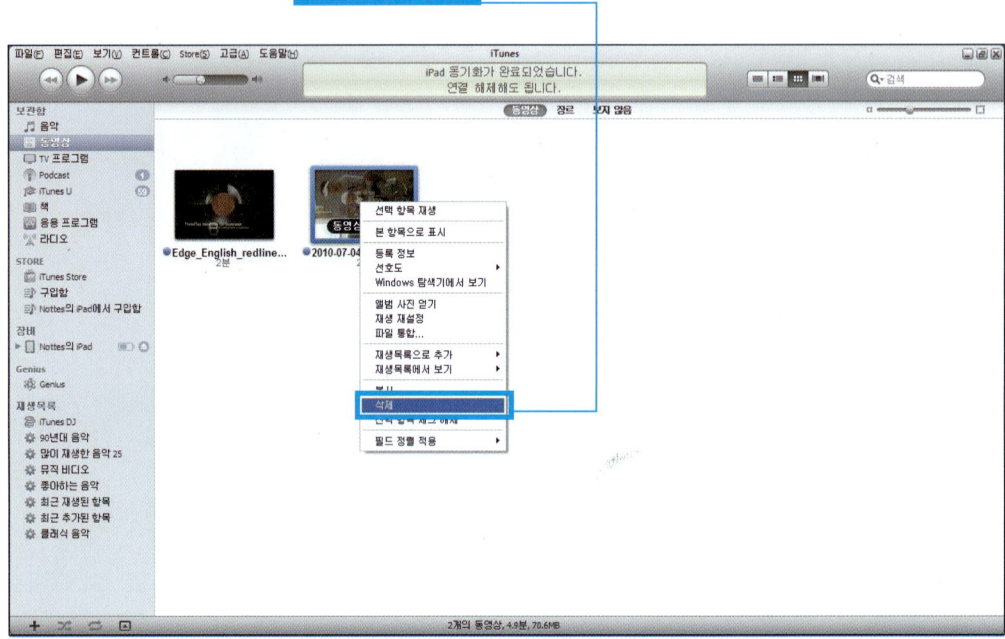

Step 9 메뉴 중 파일 - 보관함에 파일 추가를 선택한 후 변환된 파일이 저장되어 있는 폴더를 선택한다.

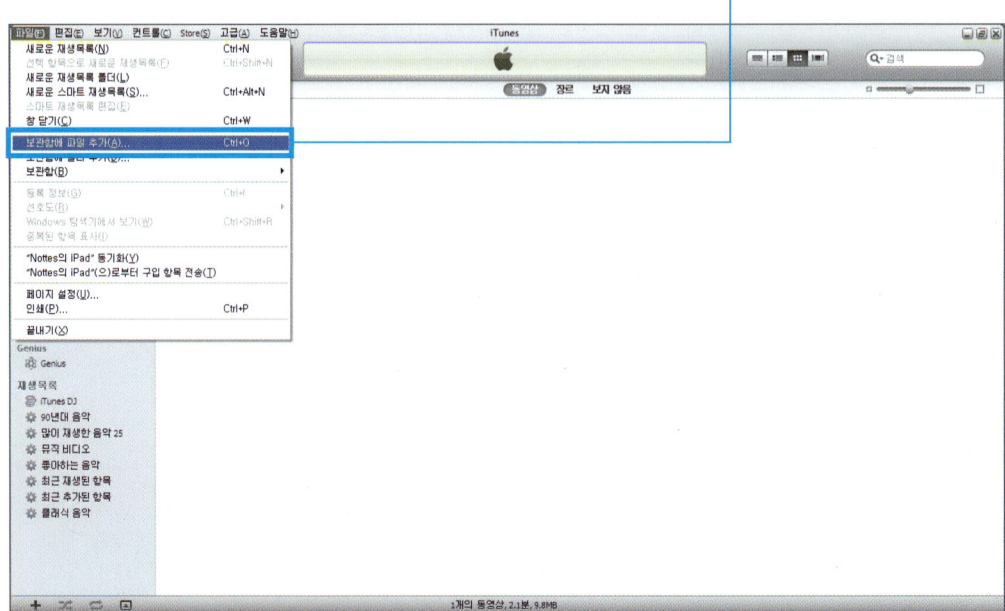

기존의 휴대폰 동영상 파일의 형식을 살펴보자. 아이패드에서 구동 가능한 파일인 MP4 형식이 아닌 것을 확인할 수 있다.

Tip

Step 10 파일명은 동일하나 MP4 형식의 파일이 생성된 것을 알 수 있다. 이 파일을 선택하자.

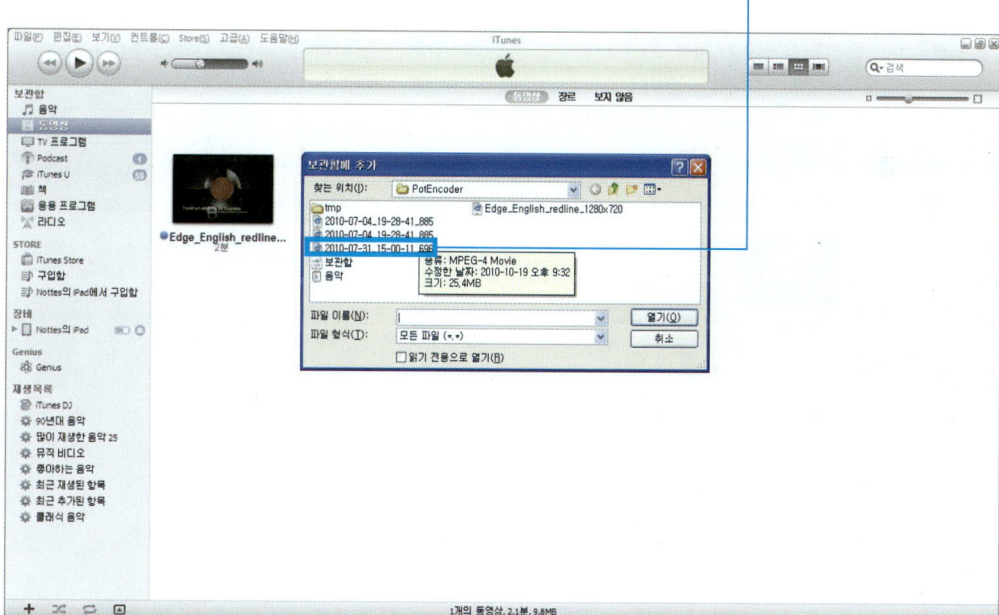

Step 11 보관함에 두 개의 동영상 파일이 저장되었다.

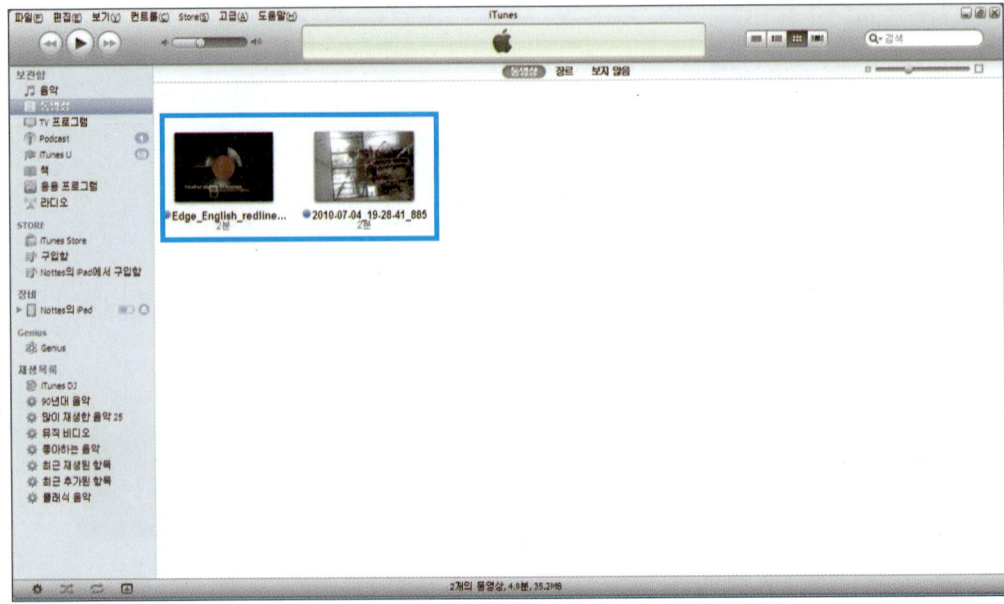

Step 12 마우스로 선택 후 끌어서 좌측 장비(Device) 항목에 갖다 놓으면 자동으로 동기화가 진행된다.

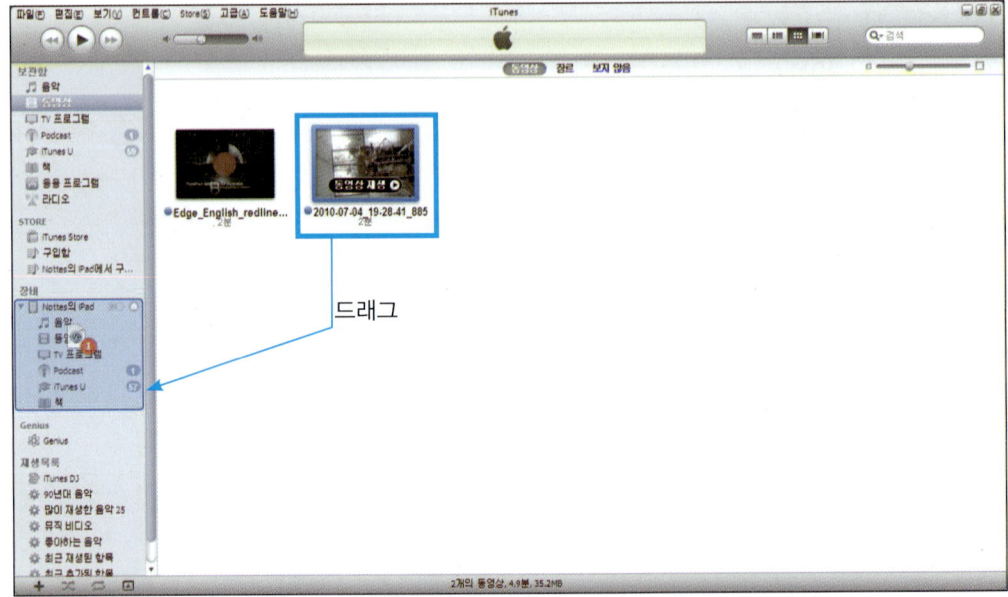

Step 13 이제, 동영상이 제대로 저장되었는지 확인해 보자. 아이패드의 비디오 어플을 실행해 보자. 동영상 항목에 새로운 파일이 저장되어 있는 것을 확인할 수 있다.

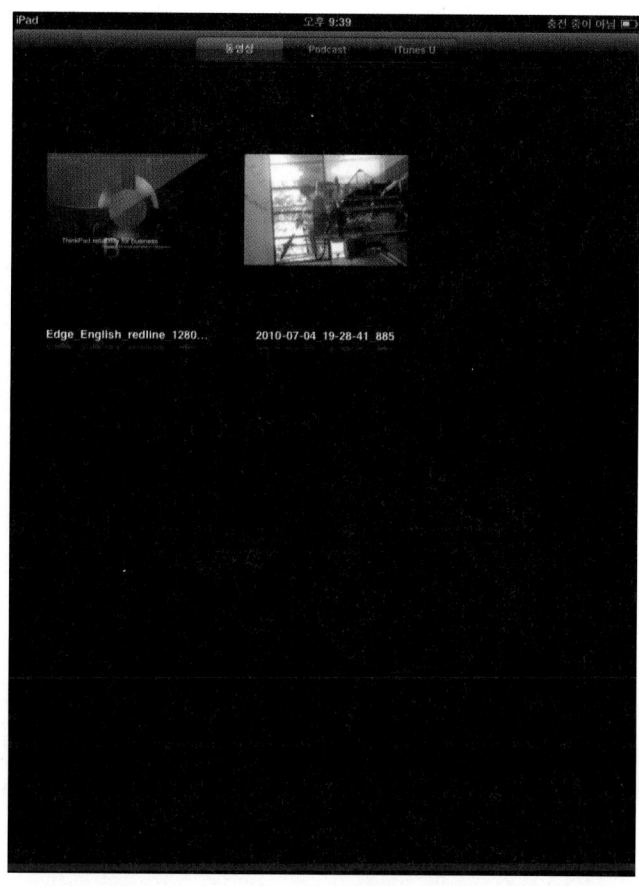

Chapter 5 » 동영상 파일에 타이틀 및 사진을 추가할 때

다운로드한 동영상파일은 첫번째 장면이 기본 보기 형식으로 보여진다. 영화나 임의로 제작한 동영상의 타이틀을 영화 포스터나 특정사진으로 저장하여 분류하는 방법을 알아보도록 하자.

Step 1 먼저 아이튠즈를 실행시킨후 임시 보관함의 동영상 항목으로 이동한다. 두 개의 동영상이 저장되어 있다.

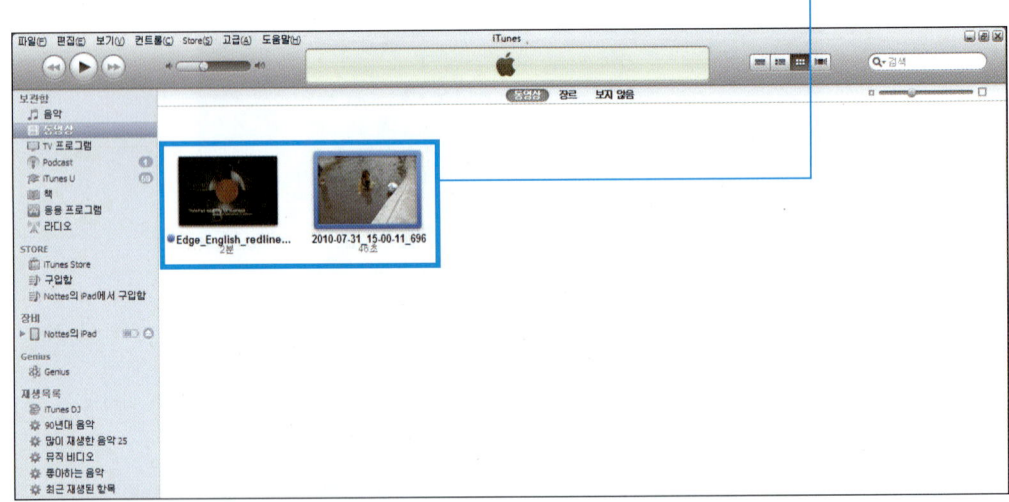

Step 2 타이틀을 변경하기 원하는 동영상에 마우스를 갖다댄 후 우측 버튼을 클릭한다. 그런 후 위에서 세번째 항목인 등록 정보를 클릭한다.

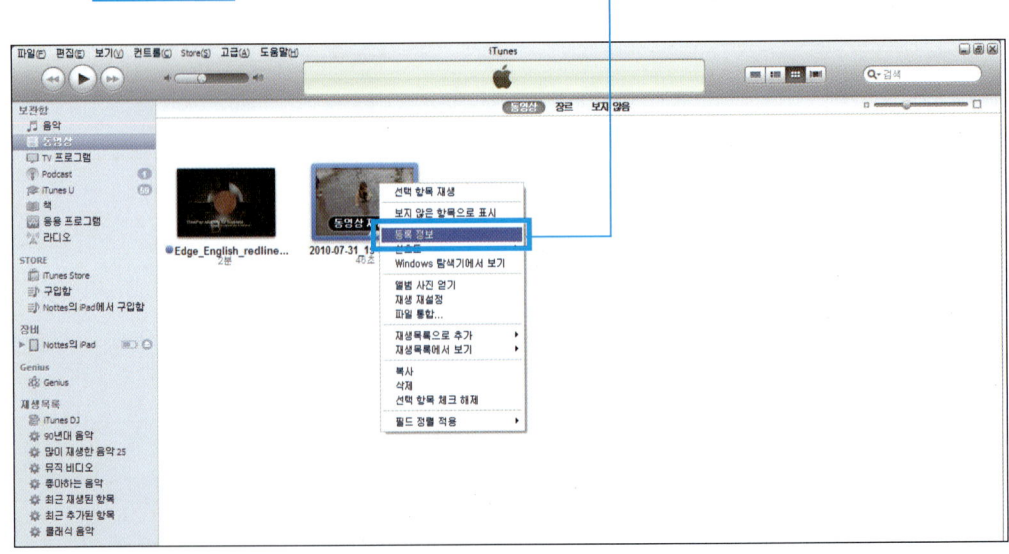

Step 3 현재 동영상 속성에 관련한 내용이 표시되는 것을 확인할 수 있다. 파일 사이즈와 해상도 기타 등등.

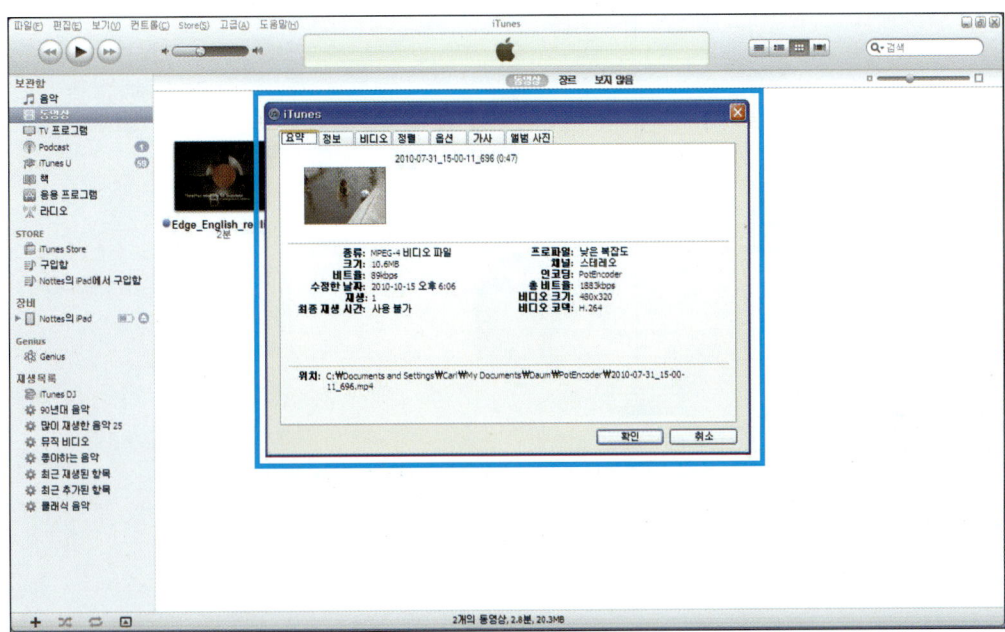

Step 4 등록 정보 창의 우측 끝의 앨범 사진을 클릭한다.

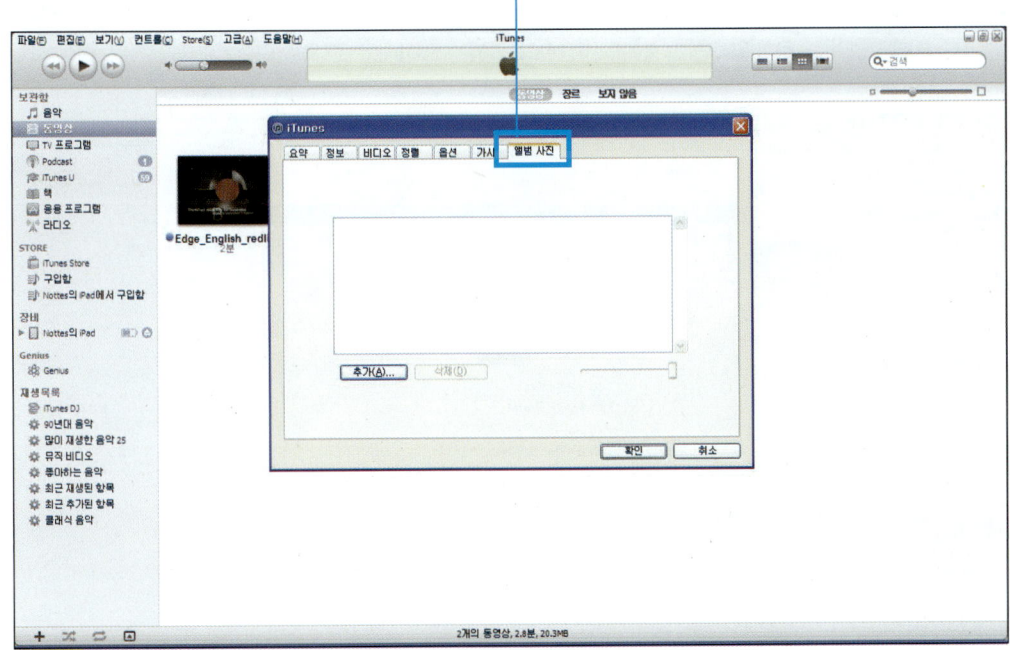

Step 5 아래 추가 버튼을 클릭하여 동영상에 저장하고자 하는 사진을 임의로 선택한다. 필자는 다음과 같이 선택하였다.

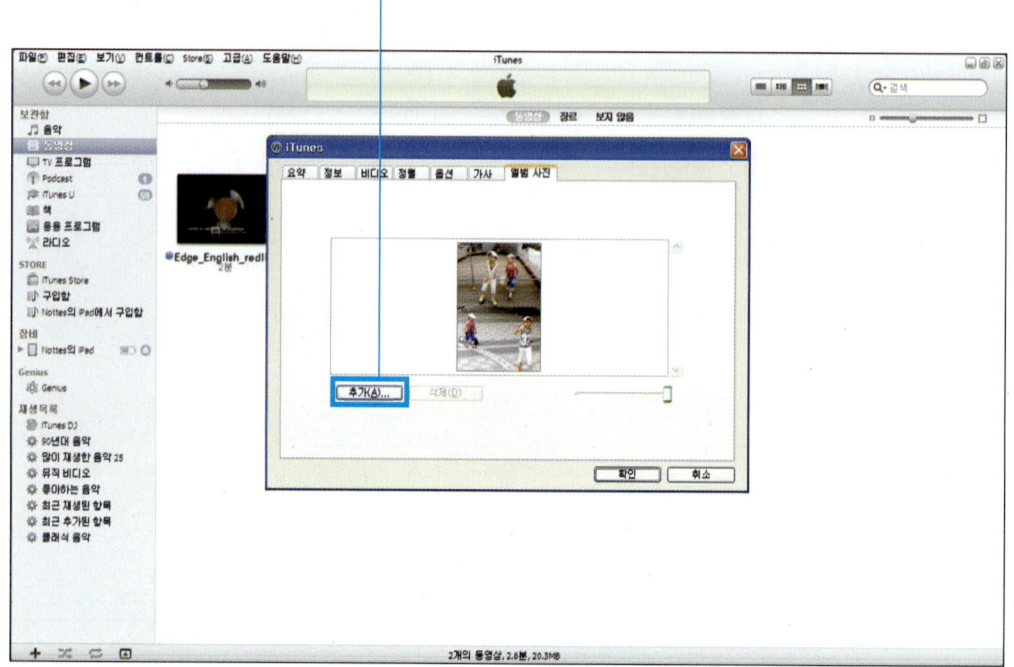

Step 6 메뉴 탭 중에서 옵션 항목으로 가서 미디어 종류를 확인해 본다. 동영상으로 되어 있다. 만약 다른 곳에 저장 (카테고리 변경) 하기 원하면 이 항목을 변경한다. 필자는 현 상태를 유지하였다.

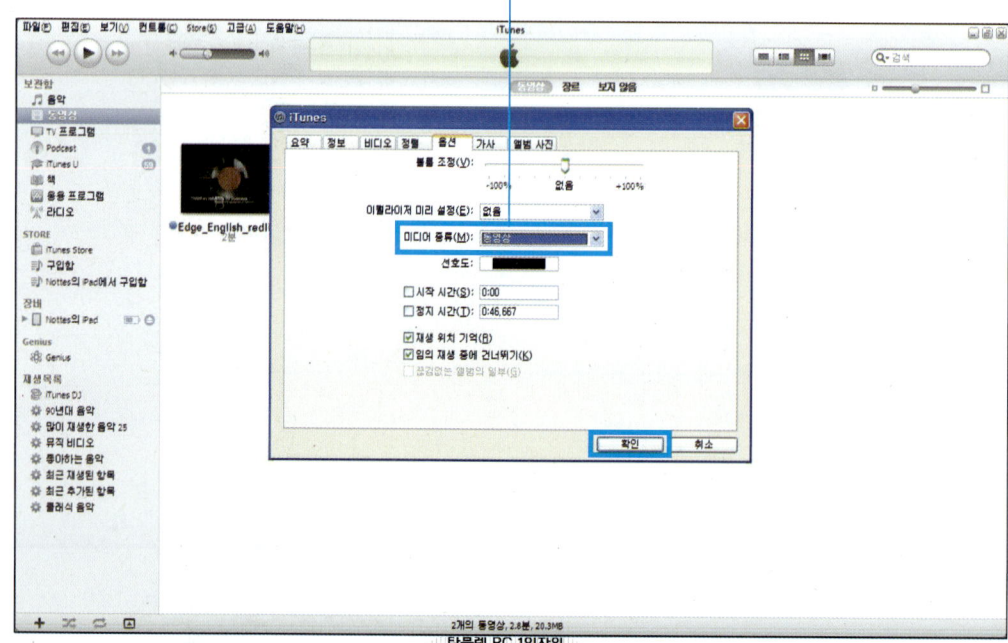

Step 7 등록 정보 창 하단의 확인을 클릭하면 동영상의 타이틀이 변경된 것을 확인할 수 있다.

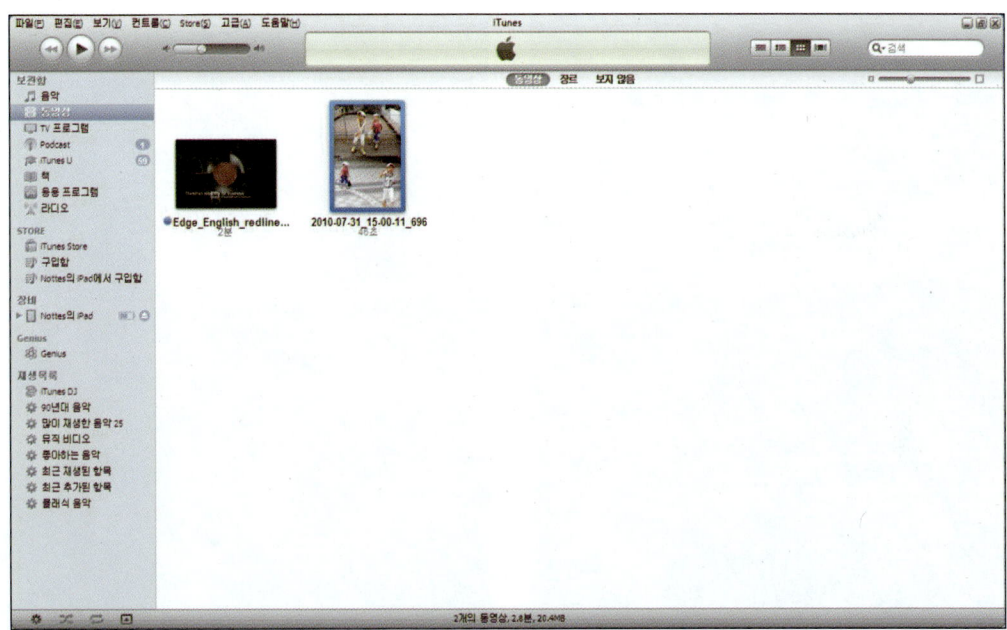

Step 8 이제 아이패드로 저장해 보자. 좌측 메뉴의 장비를 클릭 후 동영상을 선택한 후 하단의 동기화를 클릭한다. 모든 작업이 완료되었다.

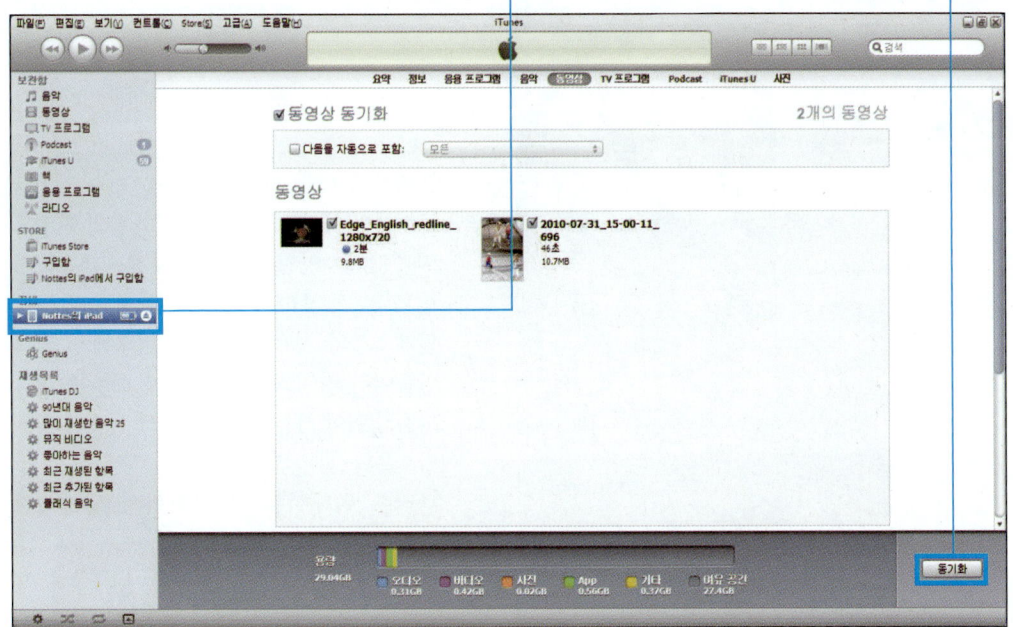

Step 9 타이틀 변경 전의 동영상 파일과 타이틀 변경 후의 동영상 파일

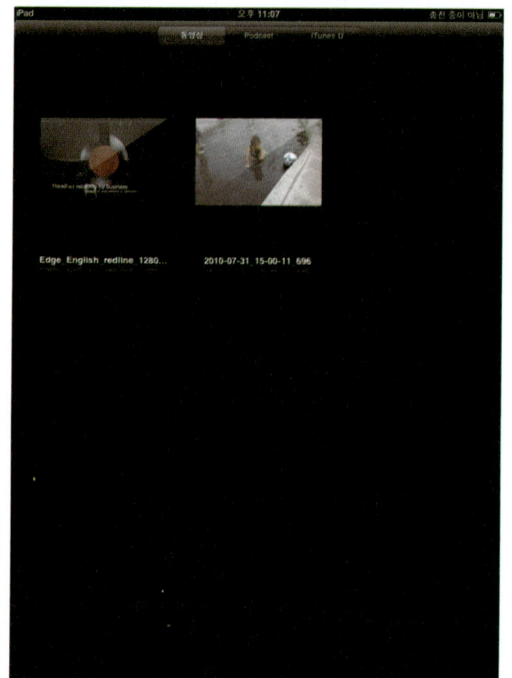
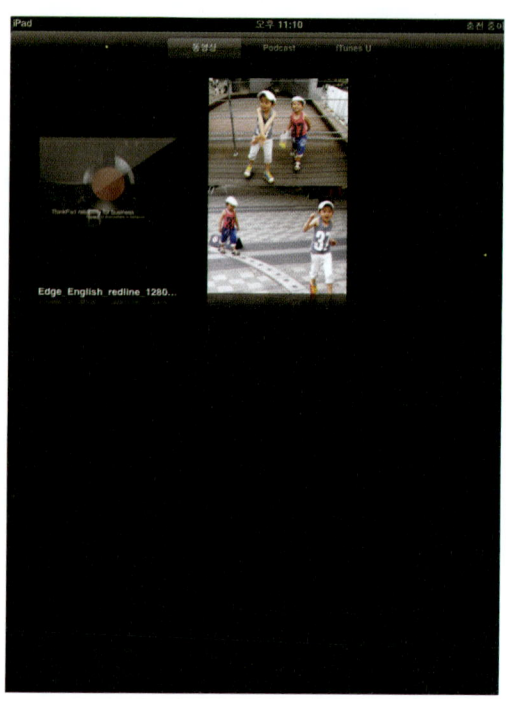

Step 10 변경된 동영상을 터치하면 이에 대한 세부 정보가 표시되며, 변경된 타이틀이 표시되는 것을 확인할 수 있다.

> 동영상에 대한 타이틀 사진을 변경하였다. 그렇다면 아이튠즈나 팟케스트, 음악 파일도 변경할 수 있지 안을까? 물론, 가능하며 방법은 동일하다. 그러나 아이튠즈나 팟케스트의 경우 제작자의 의도에 의해서 만들어진 컨텐츠인 만큼 이에 대한 변경은 하지 말아야 하는것이 예의라고 생각한다.
> 단, 음악 파일의 경우 카테고리 변경 및 관리를 위해서는 각자 알아서 생각하기 바란다.

Tip

Chapter 6 » 일반 웹브라우저에서 어플을 다운로드 받을 때

다음장에서 아이북 어플의 사용 방법을 설명해야 하므로 일반 웹부라우저에서 어플 다운 받기는 아이북 어플을 예로 들어 설명 하겠다

Step 1 인터넷을 연결 후 애플 사이트로 이동한다. (http://www.apple.com/kr/)

Step 2 메인 메뉴 중에서 아이패드를 클릭한 후 아이패드 전용 화면으로 전환된 상태에서 검색란에 ibook이라고 입력한다.

Part 1 개요 | Part 2 기기설명 및 기본 사용법 | Part 3 아이패드 활용 – 기본편 | Part 5 아이패드 추천 어플

Part 4 아이패드 활용 – 응용편

Step 3 그러면 다음과 같은 두 개의 아이템이 나오며 우측의 아이패드 전용 아이북을 선택한다.

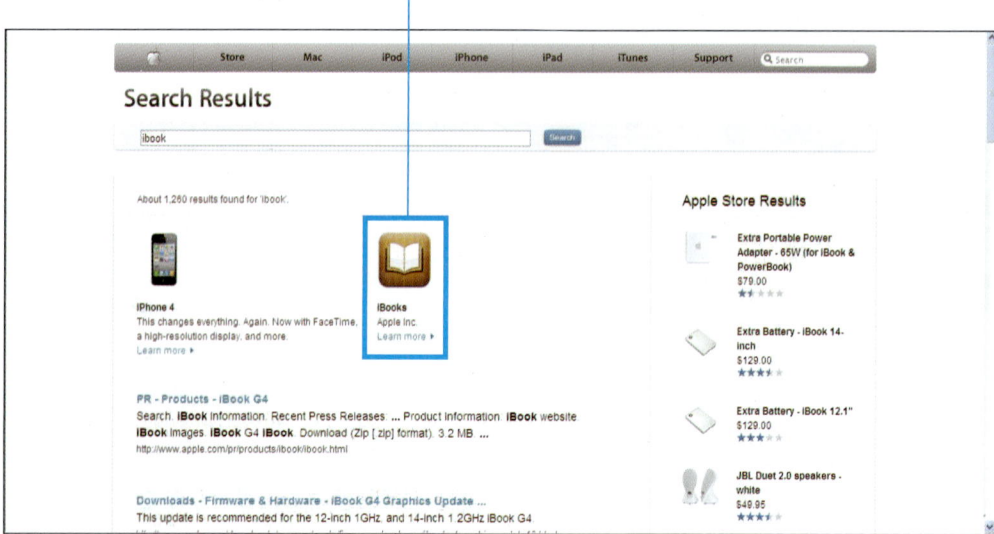

Step 4 아이북에 관한 설명과 기타 등등 내용이 있다. 이 내용 중앙에 Application License Agreement 를 클릭한다.

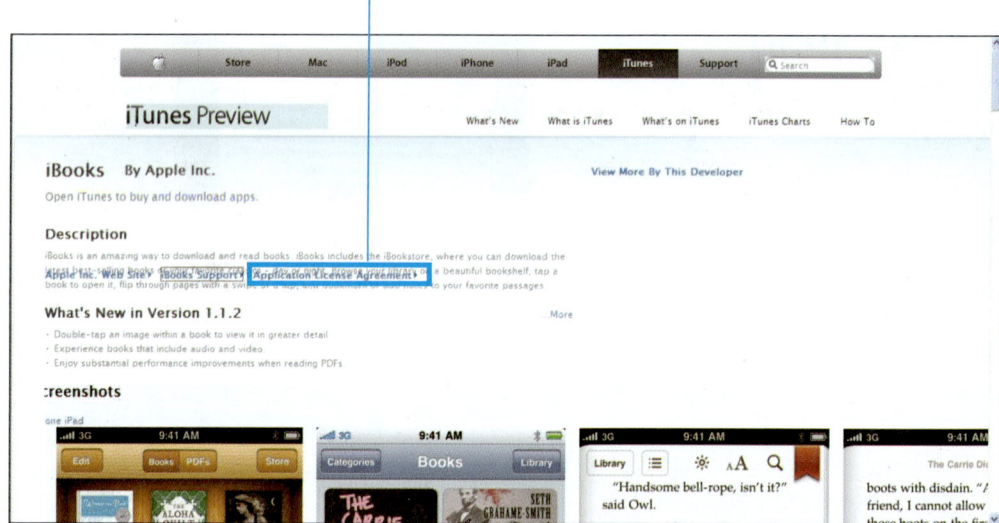

Step 5 그러면 컴퓨터에 설치되어 있는 아이튠즈가 실행되면서 아래와 같이 나타난다.

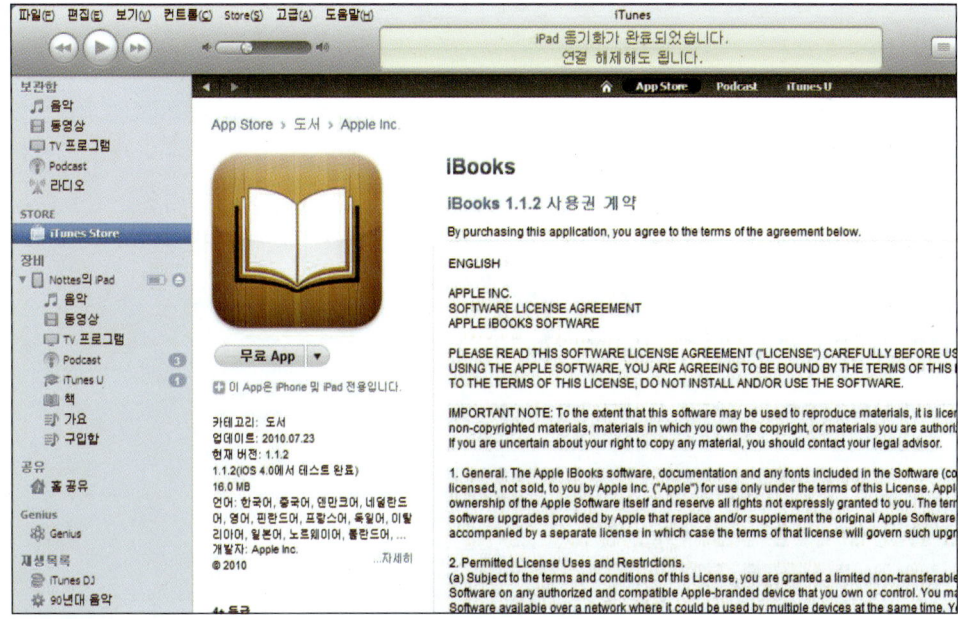

Step 6 우측의 스크롤바를 아래로 내리면 다음과 같이 완료 버튼이 나타난다.

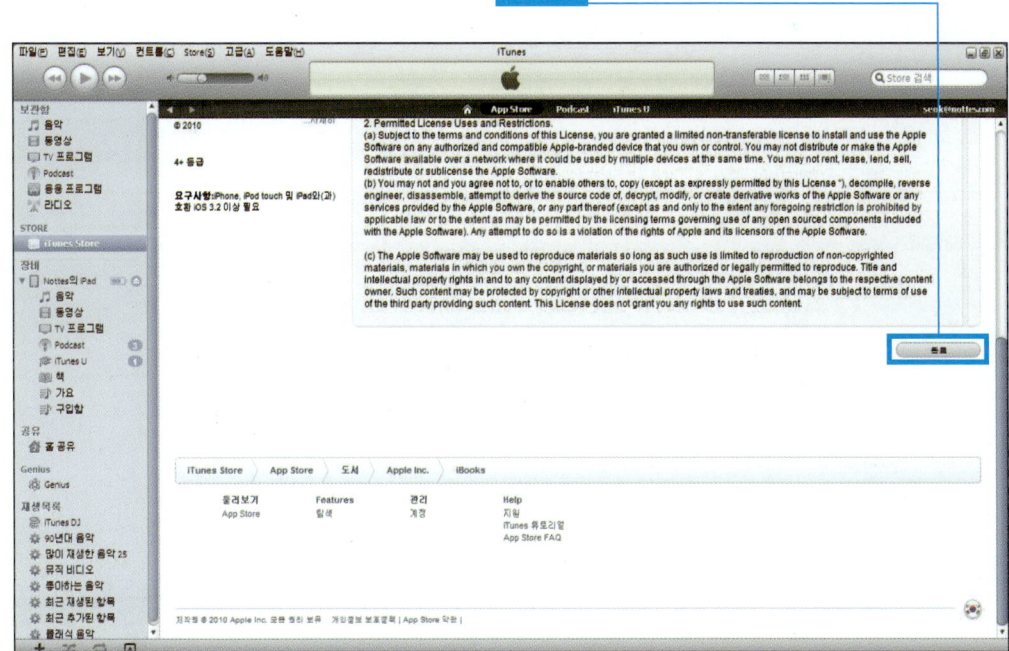

Part 1 개요 | Part 2 기기설명 및 기본 사용법 | Part 3 아이패드 활용 – 기본편 | Part 5 아이패드 추천 어플

Part 4 아이패드 활용 – 응용편

Step 7 ▶ 완료 버튼을 클릭하면 iBook 어플의 개요와 기능에 대한 설명 화면이 나타난다. 그리고 화면 좌측 어플 아이콘 아래 무료라는 버튼을 클릭하면 다운로드가 완료된다.

Step 8 ▶ 다운로드가 완료되면 보관함 응용 프로그램에 항목이 추가된 것을 확인할 수 있다. 보관함에 저장되어 있는 어플을 직접 끌어서 장비에 갖다 놓으면 아이패드에 저장된다. 그러나 이번에는 다른 방법으로 저장하도록 하겠다.

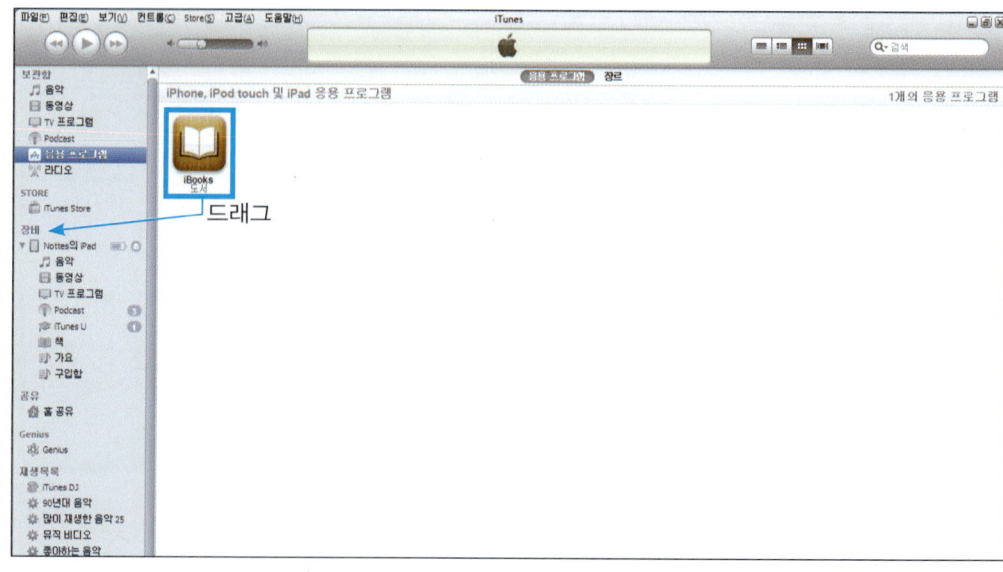

Step 9 ▶ 아이튠즈의 좌측 메뉴 중 장비를 선택 후 응용프로그램을 선택한다.

Step 10 ▶ 응용프로그램 동기화에 체크한 후 밑에 표시되지 않은 항목(iBook)을 체크 후 아래 적용을 클릭한다. 그러면 시스템과 동기화를 진행하게 된다.

Ibook이 아이패드에 설치된 것을 확인할 수 있으며, 컴퓨터를 이용해서 어플을 다운받은 후 아이튠즈를 이용해서 아이패드에 설치하는 과정을 설명하였다.

보관함에서 끌어다가 저장하는 방법의 차이점은 장치의 상태보기에서 추가, 삭제 및 어플간의 화면 이동이 가능하다는 것이다. 이 방법은 어렵게 생각되어 질 수도 있으나, 고급 기능이니 만큼 필히 알아둘 필요가 있다.

Chapter 7 » 아이패드의 도서관 아이북 어플

아이패드의 최대 장점 중 하나는 e_Book 및 전자 미디어 뷰어 기능이다. 아이북의 컨텐츠는 대부분 영어 원문으로 되어 있어서 국내 사용자에게는 많은 효율성을 가져다 주지는 못하지만, 이와 관련하여 출판사들이 가까운 시일내에 아이북 전용 한글 서적을 출시할 예정이니 필히 사용해 보기 바란다.

Step 1 아이북 어플을 실행해 보자. 책장이 나타나며 이곳에 책은 한권도 없다. 이 책장이 아이북 메인 화면이며 이제부터 책을 다운로드 하도록 해보자. 좌측 상단의 <u>스토어</u>를 터치하면 책을 광고하는 배너창과 그 아래 책들이 나열되어 있다.

Step 2 상단 메뉴에서 보관함을 터치하면 전 화면인 책장으로 전환된다. 다시 스토어를 터치하고 카테고리 버튼을 터치하면 아래와 같이 카테고리 별 분류가 메뉴가 나타난다. 상단에 등록일 기준으로도 볼수 있고 검색을 통해서도 찾을 수 있다.

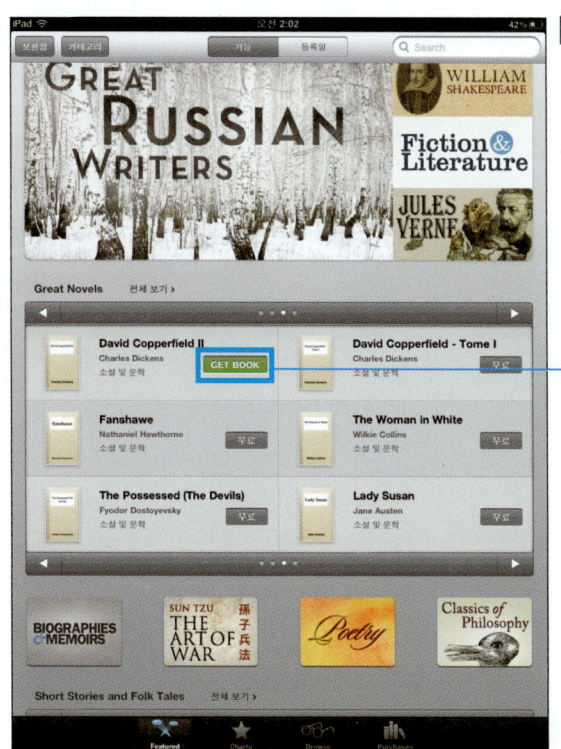

Step 3 일단 이곳에서 무료라고 적혀 있는 책을 선택 후 무료 버튼을 선택해 보자. 그러자 초록색의 GetBook 버튼으로 바뀌고 GetBook 버튼을 터치하면 아이북 메인 화면으로 전환되면서 책을 다운 받는다.

Part 1 개요 | Part 2 기기설명 및 기본 사용법 | Part 3 아이패드 활용 – 기본편 | Part 5 아이패드 추천 어플
Part 4 아이패드 활용 – 응용편

◀ 책이 다운로드된 상태

Step 4 다운받은 책을 삭제하려면 우측 상단의 편집 버튼을 터치하면 책장의 책 좌측모서리에 ⊗ 표시가 나타나면 이를 터치하면 삭제된다.

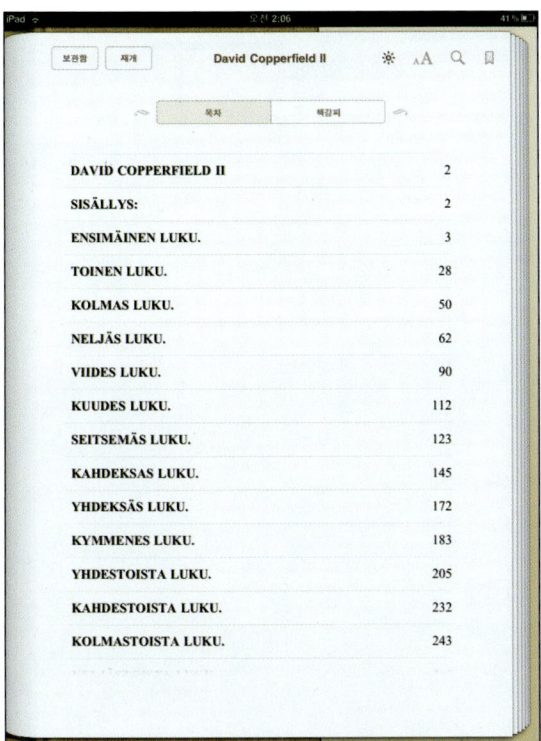

Step 5 이제 다운로드 받은 책을 보도록 하자. 책을 가볍게 터치하면 책 표지가 열린다.

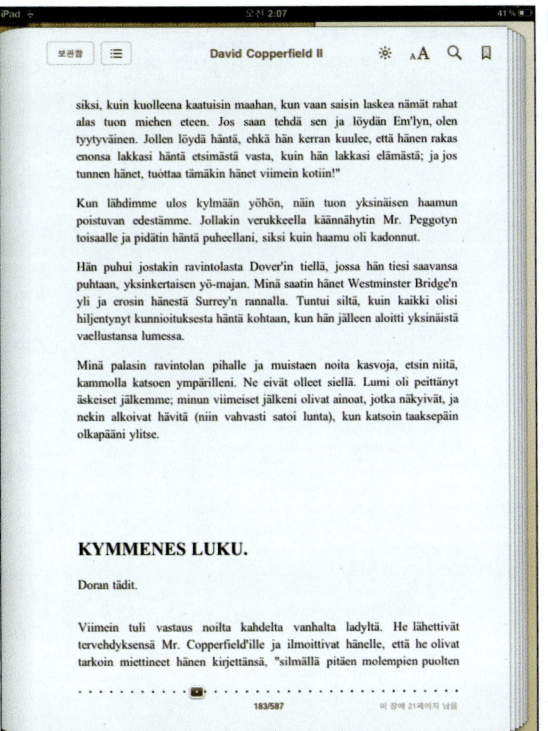

Step 6 책 목차에서 부제를 터치하면 원하는 페이지로 이동할 수 있다. 필자는 183 페이지를 터치하였다. 그러자 해당 페이지로 이동되었다.

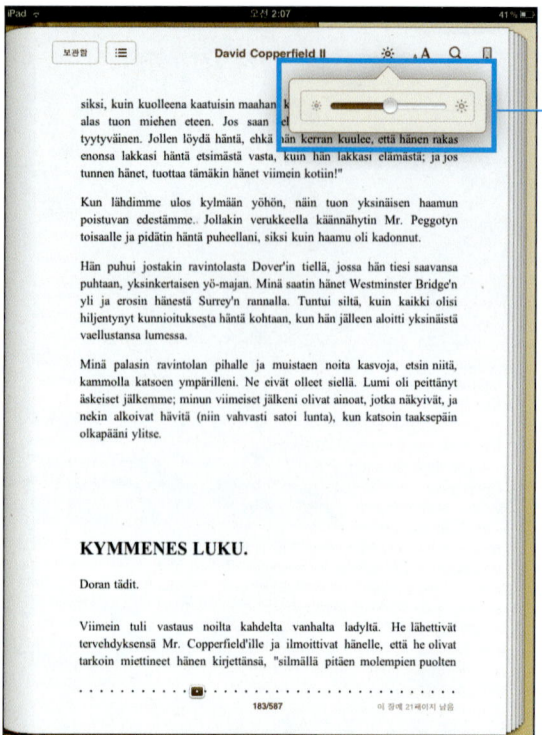

Step 7 우측 상단의 해 표시를 터치하면 밝기 조절 기능이 실행된다.

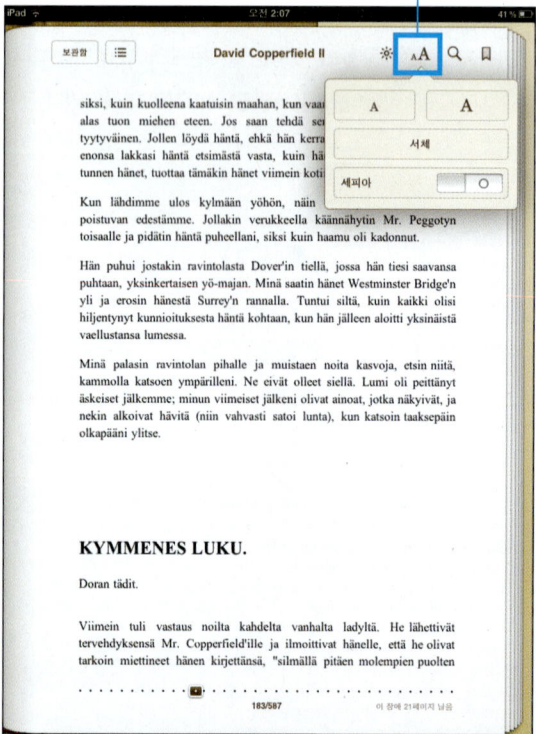

Step 8 우측 상단의 aA를 터치하면 폰트 사이즈나 서체, 종이 색을 바꿀 수 있는 메뉴가 나타난다. 직접 해보기 바란다.

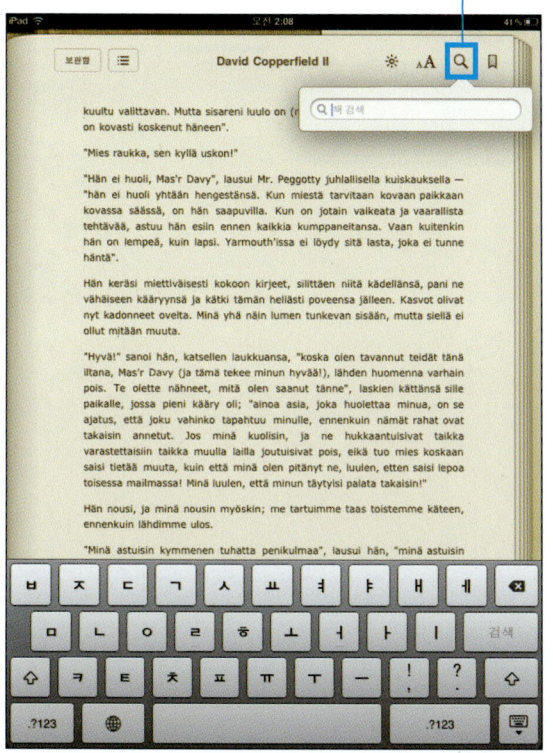

Step 9 검색 버튼이다. 임의로 단어를 입력하며 그 단어가 포함되어 있는 해당 페이지가 모두 표시된다. 정말 대단한 검색 능력이다.

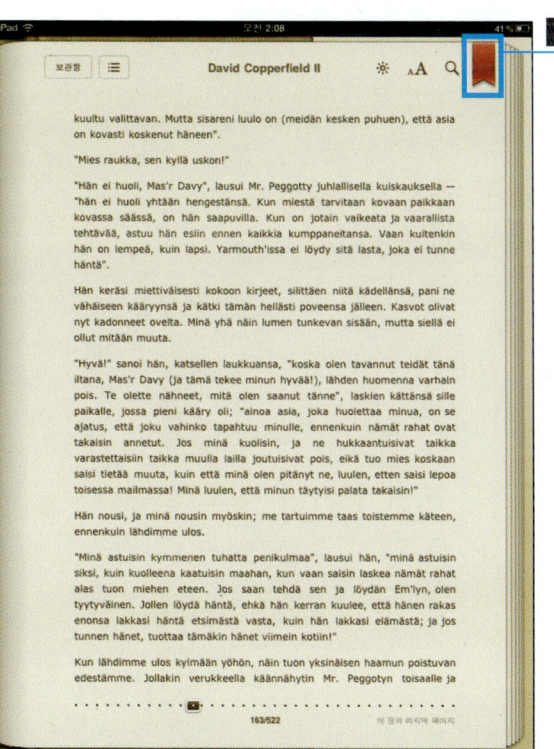

Step 10 책갈피 기능이다. 중요한 부분이라고 생각되는 부분은 책갈피로 체크해 놓기 바란다.

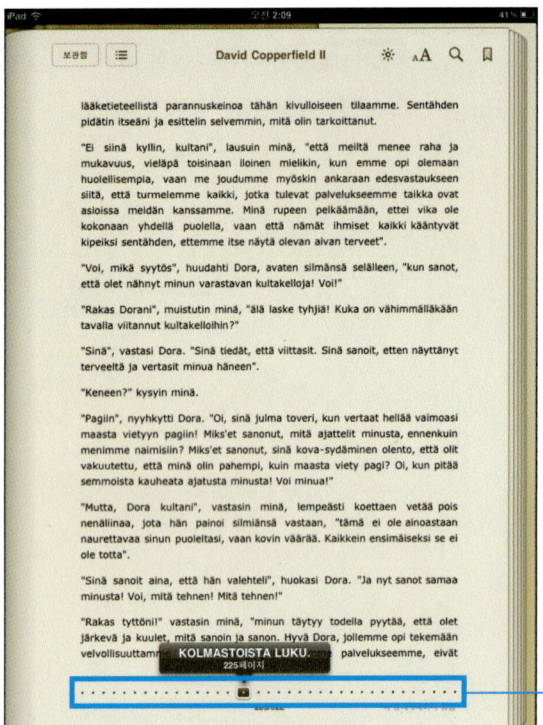

Step 11 책 아래에 있는 눈금 표시는 페이지를 한번에 이동할 수 있는 기능이다.

Chapter 8 » 오피스용 파일뷰어 GoodReader

아이패드를 일반적인 사무용 업무로 활용하기 위해서 구매한 유저들이 가장 난처해 하는 부분이 바로 오피스용 프로그램의 사용에 관한 것이다. 아이패드는 우리가 흔히 일컫는 MS-Office나 한글 2007과 같은 프로그램을 설치할 수 없다. 아니, 아이패드용 어플이 현재까지 존재하지 않는다. 이러한 상황을 대부분의 구매자들이 모른다는 것과 사용 방법에 대해 막연한 기대치를 가지고 구매한 것이 문제인 것이다.

그렇다면, 이러한 어플리케이션을 이용한 사용 외에 만들어진 데이터 파일을 볼 수는 없을까? 물론 있다. 파일뷰어 관련 어플들은 종류가 꽤 되지만 그 중 가장 많이 사용되는 어플이 GoodReader이다. 아이패드 활용의 마지막 결정판이 될 어플을 소개하겠다.

Step 1 먼저 앱스토어에 가서 검색란에 goodreader를 입력한다. 그러면 다음과 같은 어플이 소개되고 구매를 한다. 비용도 저렴하면서 가치가 있으니 아이패드 유저라면 필히 구매를 권하다.

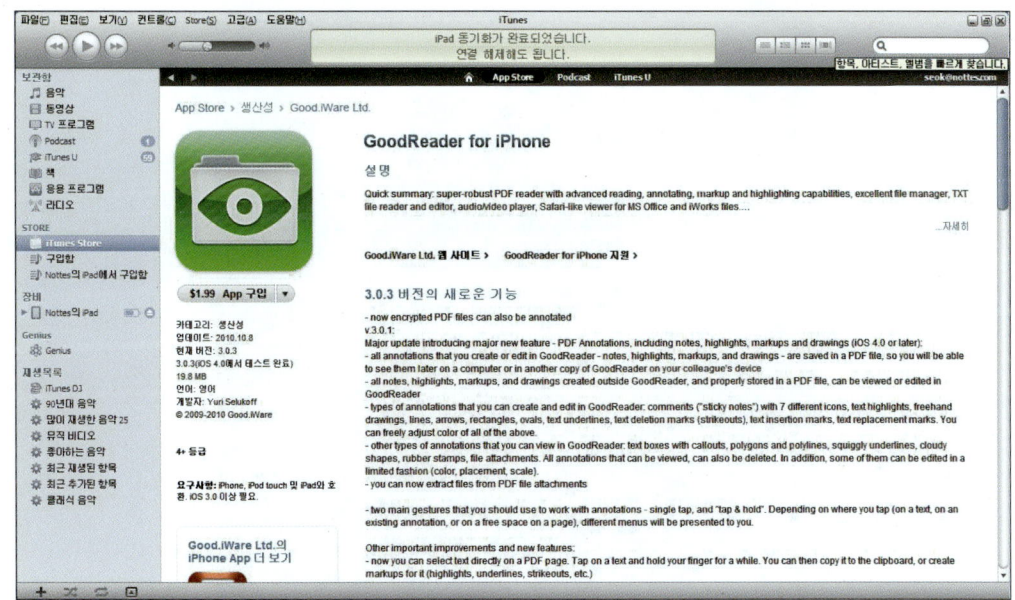

Step 2 GoodReader의 개념은 다음과 같다.

데이터 파일을 웹서버에 저장 후(아이패드에 자동 등록) 아이패드에서 네트워크를 이용해서 서버에 저장된 파일을 보여준다. 정말 쉽다. 그러나 이 개념을 이해하지 못하면 다소 복잡할 수 있으나 쉽게 설명하도록 하겠다.

Step 3 GoodReader를 실행시키면 다음과 같다. PDF 파일에 주석과 관련한 밑줄긋기 등의 기능이 가능하다고 설명하는 내용이 보인다.

좌측의 화면에는 서버에 저장될 파일을 보여주며, 우측은 데이터 파일을 추가, 삭제, 편집하기 위한 기능들이다.

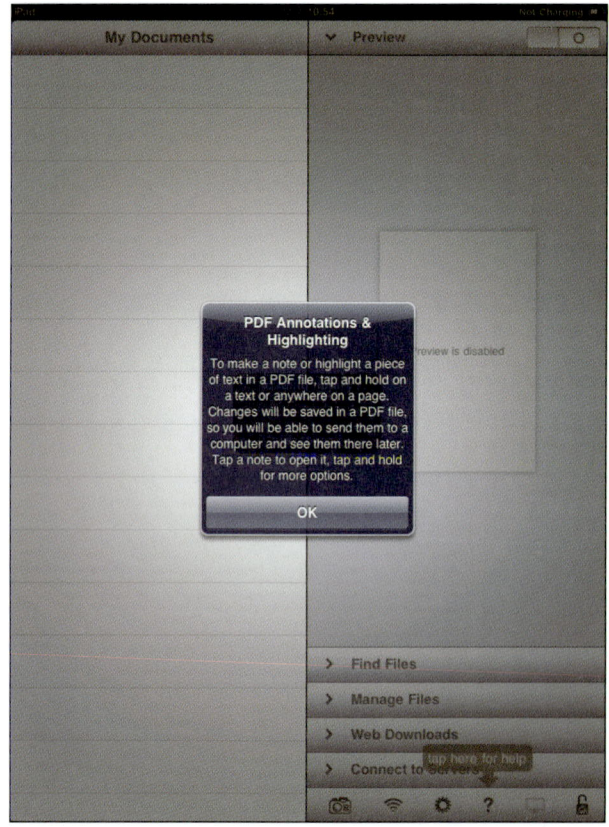

Step 4 그럼, 이제부터 실전에 돌입해서 설명하겠다. 이 부분은 무조건 따라하면 이해가 쉬운 부분이다. 우측 메뉴 기능 하단의 부채꼴 그림을 터치한다. 그러면 다음과 같은 창이 나타난다. 와이파이 트랜스퍼란 창은 현재 사용중인 인터넷에 접속되어 있는 컴퓨터로 아래 1또는 2와 같은 주소에 접속이 가능하도록 오픈되어 있다는 뜻이다. 컴퓨터로 웹브라우저을 열고 아래 주소를 입력한다.

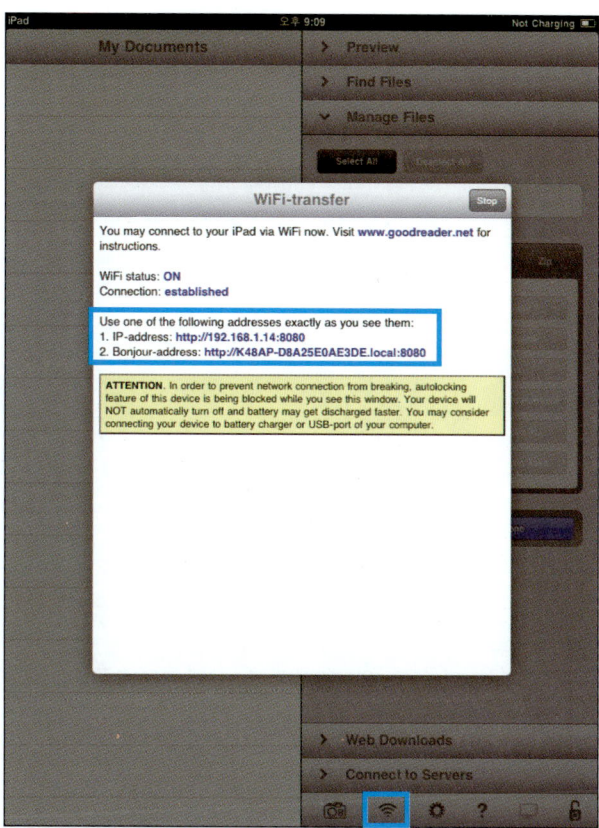

Step 5 그러자 다음과 같은 화면이 나타난다. 현재 사용중인 아이패드을 위해서 데이터 파일 저장을 위한 서버가 오픈되어 있는 것이다.

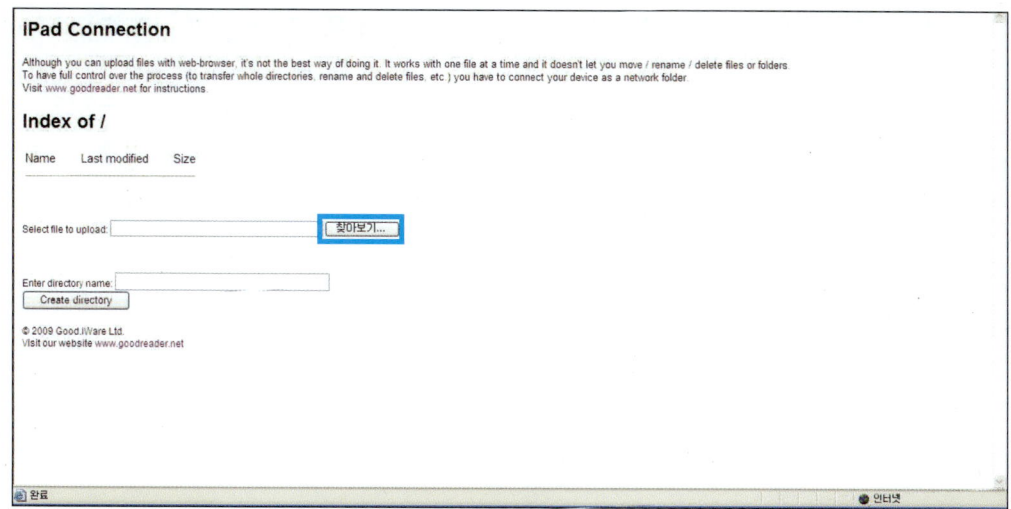

Step 6 찾아 보기 버튼을 클릭하고 아이패드에서 보려는 특정 파일을 선택한다. 그런 후 업로드 버튼을 클릭하면 잠시 후 서버에 파일이 저장된 것을 알 수 있다. 일종의 웹하드 형식처럼 보여진다.

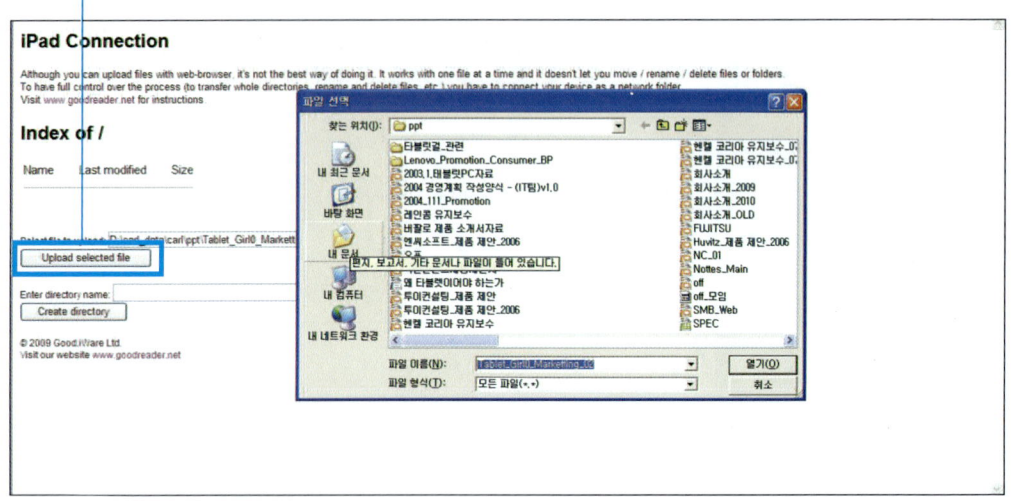

Step 7 파일을 업로드하는 동안에는 아이패드 와이파이 트랜스퍼에 붉은색 글씨로 STOP 버튼을 터치하지 말라는 내용이 표시된다. 이를 터치하면 파일 전송 중 끊어진다.

> 웹브라우저에 입력한 주소를 다른 유저가 이용할 수 있는 가정에 대해서 궁금해하지 않을 수 없다. 이에 답은 다음과 같다.
> 첫째, IP 주소는 접속하는 무선라우터에 따라서 바뀌기 때문에 유동적이므로 주소를 기억하는 것이 무의미하다.
> 둘째, 아이패드로 GoodReader를 실행 후 와이파이 트랜스퍼 모드가 On일 때 서버 접속이 가능하기 때문에 일반적으로 접속이 불가능하다.
> 첫째와 둘째 모두 동시에 일어나는 상황에서 접속이 가능하기 때문에 이 두가지 모두 만족하는 경우는 거의 불가능하다.

Tip

Step 8 파일뷰어 기능의 지원을 알아보기 위해서 각 종류의 파일을 업로드해 보았다. 한글은 펼쳐져서 보여지기 때문에 알아보기 어렵지만, 아이패드에서는 제대로 보인다.

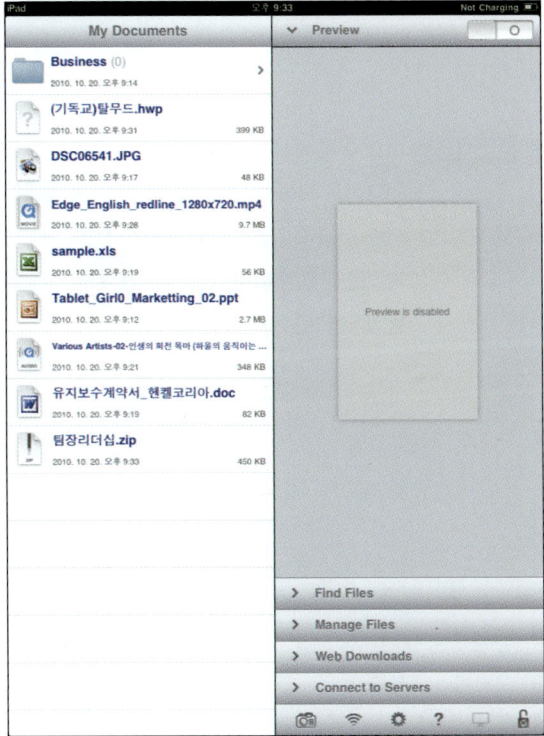

Step 9 그리고 아이패드의 GoodReader를 보자. 모두 동일하게 업로드되어 있다. 웹서버에 접속해서 업로드된 파일이 아이패드에서 동일하게 보여지는 상황을 경험해 보았다. 이제 어떻게 운용이 되는지 다소 이해가 될 것이다. 그럼, 이제 GoodReader로 파일뷰를 실행해 보자.

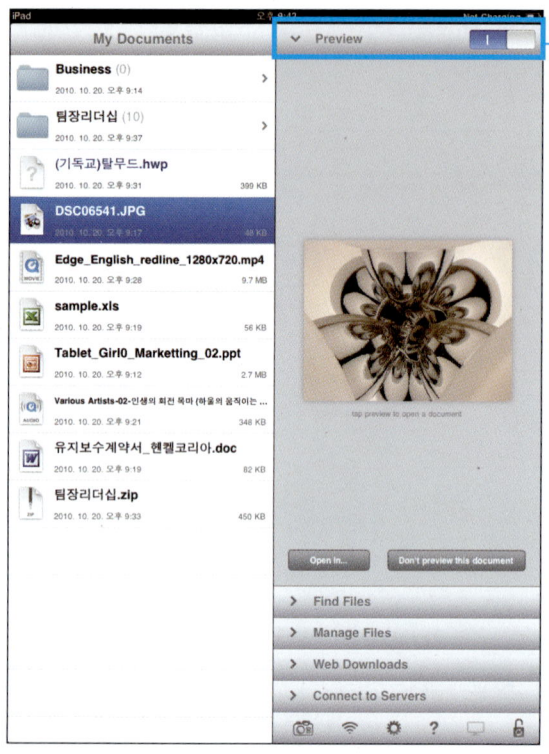

Step 10 우측 메뉴 기능의 첫 번째는 프리뷰이다. 프리뷰 옆의 버튼을 On으로 하고 좌측 리스트의 파일을 하나씩 지정해 보자.

확장자가 HWP로 되어 있는 파일은 뷰어를 선택하는 메뉴가 나타났다.

한글(한글과컴퓨터사) 파일은 뷰어가 되지 않는다. 각 리스트 내용 중 파일명 좌측에 그림이 ?로 표시된 것은 뷰어가 불가능하다는 뜻이다.

JPG 파일을 지정해 보자 우측에 사진이 나타났다. 그림 파일은 모두 가능하다.

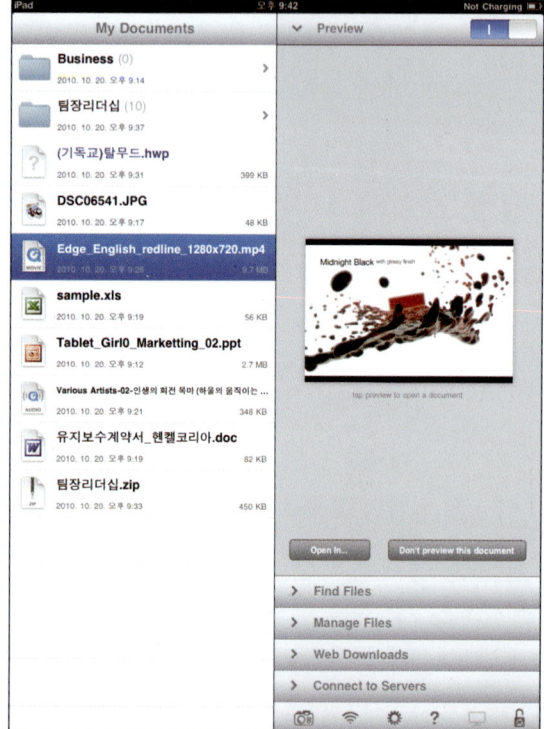

Step 11 아이패드에서 지원 가능한 MP4 형식의 동영상을 지정해 보자. 동영상이 바로 플레이되는 것을 확인할 수 있다. 여기서, AVI, MPG 파일은 구동이 되지 않으며 오직 MP4 형식의 동영상만 가능하다.

Step 12 확장자가 xls인 엑셀 파일을 지정해 보자. 역시 프리뷰에서 뷰가 가능하다.

Step 13 확장자가 ppt인 파워포인트 파일을 지정해 보자. 역시 가능하다.

Part 1 개요 | Part 2 기기설명 및 기본 사용법 | Part 3 아이패드 활용 – 기본편 | Part 5 아이패드 추천 어플
Part 4 아이패드 활용 – 응용편

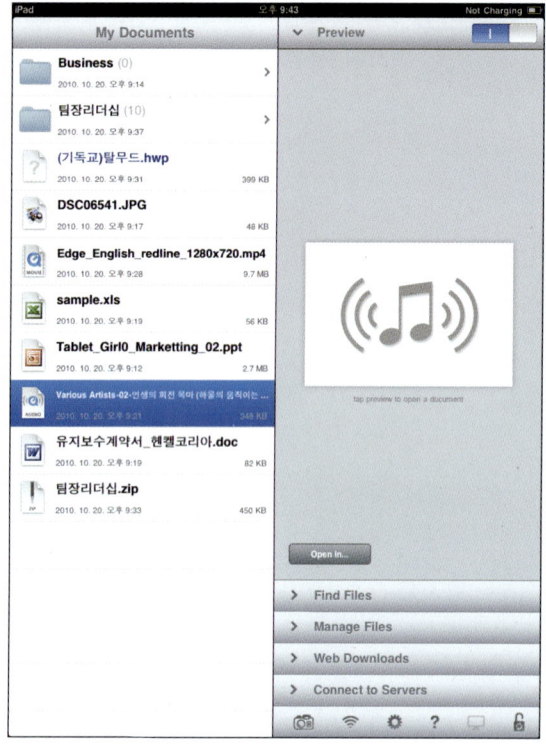

Step 14 음악 파일인 MP3 형식의 파일을 지정해 보자. 우측에 음표 표시가 나타난다. 음표 표시 아래 Open In을 터치하면 바로 플레이가 된다.

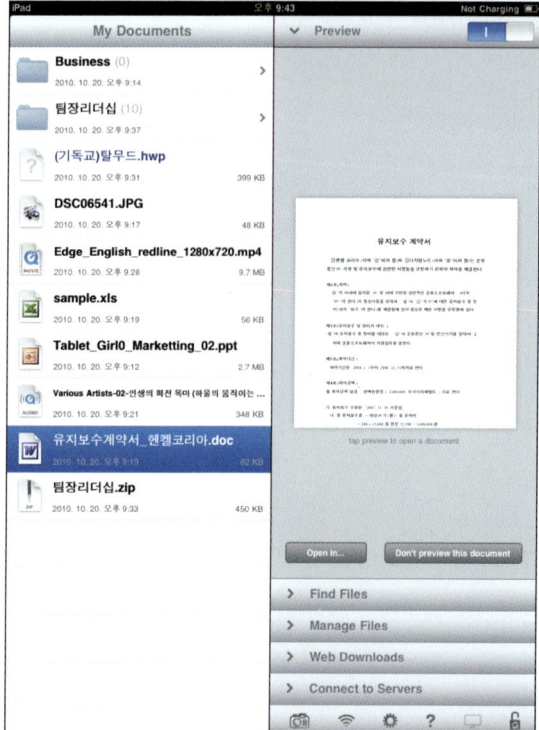

Step 15 마이크로 소프트 워드 파일인 doc 파일을 지정해 보자. 역시 뷰가 가능하다.

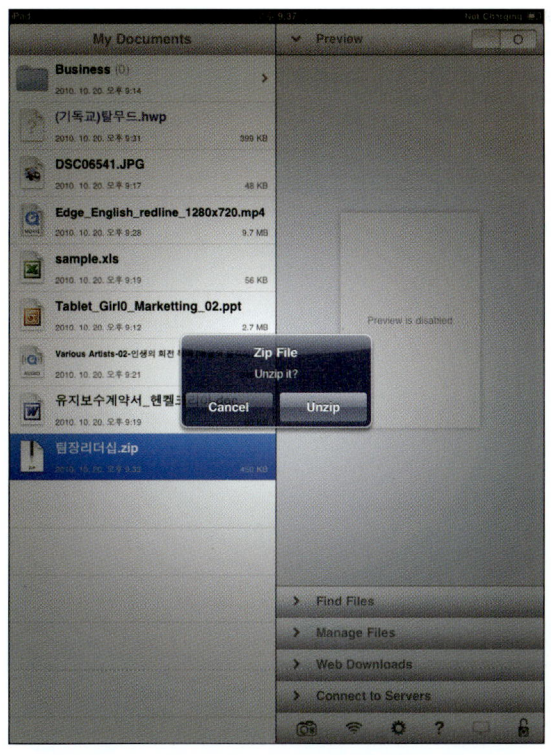

Step 16 이번엔 압축 형식인 ZIP 파일을 지정하면 어떻게 될까? 압축을 풀 것이냐는 질문 창이 나타나고 Unzip을 선택하면 상단에 폴더 형식으로 압축이 풀려서 저장이 된다.

Step 17 압축이 풀려서 저장된 내용을 볼 수 있다.

Step 18 이렇게 GoodReader는 HWP 파일을 제외하고 사무용 어플리케이션의 데이터를 대부분 뷰어할 수 있다. 이제 여러분은 아이패드를 이용해서 다른 이에게 업무용 데이터 파일의 내용을 보여 줄 수 있다.

> **Tip**
> 이 어플을 사용하면서 궁금한 점이 있을 것이다. 네트워크가 끊어지면 어떻게 될까? GoodReader에 등록된 파일은 네트워크가 이 끊어져도 뷰어가 가능하다. 파일의 속성이 아닌 뷰어 기능이므로 이에 대한 뷰어 내용은 일단 저장이 된다.

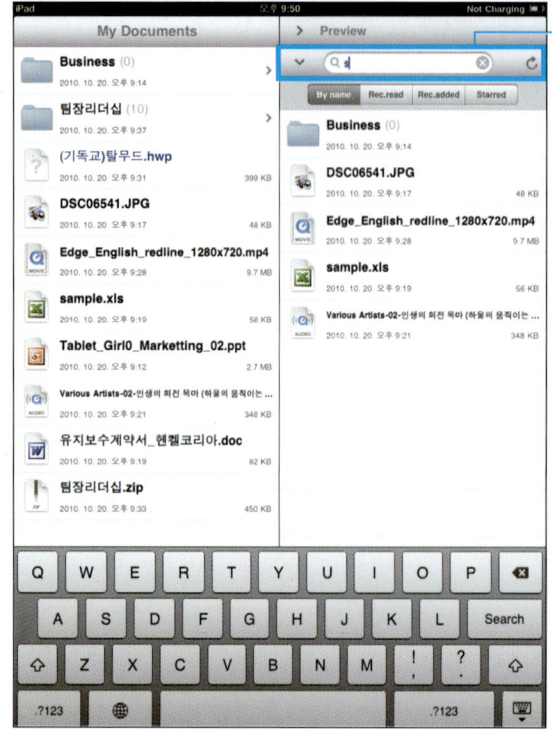

Step 19 우측 기능 메뉴 중 Find Files 기능이다. 이는 검색 기능으로 아래와 같이 옵션별도 구성이 가능하다. 저장된 목록 중 읽은 내용과 추가된 내용 등.

Step 20 좌측 목록에 저장된 파일의 삭제 및 별 표시, 이메일 전송 관련 내용이며, 관리가 용이하게 구성되어 있으니 시험삼아 해 보기 바란다.

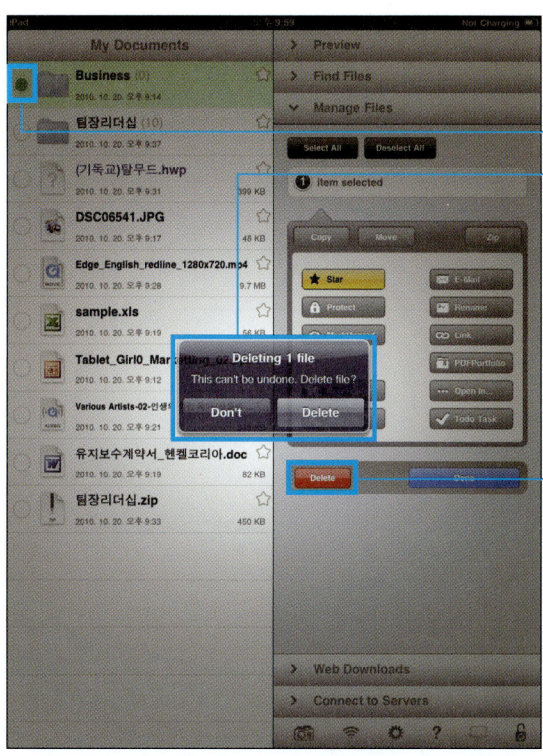

Step 21 목록의 내용을 삭제하려면 우측의 Manage Files를 터치하면 좌측 목록의 내용 중 그림 아이콘 옆에 O이 표시된다. O 표식을 터치 후 우측의 Delete 버튼을 터치하면 확인 질문 창이 나타나고 Delete을 터치하면 삭제된다.

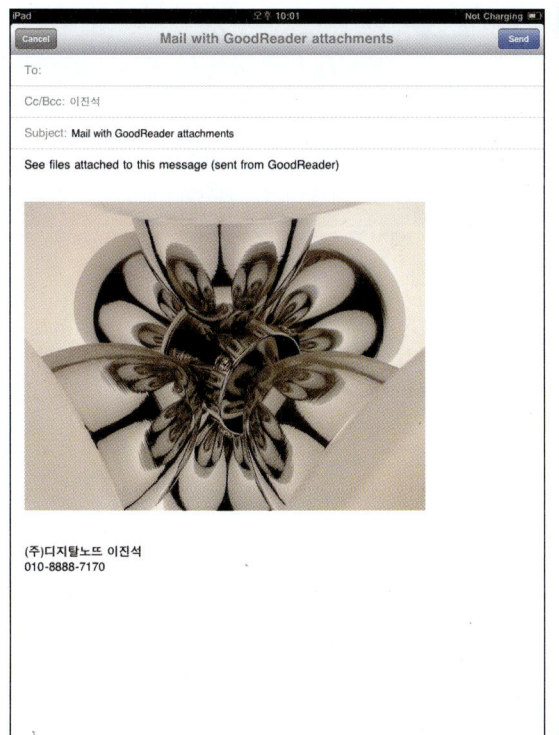

Step 22 마찬가지 방법으로 좌측 목록 O 표식 터치 후 E-mail을 터치하면 지정한 파일을 첨부하여 메일 어플로 전환된다.

Step 25 이번에 목록 파일의 이름을 변경해보자. 파일 지정 후 우측의 Rename을 터치하면 다음과 같은 창이 나타나며 이때 이름을 변경하면 된다.

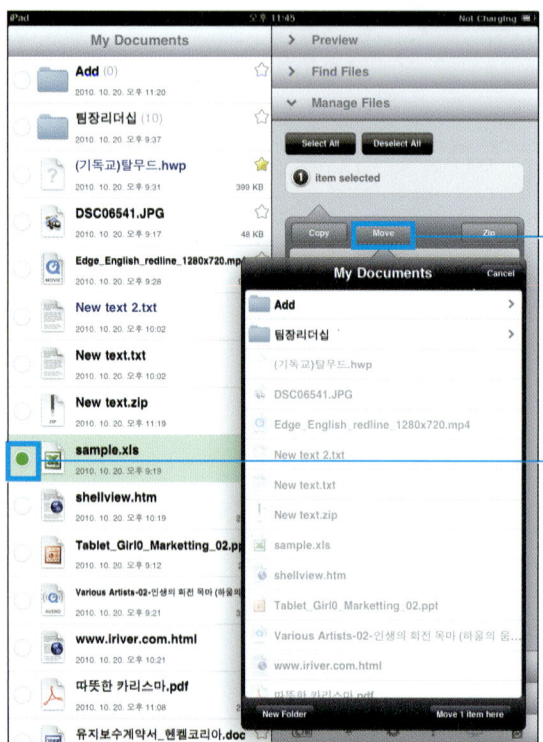

Step 24 그 아래 하단의 기능은 추후에 직접 경험해 보기 바란다. 이 장에서는 뷰어가 목적이기 때문에 설명하지 않겠다.

좌측 목록에 있는 파일의 위치를 이동해 보자. 리스트가 많아지면 관리가 어려우므로 폴더를 생성 후 그 하단에 저장할 수 있다.

먼저, 이동할 파일을 지정 후 우측 기능 버튼 중 Move를 터치해 보자.

Step 25 Add 폴더를 터치해서 지정 후 아래 Move 1 item here 버튼을 터치하자. 여기서 1개의 아이템이라고 표시되어 있다. 여러개의 파일을 동시에 이동이 가능하다.

Step 26 그러면 좌측 목록의 Add 폴더에 파일이 추가된 것을 알 수 있다.

폴더를 생성하려면 Manage Files에서 New Folder를 선택하면 새로운 폴더을 만들 수 있다.

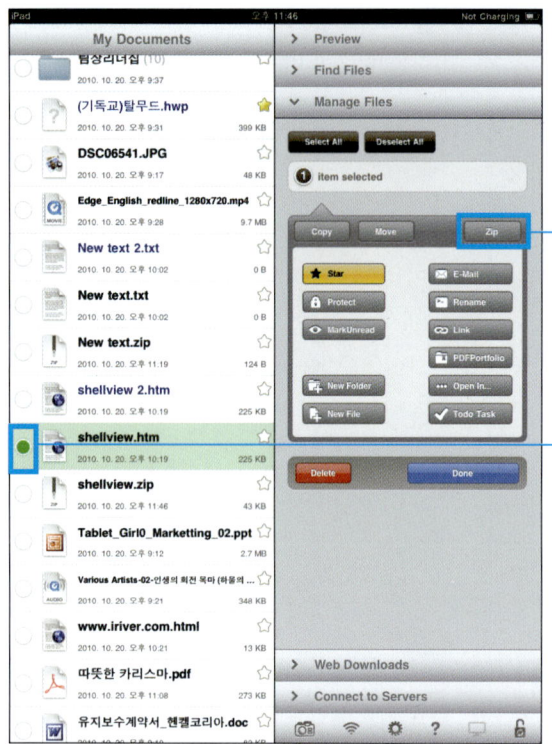

Step 27 목록에 있는 파일을 압축해서 저장 또는 메일로 전송할 수 있다. 먼저 파일을 선택 후 Zip을 선택한다.

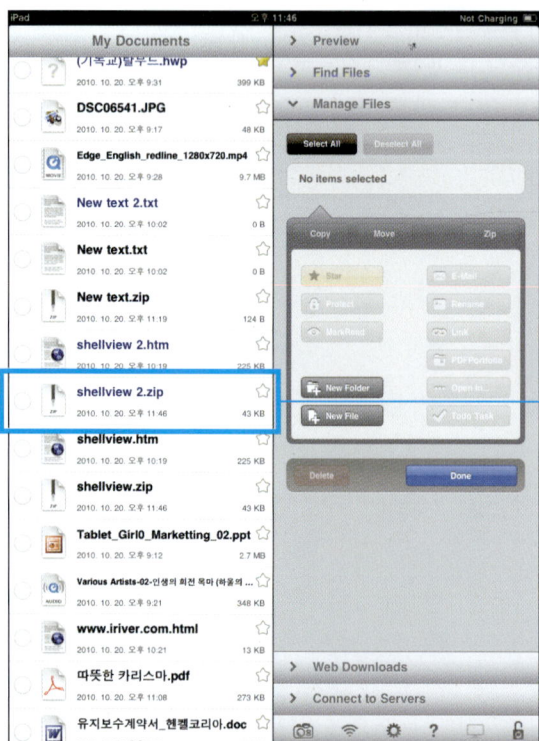

Step 28 바로 압축이 되어 Zip 형식의 파일로 변환되어 새로이 생성된 것을 알 수 있다.

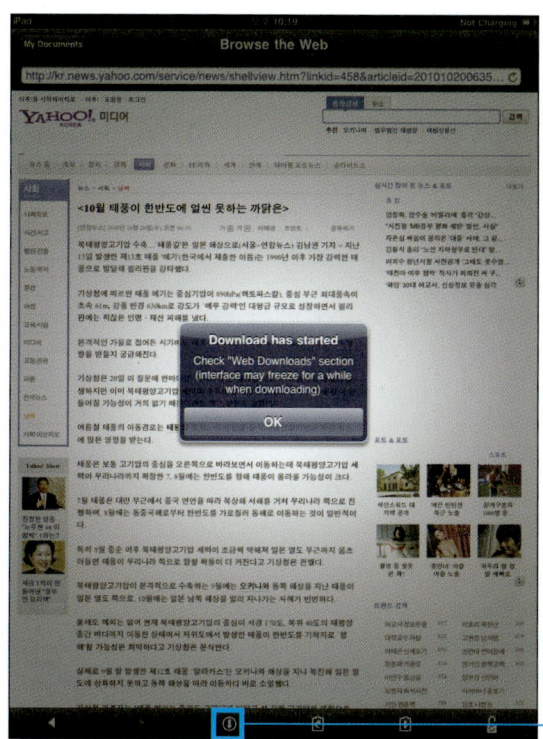

Step 29 웹다운로드이다. 이 기능은 웹브라우저에서 보여지는 내용을 하나의 뷰어 파일로 저장해서 보여준다. Browse the Web과 Enter URL은 동일한 기능이다. 전자는 웹브라우저에서 내용을 보면서 저장하는 기능이고 후자는 URL 주소를 입력하여 직접 뷰어 파일로 저장하는 기능이다.

첫번째 기능인 Browse the Web을 터치 후 웹 브라우저에서 오픈한 후 아래 화살표 버튼을 터치하면 다음과 같은 창이 나타난다. 이때 OK를 터치한다.

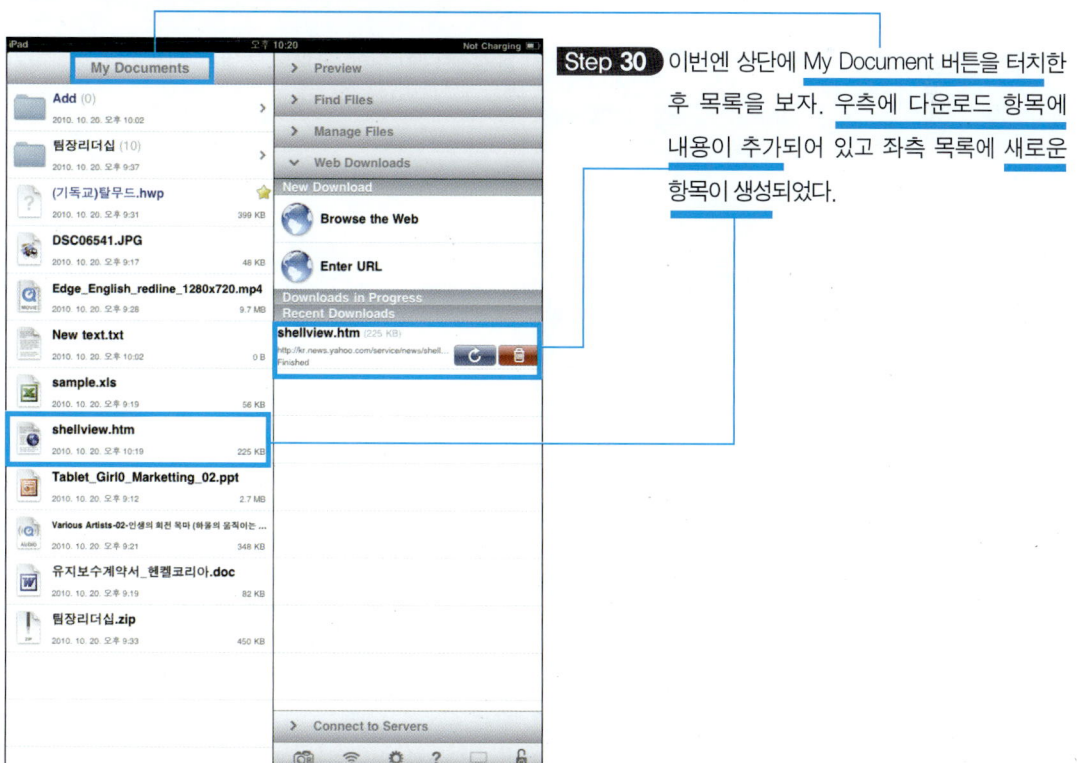

Step 30 이번엔 상단에 My Document 버튼을 터치한 후 목록을 보자. 우측에 다운로드 항목에 내용이 추가되어 있고 좌측 목록에 새로운 항목이 생성되었다.

Step 31 프리뷰를 이용해서 저장이 되었는지 확인해 보자. 저장이 잘 되어 있다.

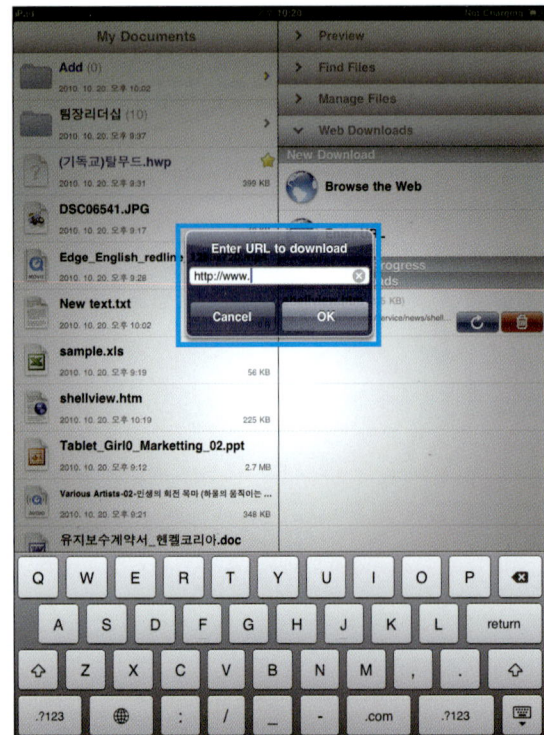

Step 32 Enter URL도 동일한 기능이니 참고하기 바란다.

Step 33 마지막으로 Connect to Servers 항목이다. 이는 GoodReader에서 지원하는 서버가 아닌 유저가 별도의 서버에 접속해서 사용할 수 있는 경우의 서버를 지정할 때 사용한다. 이 내용도 참고하기 바란다.

웹하드 형식처럼 특정 IP포트를 열어주고 데이터를 저장한 것 처럼 보여진 내용을 아이패드에 저장한 것이다(Step4). 아이튠즈와 같은 소프트 배너가 없을 경우에 사용하는 방법이며 GoodReader 어플 개발시 외부 서버에 저장되어있는 데이터를 이용하는 방식이 기본 컨셉이었기 때문에 그와 동일한 방법으로 사용하는 예를 들어 설명하였다. 이러한 종류의 어플은 아이패드로 데이터를 저장할시 아이튠즈를 이용하면 훨씬 용이 하다.

Part 5
아이패드 추천 어플

아이 패드 추천 어플을 선정하면서

아이패드 어플의 세계는 정말 무궁무진하다. " 와, 정말 멋진데! 라는 감탄이 쏟아져 나오는 어플부터 "어, 이게 뭐야?" 라고 생각되어질 만큼...

하지만, 어플은 말 그대로 어플(Application)이다. 전 세계 개발자들이 서로의 능력을 자랑하는 장이 아닌 각자의 잠재력을 실력으로 보여주고 그로 인해 유저들에게 객관적이고 냉정한 결과를 평가받는 진정한 가능성의 세계를 보여주는 곳이다.

어플을 추천하기 전에 필자는 많은 생각을 해 보았다. 과연 어떠한 어플이 추천받을 만큼 가치가 있을까? 누가, 어떻게, 어떠한 목적으로 개발하고 사용하느냐의 범위가 정해지지 않은 만큼 어플 추천이란 말을 감히 말할 수 있는 이가 과연 몇이나 있을까 하고 생각이 든다.

작은규모에서 큰 규모까지, 개인에서 부터 중·소 그룹까지. 어플을 제작하기 위한 소속과 단체, 개인의 자격에 대한 기준과 제약은 없다. 그러나 그들이 어떠한 노력으로 이러한 어플들을 만들었는지는 한번 생각해 볼 만하다. 대부분의 어플이 주변에서 흔히 마시는 테이크아웃 커피 한 잔 값이면 충분하다. 커피값은 아깝다는 생각이 들지 않는 반면에 어플을 구매하기 위한 값은 적지 않다고들 생각한다. 절대 그렇지 않다. 여러분들이 구매해서 사용하는 어플은 수치적으로 표현할 수 없을 만큼 값어치가 큰 것이다.

대부분의 출판되는 책자를 보면 "추천 어플 xxx" 또는 "xxx에게 필요한 어플"이라고 소개하면서 출간을 한다. 필자는 어플을 추천할 만큼 대단하지도 뛰어나지도 않다. 다만, 그간의 어플들이 발표되면서 그 결과물을 만들어내기까지의 과정을 높이 평가하고 박수를 보내고 싶은 마음 뿐이다.

이 책을 읽고 있는 여러분들도 필자와 같은 마음으로 어플의 가치를 생각해 주길 바란다.

앱스토어에는 카테고리 별로 어플의 조회가 가능하다.
각 카테고리별로 어떠한 종류의 어플이 있는지 간략하게 소개하고자 하며, 이는 애플의 분류 방식을 참고하여 각 사용자들이 필요한 어플들을 쉽게 찾고자 하는데 목적이 있다. 그리고 각 어플들의 필요성에 대한 논재는 각자 평가하기 바란다.

카테고리는 다음과 같다.

도서	eBook 및 도서 관련 어플
비즈니스	사무용 어플 관련 내용으로 MS 기반 및 타 문서 파일의 뷰어 및 기타
교육	유아부터 중·고등학생을 위한 교육 컨텐츠
엔터테인먼트	뮤직비디오 및 게임 관련
금융	증권 및 주식 동향 관련
건강 및 피트니스	요가 및 헬스 트레이닝 관련
라이프 스타일	음반, 잡지, 문화 관련 컨텐츠
의학	생체, 심리 의학 관련
음악	음악 및 악기 연주 관련
네비게이션	네비게이션 및 위치, 지향 관련
뉴스	언론 및 뉴스, 대중 매체 관련
사진	사진 편집 및 기타 관련
생산성	업무 효율 극대화 관련
참고	기타

Part 1 개요 | Part 2 기기설명 및 기본 사용법 | Part 3 아이패드 활용 – 기본편 | Part 4 아이패드 활용 – 응용편

Part 5 아이패드 추천 어플

도서

도서 관련 어플은 대부분이 eBook 형태를 띄고 있다. 독자의 대상이 누구냐에 따라 종류가 다를 뿐이다. 도서 어플 시장은 크게 유아 서적과 일반 서적으로 구분되어 있으며, 유아 관련 산업의 발전 가능성이 어플 시장에서도 크게 작용한 듯하다.

Ibook - 무료

개발자 : Apple Inc

애플사에서 개발한 도서 뷰어 어플. 각 도서는 iBookstore에서 다운로드 가능하며 현재 대부분의 도서가 영문판으로 공급되고 있다. 한국의 출판사 및 개인, 단체들이 한국어판을 준비 중에 있다.

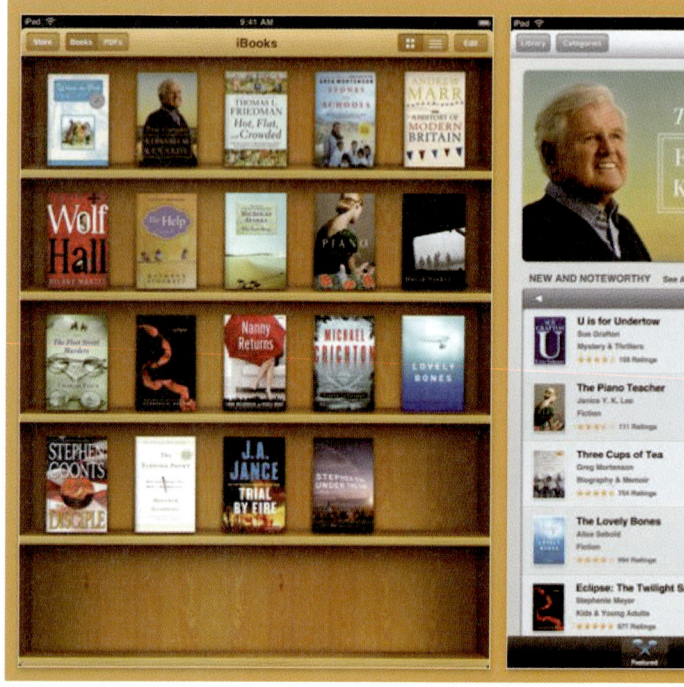
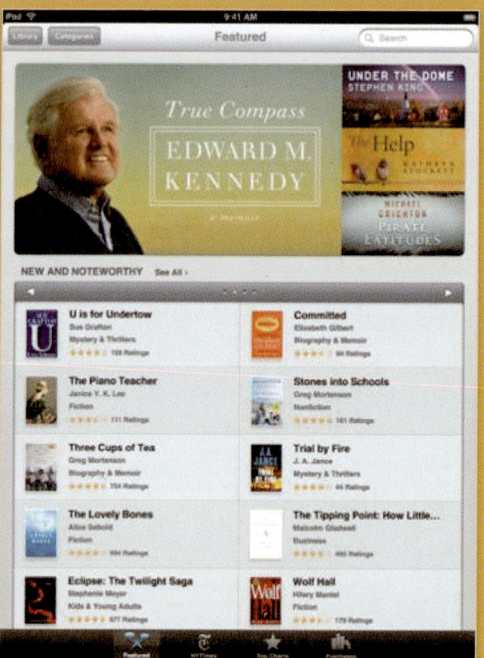

도서

아기돼지 삼형제 - $ 1.99

제작자 : Jae-kwon.Jin

아기돼지 삼형제의 우화를 유아들이 좋아하도록 친근한 이미지와 나레이션으로 구성하여 제작되었다. 개인이 제작한 어플로 구매 순위에 오를 만큼 간결하며 인상적이다.

도서

Toy Story 3 Read-Along - $ 8.99

개발자 : Disney Publishing WorldWide Web

디즈니사의 애니메이션을 아이패드용 도서로 제작하여 읽기와 듣기 형식에 게임 기능을 추가하여 어린이들을 위한 컨텐츠로 새롭게 태어났다. 이 어플의 특징은 유저가 책을 읽으면서 직접 녹음할 수 있으며, 그 내용을 들을 수도 있다. 그리고 색칠 공부도 가능하다.

디즈니사의 애니메이션 어플은 웹에서도 조회 가능하다.
http://www.disneybookapps.com/

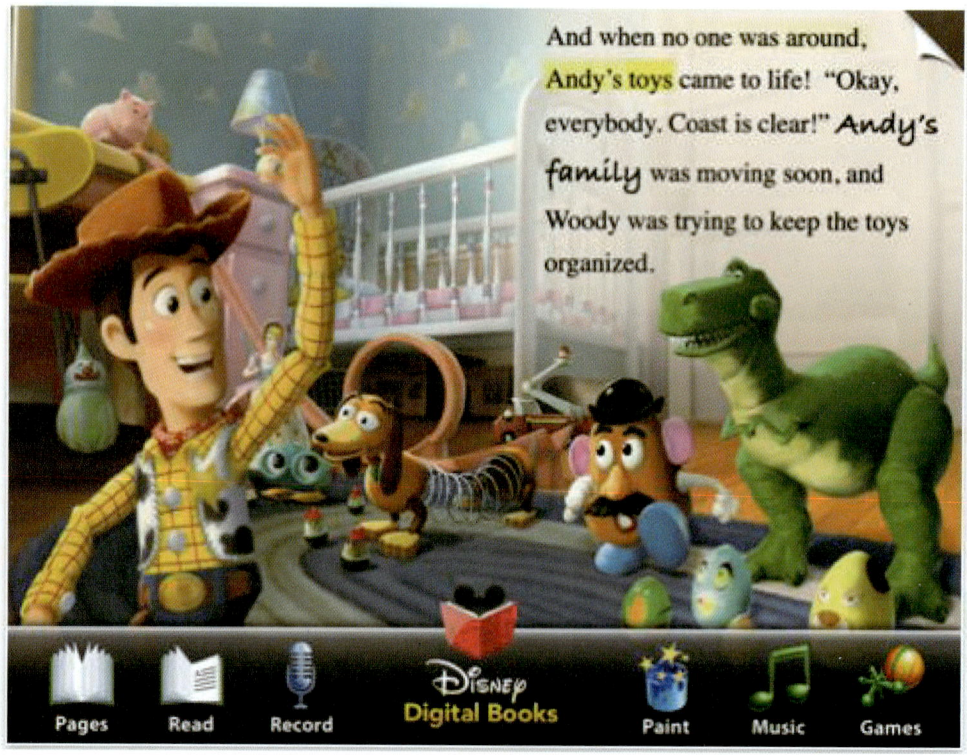

비즈니스

일반적인 업무와 관련된 모든 형식을 어플로 구성하였으며, 사무에 도움이 될 수 있는 어플이 주를 이루고 있다. 한국에서 다변화되고 있는 인터넷 관련 산업의 어플들이 최근에 많이 출시되고 있다.

Office2 HD - $7.99

개발자 : Byte Squared

MS 기반의 Word, Excel 파일을 보고, 만들고, 편집할 수 있다. 워드프로세서의 경우 기타 어플리케이션의 텍스트 및 이미지를 복사 및 붙여넣기 기능도 할 수 있다.

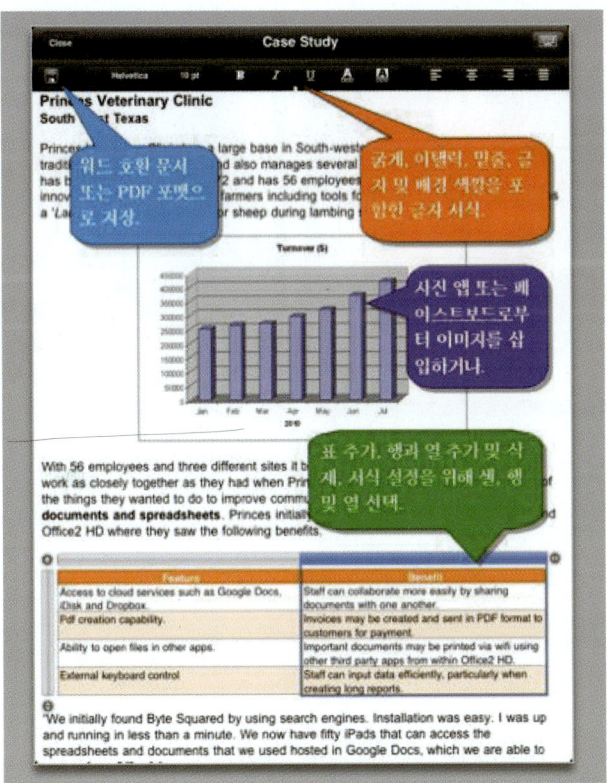

비즈니스

갤러리샵 for iPad - 무료

개발자 : Gmarket Icn

아이패드에서도 G마켓 갤러리샵을 이용할 수 있다. 패션 상품 전용 서비스인 갤러리샵의 다양한 뷰어 및 상세 정보들을 만날 수 있다.

교육

교육용 어플의 분야는 한글에서 영어, 기타 언어까지, 예체능부터 구현동화 까지 전 분야에 걸쳐서 다양하게 구성되어 있다. 더욱이 각 출판사들의 유아용 동화 관련 서적들이 어플 형태로 시장에 형성될 경우 이는 말로 할 수 없을 만큼 수십만 가지의 어플들이 쏟아져 나올 것으로 전망된다.

야후 꾸러기 - 무료

개발자 : Yahoo Korea Corp

웹 포털인 야후 코리아의 어린이용 컨텐츠인 야후 꾸러기를 아이패드용 어플로 제작하여 공급하고 있다. 유아들을 위한 동요 및 바른생활을 위한 행동 지침용 컨텐츠는 최고의 인기를 누릴 만큼 부모들에게 많은 관심을 갖는 분야이다.

교육

Toddler Alphabet for iPad - $ 4.99

개발자 : Waterbear Soft Inc

주입식 교육 방식이 아닌 듣고, 말하며, 생각하고, 따라하는 방식의 이 어플은 알파벳을 처음 접하고 익히는 유아들을 위해 재미있는 그림 맞추기와 알파벳 찾기 게임을 제공하고 있다. 글자에 개념이 없는 유아들도 쉽게 이해할 수 있도록 컨텐츠가 구성되어 있는 것이 장점이다.

엔터테인먼트

틀린그림찾기 HD - $ 1.99

개발자 : Blue Onion Soft Inc

흔히 잡지에서 보아 왔던 틀린그림찾기의 아이패드용 확장판이다. 일정 시간이 주어지고 시간 내에 정답을 맞추지 못하면 게임이 재시작되지만 좌우 그림 중 틀린 부분이 바뀌어서 처음부터 게임을 시작하는 상황을 만든다. 총 200여장의 사진으로 고도의 집중력을 요하는 이 게임은 어린이에서부터 성인에 이르기까지 다양한 계층에게 인기가 있을 만큼 앱스토어에서 상위에 랭크되어 있다.

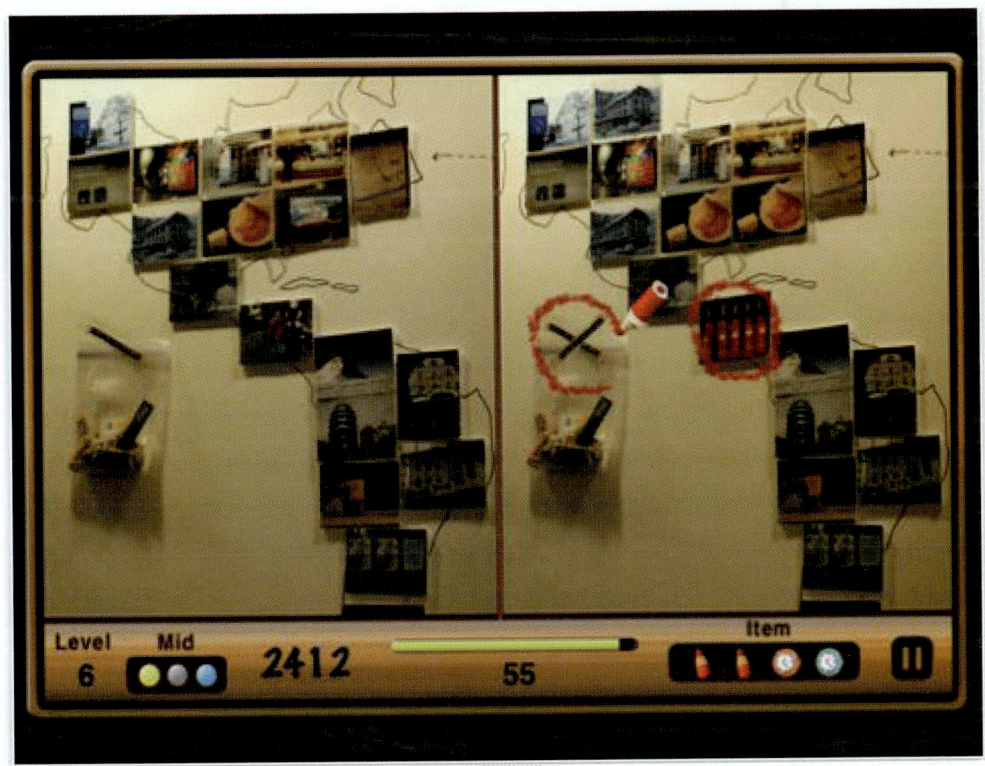

엔터테인먼트

HTR HD High Tech Racing - 무료

개발자 : Signature Devices Inc

High Tech Racing은 80년대와 90년대 존재하던 슬롯카를 가상공간에서 재현한 시뮬레이터이다. 3개의 난이도와 14개의 트랙, 3인칭 카메라 구현에서 1인칭 카메라까지 3가지 시각화 모드를 지원한다.

아이패드용 레이싱 게임은 여러 종류가 있으며, 대부분의 레이싱 어플들이 상당한 수준의 개발 능력을 보여준다.

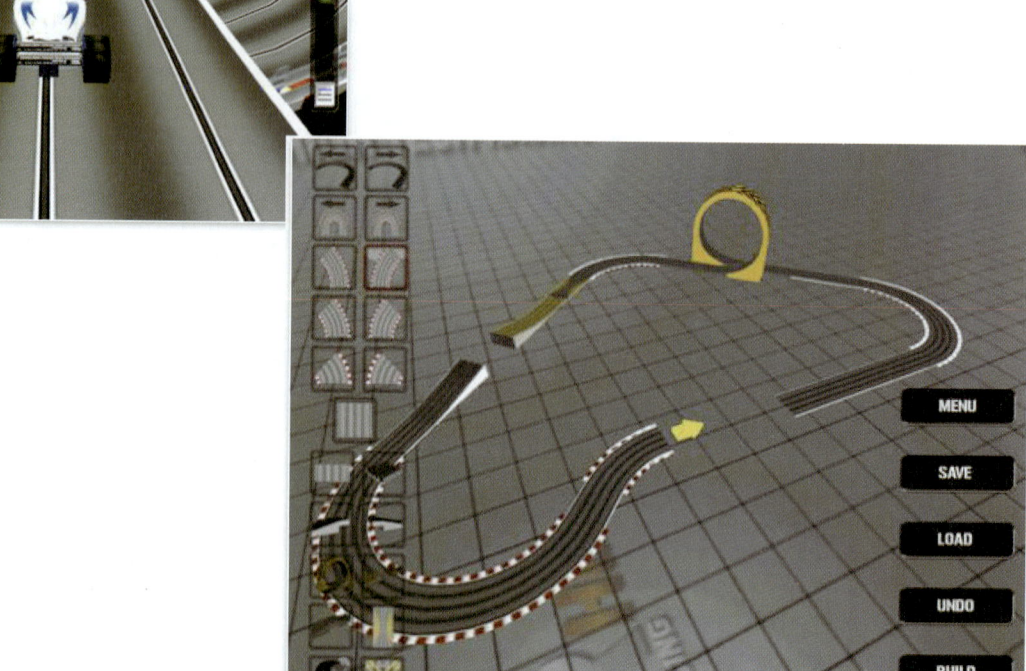

경제

주식 및 증권 관련 어플들과 자금 관리 및 세금 감면에 대한 내용으로 어플들이 구성되어 있다. 일반인이 접근하기에는 다소 난해한 어플들도 적지 않으며, 주식 관련 어플의 사용이 대부분이니 참고하기 바란다.

PocketMoney - $4.99

개발자 : CataMount Software

자금 관리를 위한 어플로 모든 항목이 세분화되어 있으며, 가계부와 수입 및 지출을 관리하는 기능이 탁월하다. 일반인들이 사용하기에는 내용의 이해와 해석이 다소 어려운 점이 단점으로 나타나고 있으나, 모든 금전관리에 대한 유동성을 한 눈에 보여줄 수 있는 막강 어플이다.

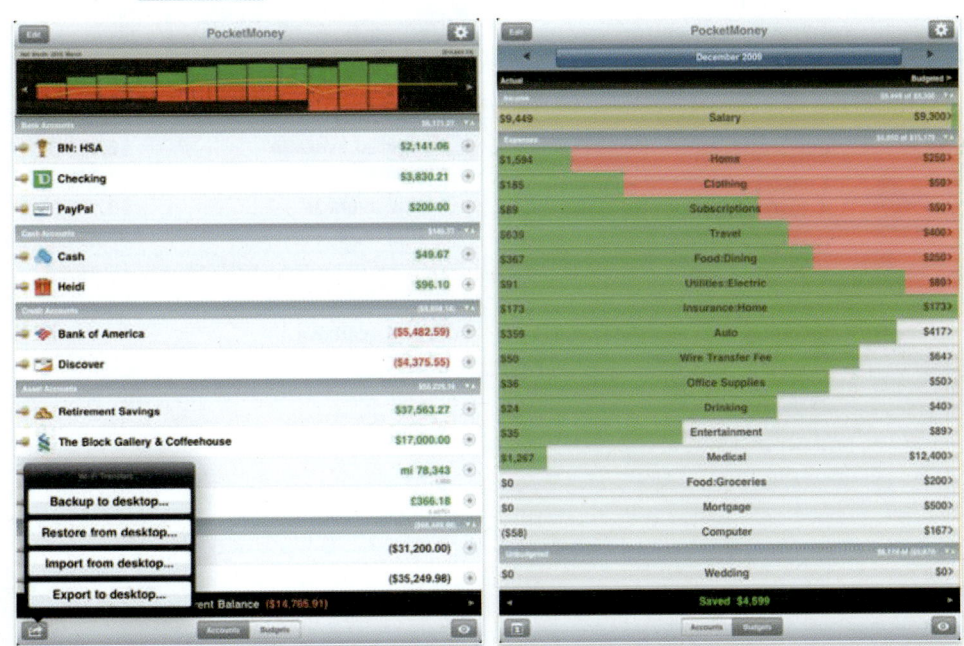

경제

Money Free 4.0 - 무료

개발자 : Andrey Pilyugin

20개 나라에서 금융 관련 어플 중 1위를 차지할 만큼 인기가 많은 어플로 실사용면에서 탁월한 기능을 선보이고 있다. 개인의 자금 관리를 위한 수입, 지출 및 자금의 흐름을 실시간으로 정리하여 보여주는 바쁜 현대인을 위해 정말 필요한 어플이다.

건강 및 피트니스

현대인의 최대 관심사는 웰빙이라고 할 만큼, 시간이 지남에 따라 건강은 우리 주위의 많은 산업 및 시장을 새로이 만들어내는 원인이 되고 있다. 특히 육체적인 아름다움은 기본이고 정신적인 면을 중요시하는 새로운 형태의 건강 상품은 아이패드 어플의 시장에서도 많은 인기를 끌고 있다.

Rela Melodies HD - 무료

개발자 : iLBsoft

사용자의 취향 및 특성 별로 음원을 선택하여 동시에 더빙이 가능하도록 플레이하는 음향의 미를 보여준다. 예로, 새소리, 바람소리, 한밤의 한적함 등등 분위기를 연출하여 스트레스로 인해 힘들고 지친 몸을 한결 가볍게 만들어주는 효과를 만들어 낸다.

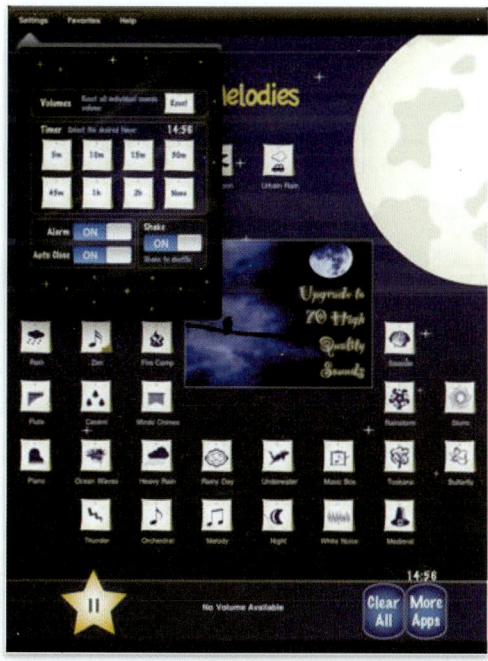

건강 및 피트니스

iFitness HD - $4.99

개발자 : Hooman Zohoor

피트니스 관련 어플 중 가장 많은 구매율을 보이는 이 어플은 총 330가지 이상의 동작 및 근육 발달을 위한 운동기구 이용 등 다양한 운동 형태의 조건을 제시해 준다. 그리고 175개의 연습장면을 담은 동영상은 일반인들도 쉽게 따라할 수 있을 만큼 운동 방식과 건강 체크에 기준을 만들어 준다.

 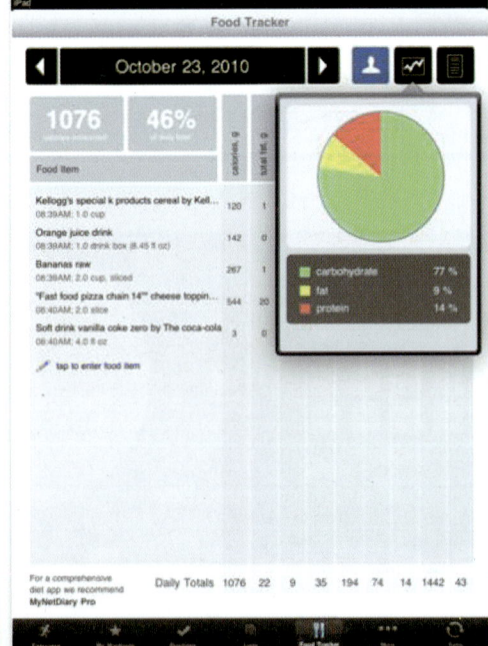

라이프스타일

현대사회의 웰빙 문화만큼 초유의 관심이 되고 있는 현대인의 라이프 스타일은 형식적이고 규격화된 것이 아닌 자율적인 사고를 기초로 하는 새로운 문화를 지향하고 있다. 더욱이 모바일 문화가 확산되고 발전함에 따라 새롭고 참신한 어플들이 쏟아져 나오고 있다.

Ebanner - $ 1.99

개발자 : SungDong Kim(AcroSoft)

LED 도트 매트릭스 타입의 전광판 어플로 사용자가 입력한 문장을 일정 속도로 스크롤 하면서 표시해 준다. 더욱이 유니코드 심볼 입력용 키보드와 그림문자 키보드 기능을 이용해서 다양한 그림 문자를 입력하고 표시할 수 있다.

문자 전달 방식은 기존 광고판과 다름이 없으나 모바일 기기에서 때와 장소를 가리지 않고 구현할 수 있는 것이 장점이다.

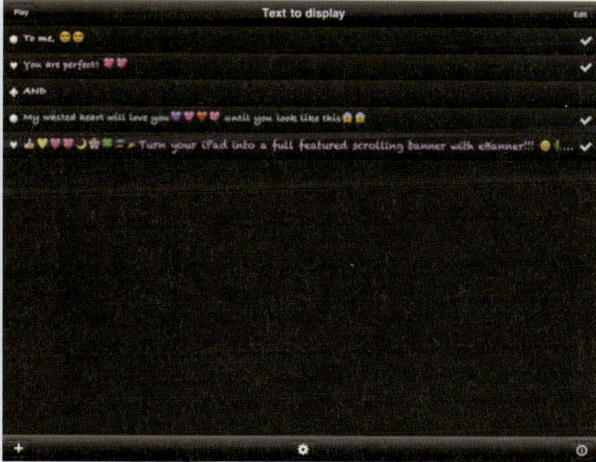

라이프 스타일

UNIQLO Caleldar for iPad - 무료
개발자 : UNIQLO CO.LTD

이 어플은 단순한 캘린더 기능의 어플이다. 그러나 동영상 및 배경음악을 추가하여 지루하지 않은 패턴을 만들어내며, 구글 캘린더와 연동이 가능하여 이벤트를 알려주기도 한다. 전세계 지역의 선택이 가능하도록 하여 날씨 정보도 실시간으로 구현이 가능하다.

단순하지만 재미있는 기능이다.

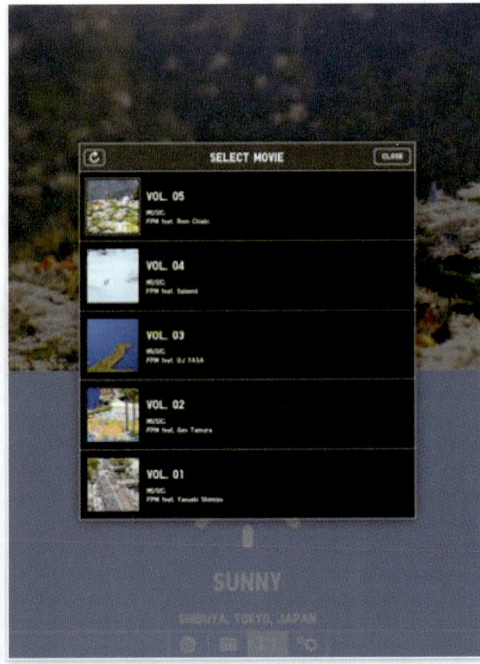

의학

의학 카테고리는 다소 전문적이며 무겁게 느껴질 수도 있는 분야이다. 대부분의 어플들이 인체에 관한 내용을 다루고 있으며 교육용 자료의 가치로 충분할 만큼 신비로움과 과학적인 내용을 다루었다.

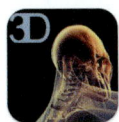

3D4Medical's Image-iPad edition - 무료

개발자 : 3D4Medical.com

아이패드용으로 제작된 고해상도의 이미지는 인체의 구조를 신비로운 형태로 구성하여 뼈와 근육, 기타 장기 등을 소개하고 있다. 이외에 미생물과 세포구조를 천연색으로 표현하여 보는 이들로 하여금 실감을 자아내게 하였고, 프리젠테이션 자료로 이용할 수 있도록 이메일로 배포할 수도 있다.

직접 이미지를 보고 평가하기 바란다.

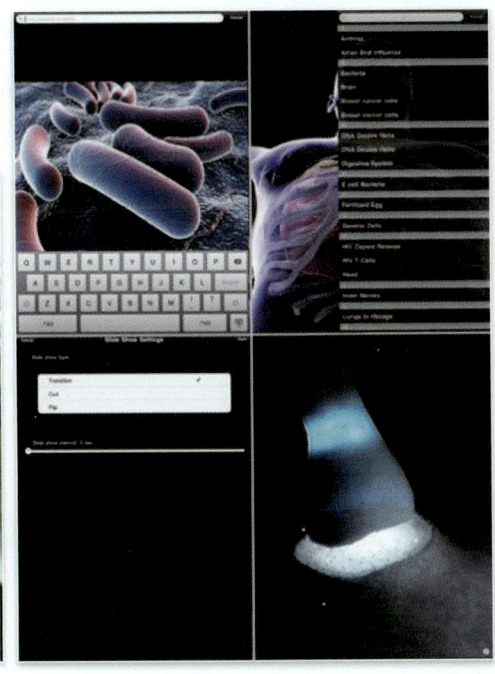
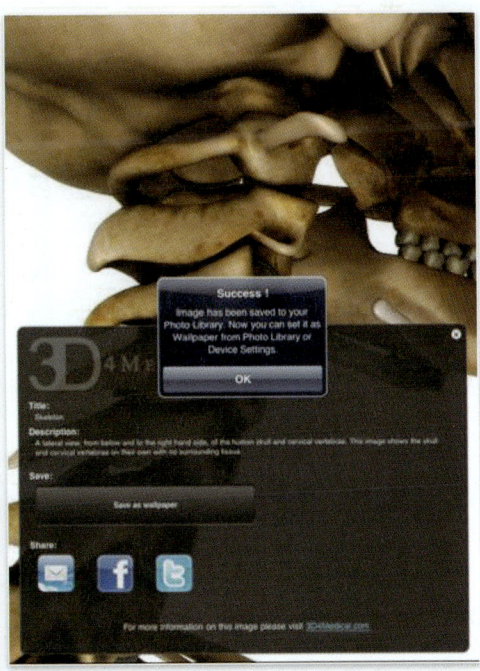

의학

Meditator - 무료

개발자 : George Talusan

이름처럼 명상을 할 수 있는 기능을 제공하는 이 어플은 뛰어난 음질의 음향을 제공하여 스트레스로 인한 피로를 해소할 수 있다. 다양한 음향의 종류를 선택하여 플레이할 수 있으며, 장점은 이렇다 할 방법론을 제시하는 것이 아닌, 명상 및 묵상을 할 수 있는 고요한 분위기를 자아낼 수 있다는 것이다.

단, 무료버전으로 배포되어서 음향의 종류는 소량 제공되며, 추가로 구매가 가능하다.

음악

아이패드를 이용하여 악기를 플레이할 수 있는 어플들과 사운드에 관련된 어플들이 모두 모여있다. 특히 타악기와 현악기, 피아노가 주를 이루고 있으며 비 전문적인 플레이 방식은 오히려 어린이들의 정서 발달에 도움을 준다.

Pocket Piano HD - 무료

개발자 : Daniel Perez

그림에서처럼 위 아래 있는 피아노 건반은 두 손을 모두 이용하여 동시에 연주가 가능하도록 구현하였다. 메트로놈 조율은 물론 이를 이용하여 박자를 맞출 수도 있고, 샘플 파일 연주도 가능하다. 아이패드에서 피아노를 연주할 수 있다는 것은 때와 장소에 구애받지 않는 장점이 있다.

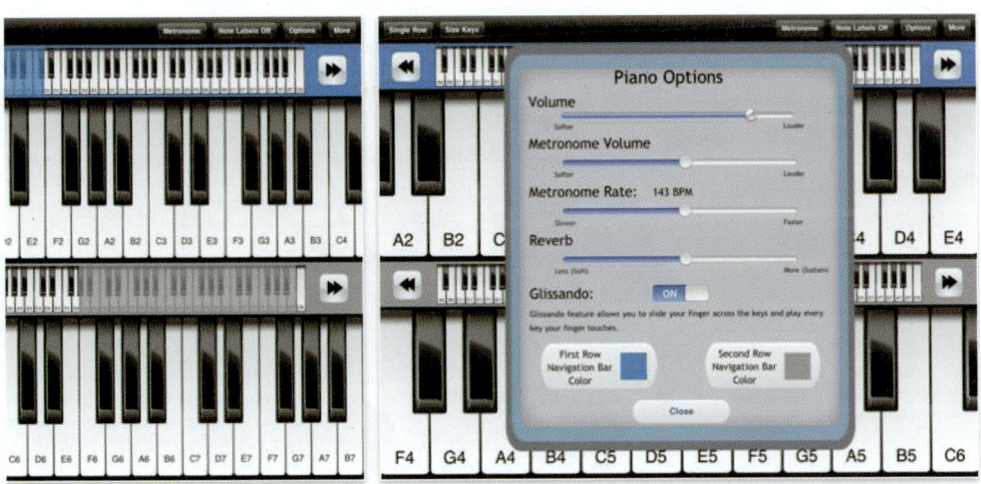

음악

ThumDrum - 무료

개발자 : LutherSoft

정말 단순하면서도 스트레스가 단번에 풀리는 어플이다. 어플을 오픈하면 정말 이렇다 할 내용이 없을 만큼 드럼만 나열되어 있다. 아래 에디트 버튼을 On 후 드럼의 위치를 자유자재로 바꿀 수 있으며 특정한 박자와 형식없이 원하는 데로 치면된다.

필자는 개인적으로 전자 드럼을 가지고 있다. 이렇다 할 레슨없이 혼자서 독학으로 연습하고 있지만 드럼을 칠 때 만큼은 모든 생각이 정리될 만큼 뛰어난 스트레스 해소 기구로 활용되고 있다.

네비게이션

네비게이션의 시장은 최초 주요 도로를 기준으로 제작되었고 2차원적인 서비스를 하였다. 그러나, 지금은 도로뿐만 아니라 건물 및 주변 형세까지 3차원 카메라를 이용하여 촬영 후 서비스할 만큼 각축전이 되고 있다. 아이패드용 어플도 이러한 시장에 발맞추어 세분화되어 가고 있다.

Route 3D World Street - 무료

개발자 : Eastridge Technology

어플의 이름처럼 주요 도로를 기준으로 네비게이션을 구성하였다. 특이한 점은 최초 시작이 지구본에서 시작하여 Zoom-In 기능으로 전세계 도로를 검색할 수 있다는 것이 장점이다. 이 어플은 어린이들에게 지구의 형태와 개념에 대해서 쉽게 설명할 수 있는 재미있는 방식의 네비게이션이다.

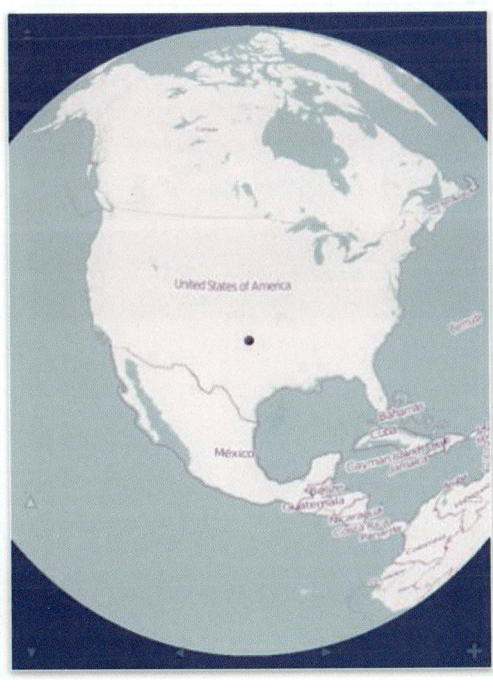

네비게이션

Gaia GPS - 무료

개발자 : Trailbehind.Inc

이 어플은 등산 및 조깅, 기타 운동을 위한 경로 검색시 유용하게 이용될 수 있다. 주요 지형도와 도로 지도를 볼 수 있으며, 인터넷 연결이 불가능할 때 지도를 다운로드할 수 있다. 그리고 인근의 경로점과 특정 장소에 대한 기록을 검색할 수 있는 기능도 제공된다.

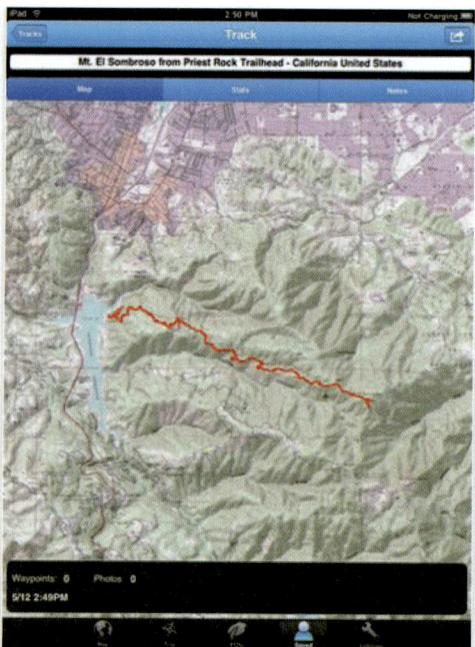

뉴스

각 언론 및 대중매체를 이용하기 위한 어플들로 구성되어 있으며, 주요 기사 및 특정 내용만을 요약해서 보여주는 어플들도 있다. 바쁜 현대인들을 위해 필요한 어플이다. 대부분이 알고있는 내용이므로 각자 원하는 언론사의 어플들을 다운로드하여 사용해보기 바란다.

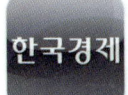

한국경제 - 무료

개발자 : Korea economic Daily

아이패드 뉴스앱은 한국경제 신문사에서 배포한 무료 뉴스 어플이다.

뉴스

Pulse - $1.99

개발자 : Alphonso Labs Inc

이 어플은 아이패드를 위한 비주얼 뉴스의 형태로 각 언론사 및 미디어사에서 카테고리 별로 원하는 내용의 뉴스를 요약해서 보여주는 기능을 한다. 이는 유저가 취미나 기타 특정 목적을 위한 기사만 조회하는 기능을 가지고 있다.

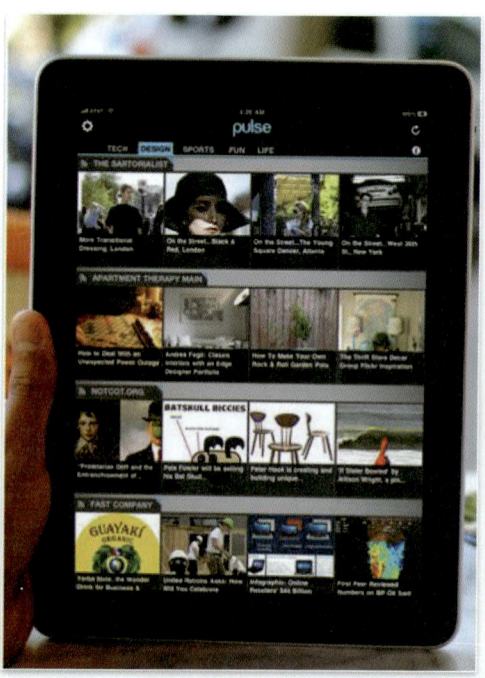

사진

사진 관련 어플은 사진 및 동영상 촬영을 위한 팁을 제공하는 어플과 이를 편집 및 뷰어할 수 있는 어플들로 구성되어 있다. 일반 PC에서 사용하는 기능보다는 약식으로 구성되어 있지만 취미 생활로 사용할 수 있는 점에서는 막강한 어플들을 자랑하고 있다.

Anne Geddes Beginnings HD - 무료

개발자 : Geddes group Holdings Pty Limited

개발자는 오스트레일리아의 사진작가로 아기사진 및 자연의 본성에 호소하는 사진들을 주로 촬영하는 그는 블러그 형태의 어플에서 촬영 당시 상황과 연출에 대해 설명하고 있다. 그의 작품 세계는 말로 표현하기 어려울 만큼 호소력이 있다.

참고로 블러그도 어플형태로 구성이 가능한 새로운 개념의 좋은 예이다.

사진

Adobe Photoshop Express - 무료

개발자 : Adobe System Icn

PC에서 사용하던 Adobe Photoshop의 아이패드용 버전이다. 간단하면서도 손쉽게 편집이 가능하며 모바일용을 위한 최고의 편집 소프트웨어이다. 필터와 화면 효과 등 기존의 포토샵에서 사용되었던 대부분의 기능들이 약식으로 구성되어 있다.

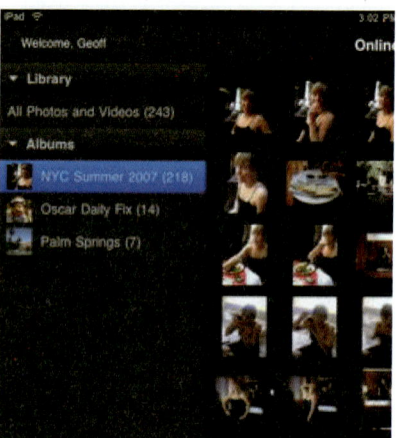

생산성

복합적인 단어의 많은 함축적인 의미를 지닌 이 카테고리는 업무 효율의 극대화에 관련된 모든 어플들로 구성되어 있다. 물론 산업의 발전 분야 및 방향에 따라 다양한 형식의 어플들이 쏟아져 나올 것으로 예상되는 분야이며 각 기업들이 아이패드와 같은 형태의 태블릿PC를 이용한 그룹웨어 및 기타 어플리케이션 개발에 막대한 자본을 쏟을 것으로 예상되는 분야이다.

GoodReader for iPad - $ 1.99

개발자 : Yuri Selukoff

PDF 파일에 주석 및 마크, 밑줄긋기등의 편집기능이 가능하도록 구성된 PDF 파일의 뷰어를 위한 최고의 어플이다. 이외에 MS 기반의 어플리케이션 데이터 파일과 기타 여러 형식의 파일 뷰어로도 이용되며, 애플 시스템이 아닌 타 시스템에서 먼저 인기를 끌 만큼 당대 최고의 PDF 관련 어플리케이션이다.

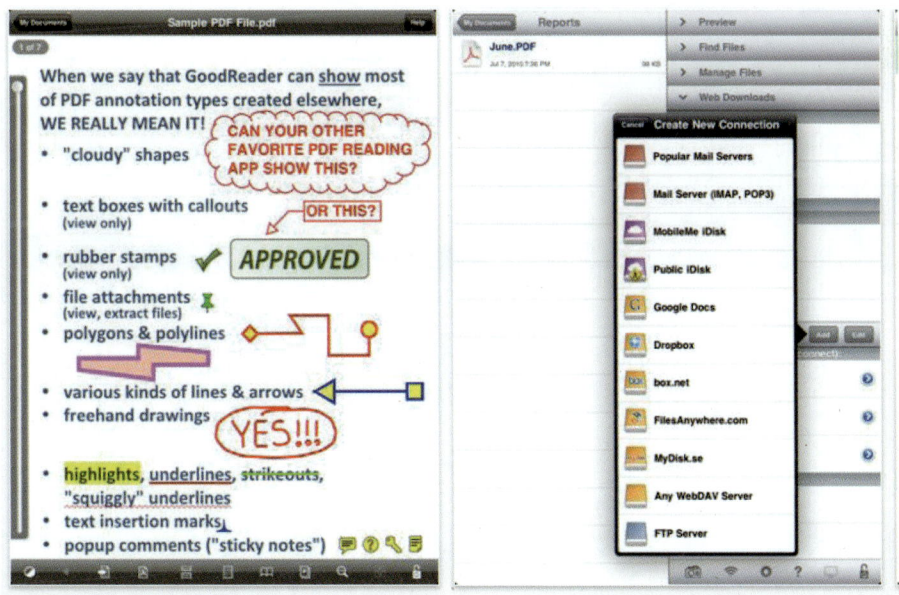

생산성

한컴 오피스 뷰어 아이폰 에디션 - 무료

개발자 : Haansoft Inc

해외에 GoodReader가 있다면 국내에선 한컴오피스뷰어가 있다. 한글파일 형식인 HWP 파일의 뷰어가 주기능이며 MS와 기타 어플리케이션의 데이터 뷰어 등 한국 시장의유저들에게 정말 필요한 기능을 제공하는 어플이다.

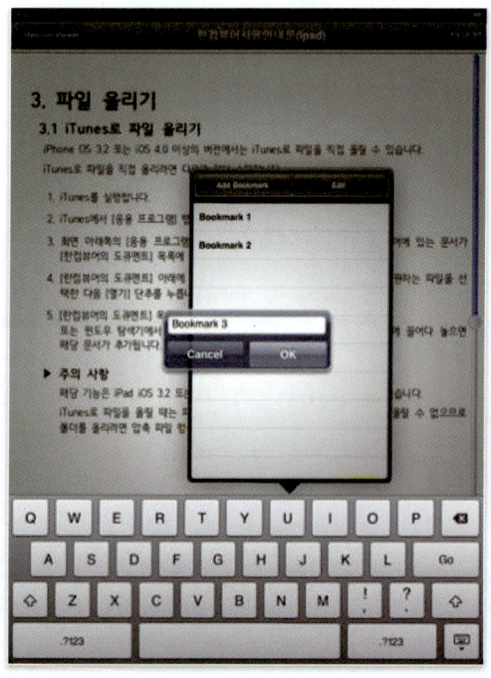 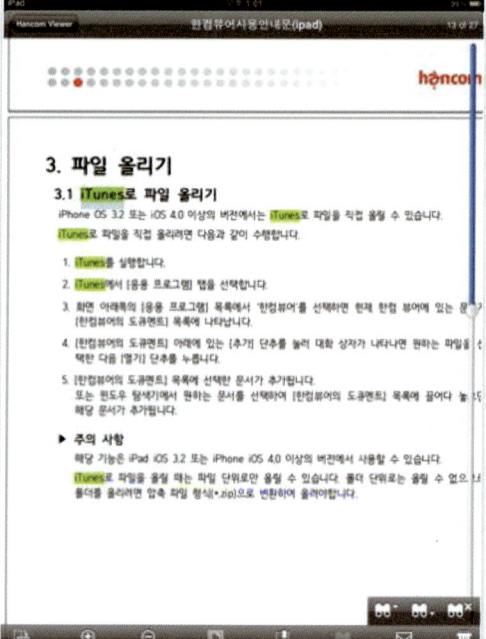

좌충우돌 **아이패드 사용기**

글을 마치며

이 책을 읽어주신 여러분께 감사를 드린다. 이 책은 분명 영리를 추구하는 것에 목적이 있지만, 필자가 겪었던 무수히 많은 시행착오를 최소화 하는데 더 큰 목적을 두었다.

아이패드와 같은 휴대용 전자기기에 대해서 전문적인 지식을 가진 유저를 대상으로 한 것이 아닌 일반적인 유저들을 위해 글을 만들었기 때문에 대부분의 내용을 이해 했을것이라 믿는다. 그리고, 이 책의 대부분의 내용을 이해했으면 애플사에서 아이패드를 제작한 의도가 무엇인지 알 것이며, 앞으로 펼쳐질 앱스토의 어플 세계로 나아갈 준비가 된 것이다.

책을 마치는 과정중에 앱스토에서 여러 종류의 어플들을 경험하였고, 수 많은 어플들로 인해 이에 대한 가이드가 필요하다는 것을 느꼈다. 분명 여러분들도 필자와 같은 불편함을 경험할 것이며, 이를 해소하기 위한 무언가가 필요하다는 것에 공감할 것이다. 필자는 특정 어플을 추천할 만한 능력이나 자격이 되지 않는다. 그러나, 태블릿PC에 대한 지식과 수년간 해온 영업 마케팅을 기반으로 어떠한 어플이 필요한 지는 제안 할 수 있다.

2010년 12월 출시를 예정으로 아이패드 어플의 가이드를 위한 집필을 할 예정이다. 아이패드라는 배를 타고 어플이라는 바다에 항해하기 위해 여러분들을 위한 가이드를 할 것이다.

이제부터 여러분은 앱스토어에서 다양한 종류의 어플들을 만날 것이다. 수 많은 종류의 어플들을 경험하면서 다양한 디지탈 컨텐츠로 인한 삶의 질의 변화를 느낄 것이다.

좌충우돌 아이패드 사용기